新しい保育講座 ①

保育原理

渡邊英則・髙嶋景子・大豆生田啓友・三谷大紀　編著

ミネルヴァ書房

「新しい保育講座」シリーズ刊行にあたって

　1989（平成元）年の幼稚園教育要領の改訂に合わせて刊行された「保育講座」シリーズは，何回かの改訂を行いながらも，約30年の月日が過ぎようとしています。このように長く続いた理由として，「保育講座」シリーズでは，発刊当初から，子どもや保育のことをほとんど知らない学生や一般の人にも，できるだけわかりやすく，しかも保育の本質がイメージできるような編集方針を貫いてきたからともいえます。それは，作家・井上ひさしの言葉にあるように「むずかしいことをやさしく，やさしいことをふかく，ふかいことをおもしろく，おもしろいことをまじめに，まじめなことをゆかいに，そしてゆかいなことはあくまでゆかいに」保育を語ろうということでもありました。

　この度，2017（平成29）年3月に幼稚園教育要領や保育所保育指針，幼保連携型認定こども園教育・保育要領が改訂（定）されたのを機に，この「保育講座」シリーズも新たに内容を見直すことになりました。改訂（定）そのものは，1989（平成元）年に大きく改訂された幼稚園教育要領の方向に沿ったもので，その原理，原則が大きく変わったわけではありません。

　ただ，この30年の間に，保育，教育，そして子育てを取り巻く環境や状況は大きく変わりました。少子化が進み，家庭・地域の教育力が低下していく中で，国際的な乳幼児期への関心の高まりもあって，日本でも新たに幼保連携型認定こども園制度ができ，幼児教育の無償化も進むなど，幼稚園，保育所，認定こども園といった施設の種類にかかわらず，乳幼児期の保育・教育の重要性は飛躍的に高まってきています。

　また小学校以上の学習指導要領も大きく改訂され，「アクティブ・ラーニング」という言葉に代表されるように，これまでの知識や技能を教える教育から，これからの時代を生きぬくことができる資質・能力を育成する教育へと大きく方向を変えようとしています。

　このような時代に，保育者を志す学生が乳幼児期の教育・保育の基本について，何をどのように学ぶかはとても重要です。やみくもに知識の量を増やしていくという学び方ではなく，問いをもって自ら課題に取り組み，保育や幼児教育の基本を常に問い直し，保育者になった時に，その実践の場で生かせるような力をいかに獲得していくか，その学びが，「新しい保育講座」シリーズを通して獲得していけると信じています。このシリーズの本を手にしたすべての学生が，子どもたちのための保育を実現できる保育者になってくれることを切に願っています。

2018年3月

子どもと保育　森上史朗
総合研究所代表

ゆうゆうのもり　渡邉英則
幼保園園長

はじめに

　この本を手にとってくださった皆さんは，おそらく何らかの形で子どもや保育について興味をもち，将来，子どもや保育に関わる専門職を志そうとされている方が多いことと思います。では，そのような希望をもたれたのは，いつ，どのようなことがきっかけだったでしょうか？

　きっかけは様々だと思いますが，なかには，「昔から子どもが好きだったから」「子どもと関わった時，かわいいと思ったから」という人も少なくないのではないでしょうか？　そのような保育を志す動機に対して，時として，「いやいや，子どもは"かわいい"だけではないよ」「保育は子どもが好きなだけでは務まらない，もっと専門性の高い仕事だよ」という声が聞こえてくることもあります。しかし，一人一人の子どもを「かわいい」「愛おしい」存在として捉え，思いを寄せ続けられることは，実は，決して簡単なことではありません。子どもたちは，必ずしもいつも私たちの期待するような反応ばかりを返してくれるわけではありませんし，時には，なかなか理解できない行動に出会い，どう関わればいいのか戸惑ったり，悩むこともあるでしょう。でも，そのような子どもの行動の背後には，必ず，一人一人の子どもの「思い」や，そうした行動を生んでいる周囲との「関係」が存在しています。

　そうした子どもの内面や子どもを取り巻く人やモノとの関係の構造が理解できるようになると，その一つ一つの行動が，子どものかけがえのない「表現」であり，その子自身が，自らの世界を一生懸命に広げていこうとしている「プロセス」のひとつであることが見えてきて，そのことの大切さや愛おしさ，さらには，その自ら育とうとしている尊厳ある姿への敬意までをも感じられるようになります。つまり，子どもが本当に愛おしく見えてくるためには，それぞれの子どもの側から世界を捉えながら，その子どもの思いや育ちを共感的に理解していく専門的なまなざしが必要なのです。

　さらに，子どもの側から，そこで味わっていること，経験していることの「意味」を捉えられたら，その経験をどのように支え，それを広げ，深めていくために必要な活動や環境をどのようにデザインしていくのか，また，それを同僚や保護者，地域社会と共に協働しながらどのように実践していくのか，子どもたちの豊かな育ちを支えるネットワークをどのように広げていくのか等々を探っていくことのできる幅広い視点も必要となります。

　保育には，よく言われる通り，決してマニュアルや正解のようなものは存在しません。そのため，保育を志す皆さんには，単に「知識」を身に付けたり，「正解」を求

めようとするのではなく，日々の実践の中で，一人一人の子どもの姿を通して，「なぜ，この子はこういうことをするのだろうか？」「なぜ，こういうことが起きるのか？」「子どもたちが豊かに育ち合うプロセスを支えていくためには何が必要なのか？」等々，自分なりの「問い」を見つけ，その背後にある「意味」や「仕組み」を探究し続けることのできる姿勢，また，自分自身の実践を常に振り返り（省察し），子どもの側からそれを「問い直す」ことのできる姿勢を大切にしていってほしいと願っています。

　本書では，そのための手掛かりとして，各章の扉に，その章を通して考えてみてほしい内容につながるような写真と，その写真をもとにした皆さんへの問いかけを載せています。ぜひ，各章を読み始める前に，その問いかけに自分だったらどう答えるかを考えてみてください。そして，その扉を開くと裏ページには，それらの「問い」に迫っていくための様々なヒントや視点が示されていることと思います。そうした手掛かりを参考にしながら，ぜひ，本書を通して，子どもたちの育ちを支える保育という営みを探究していく「問い」の立て方や，その「問い」に迫っていくための最初の糸口を見出していってくださることを期待しています。

　2018年3月

編著者一同

も く じ

はじめに

第1章 「保育」とは何か

1 「保育」とはどのようなイメージか ……………………………………………3
①なぜ,「保育」の仕事を志すのか？ 3 　②「保育」の仕事のイメージ 4

2 「保育」を行う場（施設）と人 ……………………………………………5
①保育所 7 　②幼稚園 7 　③認定こども園 7

3 「保育」「教育」「養護」という言葉 ……………………………………8
①「保育」とは,養護と教育が一体化したもの 8 　②「教育」とは何
か 8 　③「養護」（ケア）という言葉 10

4 あらためて「保育」とは何か ……………………………………………11
①自ら育つ者を育てる──それが保育の心 11 　②家庭と共に育てる──
社会全体で子どもを育てる 12 　③あらためて,保育とは何か 13

第2章 保育の基盤としての子ども観

1 子ども観とは何か ……………………………………………………………19
①「子ども」に対する自分の捉え方を意識してみよう 19 　②「子ど
もってこういうもの」≒子ども観 19 　③「子ども観」はどのように作
られ変容するのか 20

2 保育者の子ども観を形作るもの ……………………………………………23
①子どもや発達についての専門的知識 23 　②保育者の人生経験 24
③日々の子どもとの関わりの中で 24 　④保育者個人がもつ子ども観と
保育集団がもつ子ども観 25 　⑤同僚や園外の人びととの対話 26

3 子ども観と保育の内容・方法 ……………………………………………27
①保育の在り方に影響を与える子ども観 27 　②子どもの主体性・自発
性を認める子ども観とは 29 　③変容していく子ども観と保育者の成長 31

iii

第3章　子ども理解から出発する保育

1 保育における「子ども理解」とは……………………………… 37

①保育が始まる時　37　　②子どもの行為の「意味」を探る　38　　③保育者の専門性としてのカウンセリングマインド　40

2 子どもの発達を捉える「まなざし」…………………………… 44

①発達を「能力」という軸から捉えることの問題性　44　　②状況や関係の中で「発達」を捉えるまなざし　45　　③保育の中で子どもの「発達」を捉えるまなざし　46

3 子ども理解を深めるために…………………………………… 49

①自分の実践を振り返ること　49　　②多様な見方を交差していくことで見えてくるもの　50

第4章　子どもが育つ環境の理解

1 環境による保育とは…………………………………………… 55

①環境とは　55　　②環境を通して行う教育（保育）とは　56

2 子どもが育つ環境の基本 …………………………………… 57

①生命の保持・情緒の安定　58　　②好奇心をもって関わる環境　58
③対話する人との関わり　59

3 保育場面における環境構成の考え方………………………… 60

①保育環境を見る　60　　②保育の計画と環境構成　61　　③子どもと共に創造する保育環境　62

4 子どもを取り巻く環境と保育 ……………………………… 63

①自然との関わり　64　　②人的環境の豊かさ　64　　③開かれた保育環境　65　　④円環の時間世界　66

第5章　保育内容・方法の原理

1 保育の基本と保育内容・方法 ……………………………… 71

①幼児教育・保育の基本とは　71　　②子どもが育つとは――ある「しつけ」のビデオから　72　　③領域の考え方　73

2 保育の一場面から……………………………………………………………76

①【問1】について 77　②【問2】について 78　③【問3】について 78　④【問4】から【問6】について 79　⑤【問7】について 80

3 子どものための保育内容とは ………………………………………………80

①保育内容ってどんなこと 80　②幼児期にふさわしい生活とは何か 82　③園生活全体を見通す計画の必要性 83

4 子どものための保育方法とは ………………………………………………84

①保育方法の原則は「主体性」,「自発性」 84　②一人一人を大事にする保育方法とは 85　③「遊びを通して」とは,保育者がいらないということ? 86

第6章　保育の計画と実践の原理

1 保育における計画…………………………………………………………………91

①保育の計画はなぜ必要か? 91　②保育における計画の意義と位置付け 92

2 保育の計画にはどのようなものがあるか ………………………………96

①教育課程・全体的な計画・指導計画とその関連 96　②長期の指導計画 100　③短期の指導計画 100　④記録・省察・評価 101

3 「保育の質の向上」に努める計画を ………………………………………102

①「子ども理解に基づいた評価」の重要性 102　②保育者の専門性を高める計画 105

第7章　保育における健康・安全の原理

1 健康・安全の重要性……………………………………………………………111

①保育の中で子どもの安全を守ること 111　②保育の中で子どもの健康を守ること 112

2 子どもの健康支援………………………………………………………………113

①子どもの健康状態と発育・発達状態の把握 113　②子どもの健康の保持・増進 114　③疾病への対応 115

3 食育の推進………………………………………………………………………118

①食を楽しむ子どもの育ち　118　　②食を取り巻く環境の整備　120
③食を通した保護者支援　120

4 環境及び衛生管理と安全管理 ………………………………………… 121

①温度や湿度などの環境管理と衛生管理　121　　②事故防止と安全対策　121

5 災害への備え………………………………………………………… 124

①災害発生時の対応と備え　124　　②地域との連携　125

第8章　多様な子どもと共に育つ保育

1 多様性が求められる時代の保育の在り方 ………………………… 129

2 事例を通して「多様な子ども」の保育を考える ……………… 130

①他都市から転園してきたＡ男の姿　131　　②年長の1学期，Ａ男が変
わっていく　132　　③見えてきたＡ男が望んでいる世界　135

3 多様な子どもと共に育つ保育の原理………………………………… 136

①その子のよさを見つける　136　　②信頼できる人を見つける　137
③安心できる居場所作り　137　　④遊びの大切さ　138　　⑤葛藤を乗り
越える経験　138　　⑥「多様な子どもへの保育」は「特別な保育」なの
か　139

4 多様な子どもを受け入れる園の体制………………………………… 139

①保育者同士が支え合う関係　139　　②保護者を支える　140　　③地域，
関係機関との連携　141

第9章　保育の歴史に何を学ぶか

1 なぜ保育の歴史を学ぶのか ………………………………………… 145

2 子ども主体の保育 …………………………………………………… 146

①「子ども」の誕生　146　　②「学校」の成立　147　　③近代学校とし
ての幼稚園（保育所）　148

3 子どもを中心とする保育を導いた思想家たち ………………… 148

①ルソー──「子ども」期の発見と消極教育　149　　②ペスタロッチ
──「生活が陶冶する」　149　　③オーエン──性格形成学院　150
④フレーベル──幼稚園の創始者　151　　⑤モンテッソーリ──モン
テッソーリ・メソッド　152

vi

もくじ

4 日本における保育制度の移り変わり——明治から戦時下…………153

①幼稚園の始まり——東京女子師範学校附属幼稚園　153　　②大正期の幼児教育と倉橋惣三　155　　③幼稚園の普及と法整備　156　　④戦時下の幼稚園教育　156　　⑤保育所保育の歴史　157

5 戦後の幼児教育制度と保育実践 …………………………………158

①戦後の幼稚園　158　　②戦後の保育所　160　　③戦後から昭和期の保育　160　　④幼児教育の歴史とこれから　161

第10章　保育者に求められるもの

1 保育者になるということ …………………………………………165

①保育者ってどんな人？　165　　②保育者の役割とは　166　　③保育者としての力を身につける　168

2 「子どもの声を聴く」ことから …………………………………169

①子どもがケアする世界　170　　②「子どもがケアする世界」をケアする　171　　③学ぶ世界の広がり　172

3 保育者として共に学ぶ …………………………………………174

①保育者が共に考えること　174　　②「子どもがケアする世界」をケアすることの大切さ　175　　③対話を支える多様な仕組み　177

4 省察的実践家としての保育者 …………………………………178

第11章　現代の子育てと子育て支援

1 子育て支援の必要性…………………………………………………183

2 子育て支援が求められる背景 …………………………………186

①女性の働き方の変化　186　　②地域と子育て家庭を取り巻く環境の変化　187

3 子育て支援施策と子育て支援の場…………………………………188

①子育て支援施策の変遷　188　　②子育て支援の場　190

4 子育て支援の具体的展開 …………………………………………191

①保育所・幼稚園・認定こども園に通う保護者への子育て支援　191
②地域の保護者への子育て支援　193　　③関係機関との連携　194

5 ひとりで子育てをさせない受容的な対応………………………197

vii

第12章　保育の現状と課題

1 すべての子どもに保育を ……………………………………… 201

①待機児童問題　201　　②保育施設の一元化　203　　③無償化・義務教育　204

2 保育の独自性と重要性 ……………………………………… 205

①経験主義教育　205　　②非認知的能力をはぐくむ　207　　③多様性に関する寛容性をはぐくむ　207

3 保育の質の維持と向上 ……………………………………… 209

①保育の質評価　209　　②カリキュラム・マネジメント　210　　③保育の質の維持・向上を図る方法　212　　④保育の同僚性　213

終　章　「保育原理」の原理を問う

1 「保育原理」って何？ ………………………………………… 219

2 保育とはどういうことか ……………………………………… 220

3 我らの心の内なる勉強主義 …………………………………… 221

4 倉橋惣三の「育ての心」を読む ……………………………… 223

①「育ての心」──これって，本当か　223　　②ピアジェからヴィゴツキーへ　224　　③倉橋はヴィゴツキー派？　226

5 「自然的保育」論 ……………………………………………… 228

①ノディングズの「自然的ケアリング」論　228　　②あらためて，倉橋を読み直す　230

6 「べきである」が介入してくる時 …………………………… 231

①「倫理的ケアリング」　231　　②「べきである」から「べきである」のか　232

7 「保育原理」をどう読むか …………………………………… 233

各章扉写真提供：かえで幼稚園・港北幼稚園・多摩川保育園

ひかりの子幼稚園・ゆうゆうのもり幼保園

第 1 章
「保育」とは何か

子どもは，穴や狭い空間などが大好きです。この園庭のトンネルも人気の空間です。なぜ，そうした場が好きなのでしょうか？

答えはよくわかりません。ただ，子どもは自分の気持ちをちょっと落ち着かせたい時に狭い空間に入ることがあるようです。幼稚園の入園当初など，狭いロッカーの中に背中ごとすっぽり入ったり，段ボール箱の乗り物に体を入れて丸まっている姿をあちこちの園で見ます。きっと，落ち着くのでしょうね。包まれた感じは，お母さんのお腹の中に居る時の安心感だと言う人もいます。でも，トンネルは包まれているだけでなく，暗くて先が見えにくい空間だから，ちょっとドキドキワクワクの空間かもしれません。むしろ，新しいことへのチャレンジの意欲のようにも見えます。

　保育とは何か。自分は小さい頃，家庭や園で何が楽しかったのか。好きな遊びは何だったか。それはなぜなのか。そこから始めてみてもよいかもしれません。

第1章 「保育」とは何か

　さあ，これから「保育」の学びが始まります。

　最近では，メディアでも「保育」のことがとても話題になります。それだけ，「保育」という営みを国全体が注目しているのです。しかし，私たちは本当に「保育」のことを知っているのでしょうか。そもそも，「保育と教育ってどう違うの？」「保育所と幼稚園ってどう違うの？」と聞かれた時，皆さんはどう答えるでしょうか。

　また，「乳幼児期の子どもの保育では何が大切なの？」と聞かれた時，即答できますか。これを説明することは，意外と簡単ではないのです。

　そこで，まず第1章では，「保育とは何か」を考えてみましょう。ここから，皆さんの保育の学びの扉を開きます。

1 「保育」とはどのようなイメージか

❶ なぜ，「保育」の仕事を志すのか？

　保育原理を学ぶ多くの方は，保育の仕事をしたいと考えている人だと思います。皆さんは，なぜ保育の仕事を志そうと思ったのでしょうか。

Work 1 ✏ 保育の仕事を志した理由

　あなたが，保育の仕事を志そうと思った理由をノートに書き出してみましょう。できれば，そう思うようになった具体的なエピソードをあげてください。そして，ノートに書き出したら，次にグループごとにその理由を紹介し合いましょう。

　皆さんが保育の仕事を志す理由は何だったでしょうか。そのきっかけとなったのは，中学校や高校時代の職業体験だった方もいるでしょう。また，自分が子どもの頃に出会った保育所や幼稚園の先生の影響だった方もいると思います。あるいは，自分に小さな弟や妹あるいは親戚の子どもがいて，その面倒を見る中で自分は子どもに

3

関わる仕事がしたいと思った方もいるかもしれません。

　一方，心を動かされたエピソードはどのようなものだったでしょうか。自分にとって魅力的な先生の存在がきっかけだった方は，どのような先生だったのでしょうか。きっと，優しい先生だったり，自分の気持ちをわかってくれる先生だったかもしれません。また，子どもの魅力がきっかけだった方は，どのような子どもの姿だったでしょうか。「子どもってかわいいな」とか，「子どもはすごいな」といったエピソードがあげられるかもしれませんね。

　このような，保育の仕事をしたいと思った理由は，自分が保育で大事にしたい原点となります。ぜひ，大切にしてください。

❷「保育」の仕事のイメージ

　皆さんは保育の仕事に対して，どのようなイメージをもっているのでしょうか。まずは，皆さんの保育のイメージを明らかにしてみましょう。

Work 2 ✎　「保育」という言葉から連想

　「保育」という言葉から連想するイメージを，言葉で書き出してみましょう。次のように進めてください。
① 　まず，小さな紙に1枚ごとにひとつのイメージする言葉を書きます。1分間でできるだけたくさんあげてみましょう。目指すは10枚です。
② 　次に，5，6名のグループごとに集まります。そこで，グループ全員の紙をすべて集め，内容が似ているものごとに分類して，山にしてみましょう。
③ 　次は，できた仲間の山ごとに，その分類した共通項の名前を付けてみましょう。

　どのような結果になりましたか？　図1-1はある保育者養成校の1年生で行った結果です。皆さんの結果と照らし合わせてみてください。

　ここから見える「保育」のイメージは，保育所や幼稚園で，子ども（乳幼児）に対して，保育者や親が，遊び（オモチャ）や生活（給食・午睡）等を通して，守り，成長させるといったイメージでしょうか。この結果は，一般的にもたれている「保育」のイメージとも重なると思われます。

第1章 「保育」とは何か

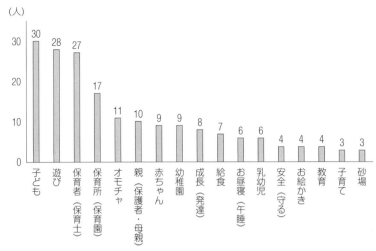

図1-1 「保育」という言葉から連想するイメージや言葉
→出所：玉川大学教育学部乳幼児発達学科1年40名（2017年・筆者調べ）。

では，実際の保育の場はどのようなところなのでしょうか？

2 「保育」を行う場（施設）と人

それでは，次に保育を行う場（施設）と人について具体的に考えてみましょう。

Work 3　あなたが子どもの頃行った保育の場（施設）は？

あなたが子ども時代に行った保育の場は，どこですか。幼稚園，保育所，あるいはそれ以外の場でしょうか。子ども時代のことを思い出し，書き出してみてください。また，その場には何歳から何歳まで行きましたか？　さらに，そこには何時から何時まで行きましたか？　書き出したら，まわりの友達と話してみましょう。その違いも探ってみましょう。

どのような結果でしたか。おそらく，その多くは幼稚園に行った方と保育所に行った方に分かれたのではないかと思います。保育時間にも違いがあったのではないでしょうか。午前中過ぎに帰った方もいれば，夕方や夜まで通っていた方もいるでしょう。また，通い始めた年齢も，赤ちゃんから通った方もいれば，4，5歳から通った方もいるかもしれません。また，幼稚園，保育所ではない場所に

通った方もいるかもしれません。

　表1-1を見てみましょう。実は，制度的な乳幼児期の保育の場（施設）には，保育所・幼稚園・認定こども園があります。しかも，そこには制度的な違いもあるのです。

　それでは，それぞれの特徴について取りあげ，その違いについても説明していきましょう。

表1-1　保育所・幼稚園・認定こども園の違い

	保育所	幼稚園	幼保連携型認定こども園
所管省庁	厚生労働省	文部科学省	内閣府・文部科学省・厚生労働省
根拠法令	児童福祉法	学校教育法	就学前の子どもに関する教育，保育等の総合的な提供の推進に関する法律 児童福祉法
目　的	保育を必要とする乳児・幼児を日々保護者の下から通わせて保育を行うことを目的とした施設（利用定員20人以上）。	幼児を保育し，適当な環境を与えて，その心身の発達を助長すること。	3歳以上の幼児に対する学校教育と，保育を必要とする乳幼児への保育を一体的に行い，適当な環境を与えて，その心身の発達を助長することを目的とした施設。
機能・役割	保育所は，保護者の就労等により保育を必要とする乳幼児を保育する児童福祉施設。ただし，3〜5歳児に対しては幼稚園教育に準ずる教育が行われている。	幼稚園は，満3歳から小学校就学の始期に達するまでの幼児を対象に教育を行う学校。	幼稚園と保育所の機能と地域子育て支援機能を一体的に行う施設。学校であり児童福祉施設でもある。
教育・保育内容	保育所保育指針	幼稚園教育要領	幼保連携型認定こども園教育・保育要領
1日の教育・保育時間	8時間を原則とし，保育所長が定める。	4時間を標準として各園で定める。	保育を必要とする子どもに対する保育時間は8時間を原則。
教諭・保育士の資格	保育士資格証明書	幼稚園教諭普通免許状 専修（大学院（修士）終了） 1種（大学卒） 2種（短大卒など）	保育教諭（幼稚園教諭免許状と保育資格を併有することを原則。平成31年度末までの経過措置あり。併有促進のための特例措置あり）
職員配置基準	児童福祉施設の設備及び運営に関する基準 乳児：3人に保育士1人 1〜2歳児：6人に保育士1人 3歳児：20人に保育士1人 4歳児以上：30人に保育士1人	幼稚園設置基準 1学級の幼児数は原則35人以下 1学級に教員1人	幼保連携型認定こども園の学級の編制，職員，設備及び運営に関する基準 乳児：3人に保育教諭1人 1〜2歳児：6人に保育教諭1人 3歳児：20人に保育教諭1人 4歳児以上：30人に保育教諭1人

▶出所：大豆生田啓友・三谷大紀（編）『最新保育資料集2018』ミネルヴァ書房，2018年より一部引用。

第1章 「保育」とは何か

❶ 保育所

　保育所は，0歳児から小学校入学前までの，保育を必要とする乳幼児の保育を目的とする「児童福祉施設」です。保育時間については，現在は11時間（保育標準時間）と8時間（保育短時間）があります。さらに，延長保育もあります。現在，3歳以上の保育所の保育は幼稚園と同じ教育機能があると位置付けられています。

　また，保育所には，国の基準を満たした認可施設[1]と，満たさない認可外施設[2]があります。その中にも，それぞれの自治体が認可する「認証保育所[3]」などもあります。さらに，現在は小規模認可保育所[4]などもあります。なお，保育所には公立と私立があります。

　保育を行うのは，「保育士」資格を取得している人です。

❷ 幼稚園

　幼稚園は，満3歳から小学校入学前までの幼児に教育（保育）を行う「学校」です。教育（保育）時間は4時間を標準としています。ただし現在では，多くの幼稚園で「預かり保育」を実施しており，教育（保育）時間外の保育が行われ，幼稚園でも長時間の保育が行われているのです。また，未就園児保育が行われている園も増えており，2歳児から幼稚園に親子などで通う場合もあります。共働き家庭の増加など，幼稚園が低年齢化，長時間化し，保育所化する傾向があります。なお，幼稚園には，国公立と私立があります。

　保育を行うのは，「幼稚園教諭」免許状（専修・1種・2種）を取得している人です。

❸ 認定こども園

　認定こども園は，幼稚園と保育所の両方の機能をもった施設です[5]。園には幼稚園児に該当する3〜5歳児（1号認定），保育園児に該当する3〜5歳児（2号認定），保育園児に該当する0〜2歳児（3号認定）が一緒に生活しています。つまり，1号認定の子どもは幼稚園の基準，2号・3号認定の子どもは保育所の基準で保育されるのです。なお，現在，子ども・子育て支援制度のもと，幼保一体化の

▶1　「児童福祉法」において国が定めた環境や人員配置などの基準を満たし，国からの補助がおりている保育所のことを指します。

▶2　「児童福祉法」に規定されておらず，国が定めた基準を満たしていないため，認可されていない保育施設のことを指します。

▶3　たとえば，東京都では独自の基準で認証保育所を設定しています。また横浜市では，同じく独自の基準を満たすことで，認可施設ではないものの，市からの運営助成を受けている「横浜保育室」があります。

▶4　子ども・子育て支援新制度で国が定めた基準において，6〜19人を定員として開かれている保育所のことです。

▶5　認定こども園は「幼保連携型認定こども園」「幼稚園型認定こども園」「保育所型認定こども園」「地方裁量型認定こども園」の4つの類型があります。

7

動きが進んでおり，この認定こども園が増える傾向にあります。認定こども園にも公立と私立があります。

　保育を行うのは，幼稚園教諭と保育士ですが，その両方の免許・資格を有して認定こども園で保育を行う人を「保育教諭」と呼ぶとされています。

---

3 「保育」「教育」「養護」という言葉

❶「保育」とは，養護と教育が一体化したもの

　第1節で，学生のイメージする「保育」について取りあげました。また，第2節では「保育」の場（施設）と，保育を行う人の多様さについて述べました。それでは，この第3節では，実際に「保育」という言葉がどのように位置付けられるかについて，説明しましょう。

　保育所保育指針によると，保育所における保育は，「養護及び教育を一体的に行うことをその特性とするものである」[6]とあります。つまり，「保育」とは「養護」と「教育」を一体化したものと捉えることができます。このことは，世界的に見ても，保育はECEC（early childhood education and care）あるいは，ECCE（early childhood care and education）と捉えていることからも共通します。

　そのため，本書で「保育」と使用する時，それは養護（ケア）と教育を一体的に行う営みのことを指すこととしましょう。

[6]　厚生労働省「保育所保育指針」2017年（第1章総則　2　養護に関する基本的事項　（1）養護の理念）

❷「教育」とは何か

　では，ここで言う「教育」とはどのような意味でしょうか。そこで，第1節で「保育」という言葉のイメージを連想してもらったように，「教育」という言葉についてもそのイメージを連想してみましょう。

　ある保育者養成校では，図1-2のような結果となりました。

　ここから見えてくるのは，学校の教室で，教師が，子ども（児

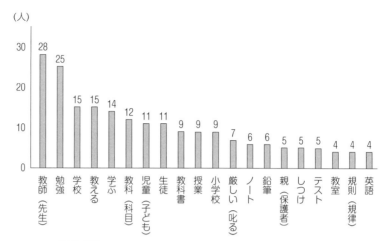

図1-2 「教育」という言葉から連想するイメージや言葉
出所：玉川大学教育学部乳幼児発達学科1年40名（2017年・筆者調べ）。

童・生徒）に，教科などの勉強を教え，育てることといったイメージでしょうか。「保育」とはずいぶん違うイメージであることがわかります。「教育」のイメージは主に小学校以上の学校の教室のイメージが強いようです。かなり，一斉で画一的な教室の教師主導の教育がイメージされます。これが，「教育」が意味するものなのでしょうか？

　本来の「教育（education）」という言葉の語源は，「引き出す」という意味だと言われます。つまり，個々の子どものうちに秘めたよさを，主体的に引き出していくようなイメージだと捉えることも可能です。また，フレーベルが作った幼稚園（kindergarten）は，幼児が自然などの豊かな環境の中で「遊び」を通してその子のよさを引き出していくものと考えられています。それが，幼児教育の伝統です。ですから，「教育」とは，単に「教え」「育てる」という意味に捉えることがふさわしいとは限らないのです。

　幼稚園は学校教育ですから，そこで行うのは「教育」です。しかし，学校教育法第22条には，「幼稚園は，幼児を保育し，適当な環境を与えて，その心身の発達を助長することを目的とする」と，「幼児を保育し」とあります。この背景には，幼稚園がその特性から，一般で理解されているような学校教育のイメージよりも，「保育」という言葉の方がよりふさわしいという考えのもとに使用されてきた経緯があるのです。さらにそれは，学校教育法の草案をつくった坂元彦太郎が，「保育」を「保護と教育」の略として，外からの保護と内からの発達を助けることを一体として考えたところか

ら端を発しています。

❸「養護」（ケア）という言葉

それでは，「養護」という言葉はどうでしょうか。保育所保育指針では，「養護」とは「生命の保持」と「情緒の安定」と捉えられています。それは，子どものいのちと健康がしっかりと守られると共に，応答的に関わられる等の中で情緒の安定が育まれることです。つまり，「養護」は一人一人に対して手厚く関わる保育の基盤となるとても重要な視点であることがわかります。現在，わが国の7人に1人は貧困家庭で育つ子どもです[7]。また，虐待の相談件数は増加し[8]，ひとり親家庭も増えています[9]。そのため，問題を抱える子どもが増える中で，一人一人に手厚く愛情をもって関わることが求められているのです。

その一方，世界的にケアという言葉が使われる時，もう少し広い概念で捉えられます。それを，秋田はケアリングの教育として紹介しています[10]。ケアすること，つまりケアリングとは，①ケアする相手に深い関心を示し，相手のことを理解し，受容すること，②相手に対して，こまやかに心をくだいて関わること，③ケアする人もケアされる人へのケアリングを通して，自分がケアされること，と述べているのです。

「養護」というと，困っている人に対して，何かを一方的にしてあげることと捉えられがちです。しかし，その子どもの生きている世界に関心をもって受容的に関わり，その子の見ている世界に対して心をくだいて関わることは，自分自身がケアされることにつながるのです。つまり，本当の意味で養護的である保育は，その子に対して単なる子ども扱いではなく，ひとりの人として尊厳をもって関わることで，その子が幸せになるだけでなく，そこに関わる保育者自身の幸せにもつながるのです。

➡7 2015年の「子どもがいる現役世帯」の貧困率は12.9％となっています（厚生労働省「平成28年国民生活基礎調査の概況」2017年，p. 15.）。

➡8 2016年度では，児童相談所における児童虐待相談の対応件数は12万2575件で，2012年度に比べ5万5874件も増加しました（厚生労働省「平成28年度福祉行政報告例の概況」2017年，p. 8.）。

➡9 2016年度の調査結果では，ひとり親世帯は約142万世帯にのぼると発表されています（厚生労働省「平成28年度全国ひとり親世帯等調査結果の概要」2017年，p. 1.）。

➡10 秋田喜代美『知を育てる保育——遊びでそだつ子どものかしこさ』ひかりのくに，2000年

第1章 「保育」とは何か

4 あらためて「保育」とは何か

❶ 自ら育つ者を育てる──それが保育の心

　さあ，第1章の最後に，あらためて「保育」とは何かを考えてみましょう。保育とは養護と教育が一体化したものだと述べてきました。それは，具体的にはどのようなことなのでしょうか。事例を通して考えてみます。

Episode 1　「これ，線路なんだよ」（認定こども園　3歳児）

　新入園のA児は，ひとり遊びが多く，とてもおとなしく，すぐに「お家に帰りたい」と言って泣くなど，少し気になる子でした。関わりも難しいと感じていました。そこで，今日は少しA児の遊びの姿を見てみました。この日も朝から少し涙を流していましたが，その後，しばらくひとりで板状の積み木を並べて遊んでいました。板を何枚も並べているので，「たくさん，並んだね」と声をかけると，「これ，線路なんだよ」とぼそっと答えました。「電車が走るの？」と聞くと，「新幹線が走るの」と言い，新幹線の種類について話を始めました。そこで，長方形の積み木を出し，「これ，新幹線になる？」と聞くと，「うん」と言ってその上を走らせ始めました。私も一緒にブロックを走らせ始めると，これまでにない笑顔で「こっちが，……駅なんだよ」と話し始めたのです。集まりの時間に，新幹線遊びをクラスのみんなに紹介すると，A児はにっこり微笑んでいました。その後，新幹線の遊びに他の子も加わり始め，新幹線の線路があちこちに広がり始め，A児もうれしそうでした。この日はA児がこんなに豊かなイメージをもっている子なんだと気付いて驚くとともに，とてもうれしい日となりました。

　園には，様々な子どもがいます。泣くことが多かったり，積極的に遊ばない子どもの姿は気になるもので，関わりが難しいと感じることがあるものです。でも，この保育者はA児が始めた積み木の遊びの中にきっとこの子の何らかの思いがあるのだろうと思って関心をもってその遊びを見つめ，声をかけました（養護的関わり）。A児は自分のしている遊びに関心をもって関わってきた保育者に対して，心を開き始めたのです。そして，「これ，線路なんだよ」と自分の思いを話し始めました。保育者はA児の思いに沿って動くだけでなく，長方形の積み木を出すなど，遊びがさらに広がる環境提供も

11

行っています（教育的関わり）。だから，これほどA児の豊かな内面の世界が外に広がっていったのでしょう。

　乳幼児期の子どもは幼いがゆえに，未熟な，能力のない存在と思われがちです。だから，おとなは子どもに教えて育てなければいけないと思ってしまいます。しかし，近年の発達研究では，赤ちゃんも含め子どもは自ら育とうとする有能な存在であることがわかっているのです。そのため，プロの保育者は子どもが自ら育つ力を信じて受容的に関わります。この事例からもそれがわかります。自分の存在を受けとめてもらった子どもは，おもしろいように自分の世界を広げていくのです。

　日本の幼児教育の源流を作った倉橋惣三[11]は，次のように述べています[12]。

　　　自ら育つものを育たせようとする心。それが育ての心である。世にこんな楽しい心があろうか。それは明るい世界である。温かい世界である。育つものと育てるものとが，互いの結びつきに於て相楽しんでいる心である。
　　　育ての心。そこには何の強要もない。無理もない。育つものの偉（おお）きな力を信頼し，敬重して，その発達の途に遵（したが）うて発達を遂げしめようとする。役目でもなく，義務でもなく，誰の心にも動く真情である。

　ここでは「育ての心」とありますが，そのまま「保育の心」と言い換えてもいいでしょう。子どもは自ら育とうとする存在です。だから，信頼と尊厳をもって関わります。そうして関わることで，そこには明るい世界が生まれ，保育者もまた共に育つのです。保育者を志す皆さんはぜひ，この「保育の心」を持ってください。

❷ 家庭と共に育てる──社会全体で子どもを育てる

　さて，もうひとつ保育を行う上で大切なことを考えてみましょう。先ほどの Episode 1 には続きがあります。

[11]　倉橋惣三（1882〜1955）は，大正から昭和にかけた日本の幼児教育の代表的な指導者で，子どもを中心とする保育を提唱しました。

[12]　倉橋惣三『育ての心（上）』フレーベル館，2008年，p. 3.

第1章 「保育」とは何か

Episode 2 「ずっと心配でした」

母親がお迎えに来た時，A児が新幹線の遊びが楽しくなっていることを，今日の写真を見せながら伝えました。すると，母親はうっすらと涙を浮かべながら，「ずっと心配でした」と話し出したのです。入園前によく地域の子育てひろばに足を運んだのですが，入口で泣いて入るのを拒むことが多かったとのこと。中に入ってもいつも抱っこばかりで，他の子と遊ぶこともしなかったようです。他の子が楽しそうに遊んでいる姿を見ると，とてもうらやましく，入園してから本当にやっていけるのだろうかと不安だったとのことです。入園後も泣いて登園するわが子の姿にずっと心配だったようでした。「これからも園の様子をお伝えしますので，家庭での様子もお知らせください」と伝えると，少し笑顔が見えました。

子どもの個性や家庭にもよりますが，子育てに悩みを抱えている保護者は少なくありません。そして，自分の育て方が悪いのではないかと自身を責めている方もいるのです。現代は，子育てが困難な社会だと言われます。核家族が一般化し，共働き家庭が著しく増加しています。家庭だけで子育てをするのではなく，社会全体で子育てを支えていくことが求められているのです。そのため，第2節でも述べたように，長時間保育や保育の低年齢化が進んでいます。こうした社会全体で子育てを支援することを，「子育ての社会化」といいます。

現代の保育施設は，家庭と共に子どもを育てていくことが不可欠です。保育者は子どもの姿を丁寧に伝えたり，保護者の思いを聴くなど，きめ細かい家庭との連携の在り方が大切になるのです。Episode 2 からもわかるように，丁寧な連携は，保護者を元気付け，家庭での子どもの関わりにもよい影響が与えられるのです。

保育者を志す皆さんには，第4節❶で述べた「保育の心」に加え，家庭と共に歩む姿勢をもっていただきたいと思います。

❸ あらためて，保育とは何か

最後にあらためて，保育とは何かを整理しておきましょう。

保育とは，養護（care）であり，教育（education）であると述べました。それは，単なる子どもの世話ではなく，子どもに対する深い関心をもって，心をくだいて関わることです。それは，子どもをひとりの尊厳ある存在として，その子の見ている世界を共に見よう

13

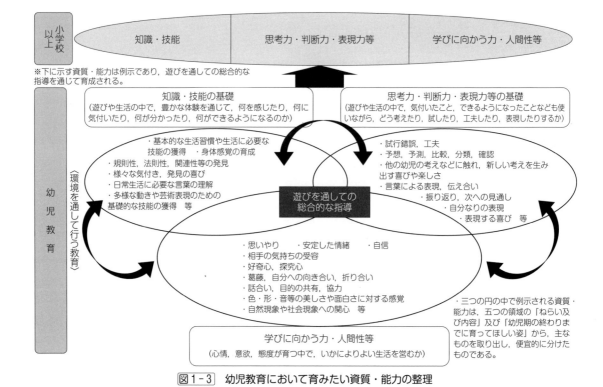

図1-3 幼児教育において育みたい資質・能力の整理

➡出所：文部科学省「幼児教育部会における審議の取りまとめ（平成28年8月26日）」2016年より引用。

➡13 2017年3月に幼稚園教育要領，保育所保育指針，幼保連携型認定こども園教育・保育要領が改訂（定）されました。

とすることでもあります。これが，ケア的な関わりです。

さらに，子ども自身が自ら自分の世界を広げようとする興味関心に応じて，環境を提供することでもあります。遊びや生活の中で，子どもは主体的に環境に関わり，多様な関わりの中で，学びの世界を広げていくのです。保育者も単に受け身なのではなく，計画的に環境を構成するなど主体的に関わります。こうした相互主体的な関わりの中に，教育的な営みが生じるのです。

こうした子ども主体の遊びを通した学びによる保育は，現代のキーワードでは，「主体的で対話的で，深い学び」（アクティブ・ラーニング）とも言いかえられます。2017年の幼稚園教育要領等の改訂（定）では，小学校以上の学びの連続性の視点も踏まえ，幼児期に「育みたい資質・能力」の3つの柱を位置付けたのです（図1-3）。それは，乳幼児期の遊びを通しての総合的な指導が，小学校以上の学びにもつながるとしています（図1-4）。乳幼児期の遊びが学びであることを振り返ったり，小学校等に伝えていく視点として，5歳児修了までに育ってほしい10の姿が示されたりもしています。子どもが主体的・対話的に遊び込むことによる保育は，次世代

14

第1章 「保育」とは何か

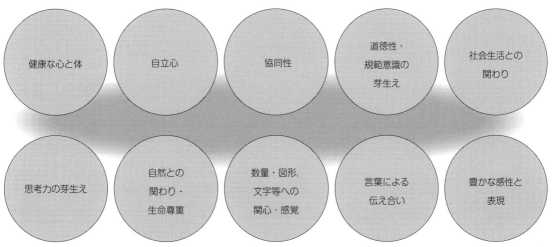

図1-4 幼児期の終わりまでに育ってほしい姿の整理イメージ
出所：文部科学省「幼児教育部会における審議の取りまとめ（平成28年8月26日）」2016年より引用。

を担う子どものその後の成長にもつながる重要な役割をもつものと考えられ，その保育の質は，ますます注目されているのです。

そして，保育という営みは，園内だけで完結されるのではなく，家庭や地域との連携の中で行われるのです。保護者と連携しながら，子どもの姿や育ちを共有し，保護者の子育ての悩みの相談に応じるなど，園が地域の子育てのつながりの拠点となることが求められています。このように保育の場は，子育ての根幹を支える営みであり，次世代育成と持続可能な社会の実現のための重要な役割があるのです。

Book Guide

- 「幼稚園教育要領」「保育所保育指針」「幼保連携型認定こども園教育・保育要領」
  2017年3月にこの3つの告示文が公布されました。「保育とは何か」を学ぶ上で，まず知っておいてほしいものです。これらの告示文は，文部科学省（「幼稚園教育要領」），厚生労働省（「保育所保育指針」），内閣府（「幼保連携型認定こども園教育・保育要領」）のホームページで見ることができます。また，それぞれの解説書や，ポイント本なども多数出ています。ぜひ，手元に置いて，保育とは何かを学んでください。
- 日本保育学会編『保育学とは――問いと成り立ち』東京大学出版会，2016年
  専門的に保育とは何かを学びたい方は，保育学講座5巻シリーズがおすすめです。なかでもその第1巻である本書は，保育学とは何かを根底から考察しています。「保育」という言葉の成

り立ちについても詳しく理解できます。

Exercise

1. 第1章の学びを踏まえ，「保育」という言葉の意味を2人のペアになって説明し合ってみましょう。
2. 自分の住んでいる家や養成校の自治体にある園を調べてみましょう。保育所，幼稚園，認定こども園，その他の施設など，どの種別の園が多いのでしょうか。自分の自治体の傾向について，話し合ってみましょう。

第 2 章

保育の基盤としての子ども観

ボールを 2 つ抱える男の子。彼の姿は，どう見えますか？

意地悪に見えたり，手を伸ばしている男の子をからかったりしているように見えますか？　あるいは，2人で楽しんでいるように見えますか？　それとも，傾斜を転がっていってしまったボールを取りに行って，もうひとりの男の子に渡そうとしているように見えるかもしれません。もちろん，他にも考えられるでしょう。

　同じ子どもの姿であっても，それまでの流れや背景が見えることによって，見え方はかわってきます。また見ている人の原体験やそれまでの経験によっても見え方は変わってくるでしょう。そもそも私たちはみなそれぞれに「子どもってこういうもの」という考えや見方をもっています。そうした子どもについての考えや見方は，「子ども観」と呼ばれ，それは必ずしもみな同じではありません。また，常に意識しているものでもありません。

　しかし，この「子ども観」は，目の前の子どもの姿をどう見るか，そしてどう関わるかに，大きく影響します。こうしたことから，「子ども観」は保育のひとつの基盤であるといえます。では，そうした「子ども観」とはどのように作られていくものなのでしょうか，そして，実際の保育にどのように影響を及ぼすのでしょうか。皆さん自身の「子ども観」が，どのようなもので，どのように形成され，どのように変化してきたのかを考えながら，自分のなりたい保育者像ややりたい保育の在り方と「子ども観」との関係について考えてみましょう。

第 2 章 保育の基盤としての子ども観

1 子ども観とは何か

❶「子ども」に対する自分の捉え方を意識してみよう

今，この本を手に取り，読み始めた皆さんは，"子ども"や"保育"について，何かしらの興味関心をもっている人たちでしょう。

「子ども観」の具体的な説明に入る前に，まずは皆さん自身が"子ども"や"保育"についてどのようなイメージをもっているか，少し考えてみてください。

Work 1

① あなたのイメージする"子ども"とはどのようなものですか？
② あなたのイメージする"保育"とはどのようなものですか？
③ 次のエピソードのような光景に出会ったとします。
　どのように思いますか？　自分の考えを仲間と交換してみましょう。

Episode 1　電車の中で

つり革につかまっているお母さんと 3 歳くらいの男の子が手をつないで立っています。男の子は「ママ，みて，みて，でんしゃ～」と窓の外を指差しながらうれしそうに言います。お母さんは，男の子の指差す方をちらっと見て，「ほんとだねぇ」と素っ気なく答えますが，男の子は，また別の電車がすれ違ったり，急行電車が追い抜くたびに，「みてぇ，また，きたぁ！」とより大きな声で叫びます。そのたびにお母さんは「タカちゃん，しぃ～。声が大きい，みんな迷惑しているでしょ！」と人差し指を口の前に当て少しキツく言いますが，男の子は「また，きたぁ！」と繰り返します。お母さんは，「もういい加減にしなさい！」と怒鳴り，男の子は大きな声で泣き出してしまいます。

❷「子どもってこういうもの」≒子ども観

さて，皆さんは，"子ども"や"保育"についてどんなイメージ

19

が浮かんだでしょうか？　筆者が学生に聞いたところ，"子ども"については，「無邪気」「かわいい」「遊びが生活」「身勝手」「自由」「宝物」「愛情が大切」「親の教育が大事」「学校に行くのが仕事」など様々なイメージがあがってきました。同じように，"保育"についても「子どもが主体」「子どもを育てる」「遊び」「子どもと先生の関わり」「仲間との関わり」「温かい感じ」「守る」「子どものお世話」「大変そう」など，様々なイメージがあがってきました。

　では，Episode 1 については，どうでしょう。Episode 1 のような光景などは，きっと皆さんも出会ったことがあるのではないでしょうか。あるいは，皆さん自身がかつて同じくらいの年齢だった頃のことを思い出したかもしれません。では，どういった思いをもちましたか？　たとえば，「あの子はよっぽど電車が好きなんだなぁ」「無邪気でかわいいなぁ」「でも，子どもってかわいいだけじゃなく，大変そう」「お母さんを支えてあげたくなる」といった考えや，反対に「あぁ，うるさい子だなぁ」「お母さんがもっと応えてあげればいいのに」「公共の場だし，親がもっとちゃんとしつけなきゃいけない」といった考え，さらには，「私も小さい頃，電車に乗るとそうだったな」等々，様々な考えが出てくると思います。

　では，このような"子ども"や"保育"に対するイメージや，ある具体的な場面で"子ども"に対して私たちがもつ考えというのは，いったいどこから生まれるのでしょうか。「何となくそう感じるから」と思うかもしれませんが，イメージや私たちの考えの背後には，私たち一人一人がもっている「子どもってこういうもの」，「保育ってこういうもの」という子どもや保育についての大まかな「見方」があり，それらによって生み出されています。この「子どもってこういうもの」，「保育ってこういうもの」という見方こそが，この章で取りあげる「子ども観」なのです。[1]

❸「子ども観」はどのように作られ変容するのか

① 時代・社会・文化の与える影響

　私たちがそれぞれもっている子ども観は，何もないところからある日突然生まれてくるわけではありません。私たちの子ども観の在り方は，生きている時代の影響を受けています。

　たとえば，冒頭で"子ども"についてのイメージを考えてもらい

➡1　金澤は，保育をどのように行うべきかということに関する保育者の考えを「保育観」と呼んでいますが，「子どもをどのような存在と考えるか」ということと，「保育をどのような行為として考えるか」は，一体となっていることから，本章では金澤の言う「保育観」とほぼ同じ意味で「子ども観」という言葉を使うこととします（金澤妙子「保育観と保育の実際」「保育観はどうつくられるか」森上史朗（編）『幼児教育への招待──いま子どもと保育が面白い』ミネルヴァ書房，1998年，pp. 10-13.）。

第2章　保育の基盤としての子ども観

ましたが，人類の長い歴史の中では，"子ども"という存在を全く認めない時代さえありました。おとなとは区別された独自の価値と権利をもつ存在としての「子ども」という概念が広く認められるようになったのは，「近代」と呼ばれる時代になってからのことです。[2]それ以前の「中世」と呼ばれる時代では，子どもは「小さなおとな」すなわちおとなの小型版に過ぎないとされ，その独自の価値と権利が認められていなかったのです。[3]そうした時代に生きているとすれば，そもそも"子ども"についてイメージするという発想さえ，生まれていなかったかもしれません。

　子ども観は時代だけでなく，社会状況や文化の影響も，大きく受けます。たとえば，第2次世界大戦以前の日本で重んじられた家父長制度や戦時中の軍国主義のもとでは，子どもは家や「お国」のためのものであり，子どもは目上のおとなを尊敬し，逆らうべきではないとされていました。もし，仮に皆さんがそうした状況に置かれていたとしたら，先にイメージした子どもの見方やEpisode 1に対する考えも異なっていたのではないでしょうか。

　また，Episode 1のような光景は，現在の日本ではよく見かけます。しかし，フランスなどに行くと，幼い子どもや妊婦が電車の中で立っている姿などは，ほとんど見ないそうです。もちろん，日本においても，子どもづれの親子や妊婦に席を譲る姿を見かけますが，フランス人やフランスの文化に親しんだ人に，Episode 1のような場面に出会った時にどう思うかとたずねれば，「親子が立たされているのがおかしい」と真っ先に答えるかもしれません。

　あるいは，皆さんの中には「子ども＝労働力」とイメージする人はいないと思いますが，日々の生活を営んでいく上での貴重な労働力として，おとなと同様に子どもにも日常生活に必要な労働を分担する共同体も，いまだに存在しており，そうした文化の中に生きていれば，子どもの見方もまた違ってくるかもしれないのです。

　さらに，Episode 1のような場面において，かつて自分が厳しくしつけられ，今こうして生きてきた経験から，「子どもは親の言うことを聞くべきだし，親はもっと子どもをしつけるべきだ」という考えをもつ人もいるかもしれません。反対に，同じように厳しくしつけられた経験をもっていたとしても，それが苦い経験として残り，親にはもっと自分の見ているものを一緒に楽しんでほしかったと思い，Episode 1について「子どもらしい姿だし，もっと親に応えて

➡2　フランスの啓蒙思想家で，新教育運動の先駆者であるルソー，J. J.（Rousseau, J. J.）は，代表的著作でもある教育小説『エミール』の中で，子どもには特有のものの見方・考え方・感じ方があることを指摘し，当時の子ども観を否定するとともに，子ども固有の価値を認めました。そうしたルソーの子ども観は，ペスタロッチ，J. H. A.（Pestalozzi, J. H. A.），フレーベル，F. W. A.（Fröbel, F. W. A.）らに影響を与え，近代教育学に大きな影響を与えました。

➡3　近代以前は，子どもを生かすも殺すも親（村落共同体）の権限にゆだねられ，子どもはひとりの人格をもつものとしてみなされず，「おとなの私有物」あるいは「父親の従属物」として捉えられていました。その一方で，子どもは社会生産性が低いことから「間引き」，「子おろし」など口減らしも行われていました。

21

あげてほしい」と考える人もいるかもしれません。いずれにしても，私たちの生育歴もまた，私たちの子ども観を形づくる要因のひとつなのです。

② 日々の子どもとの関わりの中で

しかし，私たちの子ども観は，時代背景や社会状況のような個人を取り巻く「目に見えないもの」や，その人の生育歴といった「過去」によってのみ，形作られるわけではありません。特に，日々子どもと関わっている養育者や保育者の子ども観は，目の前にいる子どもの姿から様々な影響を受けます。つまり，実際の子どもとの関わりの中で，子どもたちが見せてくれる様々な姿を通して，私たちはいろいろなことに気付かされていくのです。そして，そうした気付きもまた，私たちの子ども観に影響を与え，時にはすでにもっていた子ども観を変容させることにもなるのです。

その一方で，私たちの子ども観は，実際の子どもとの関わりに影響を及ぼします。詳しくは，後で述べますが，子どもをどういう存在として捉えていくかによって，子どもとの関わり方もおのずと変わってくるのです。

小島は，以上のような子ども観に影響を及ぼす諸要因〈(1)社会的・文化的・歴史的要因及びおとなの生育歴・人生経験，(2)おとなの児童発達観（子ども観），(3)おとな‐子どもの相互作用（関わり），(4)子どもの行動・発達する姿〉とそれらの関係を図2‐1のようにあらわしています[4]。

この図2‐1からもわかるように，私たちが"子ども"に対してもっている考え（子ども観）は，それ自体で独立して存在しているのではなく，様々な要因とともにお互いに影響を与え合いながら存在しているのです。

▶4　小島によれば，児童発達観とは，「『どのような子どもに，どのような取り扱いをすれば，どのようになるのか，そしてそれにはどのような仕組がかかわっているのか』あるいは，『〇〇歳頃になると，子どもはどのような状態になり，どのような課題を解決できるようになるか』といったような，子どもの発達的変化や人間形成に結びつく過程についてのおとなの考え方」と定義付けています。

保育においても，「子どもをどう見るか」と「実際にどう関わるか」は深く結びついていることから，ここでは，小島の言う「児童発達観」とほぼ同じ意味で，「子ども観」という言葉を用いることとします（小島秀夫「保育における児童観の役割とその文化基盤」森上史朗（編）『新・保育入門』ミネルヴァ書房，1993年，pp. 124-133.）。

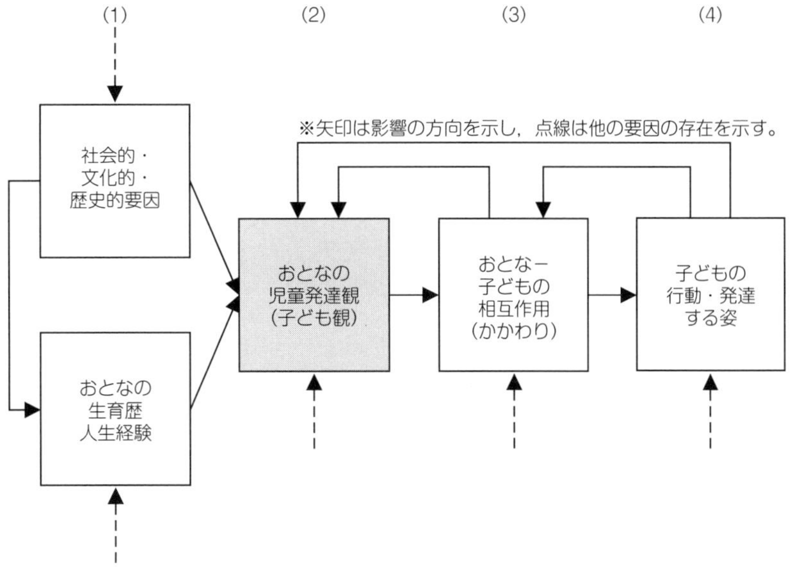

第2章　保育の基盤としての子ども観

(1)　　　　　　　(2)　　　　　　(3)　　　　　　(4)

※矢印は影響の方向を示し，点線は他の要因の存在を示す。

| 社会的・文化的・歴史的要因 |
| おとなの生育歴人生経験 |

おとなの児童発達観（子ども観）　→　おとな−子どもの相互作用（かかわり）　→　子どもの行動・発達する姿

図2-1　子ども観に関する諸要因の相互規定的関係の図式

▶出所：小島秀夫「児童観研究序説——児童観研究の意義と方法」三枝孝弘・田畑治（編）『現代の児童観と教育』福村出版，1982年，p.32.より引用，一部加筆。

2 保育者の子ども観を形作るもの

❶ 子どもや発達についての専門的知識

　保育者のもつ子ども観は，基本的にはすでに述べた図2-1の在り方と同じです。しかし，保育者は子どもの発達を援助する専門家であることから，その子ども観は，一般の人と比べると子どもやその発達に関する，より多くの専門的知識によって影響を受けます。

　実際，今この本を読んでいる皆さんは，保育者になるために様々な知識と技能を身に付けている真っ最中でしょう。そして，子どもやその発達について理解を深めていく中で，子どもの見方も変わってきたのではないでしょうか。たとえば，赤ちゃんについて学んでいく中で，「赤ちゃんは何もできなくて，何事に対しても受け身だ」と考えていたのが，「赤ちゃんなりに，まわりの環境から積極的に学んでいる」と考えるようになったかもしれません。また，子どもについて，ただただ「かわいい」と思っていたのが，同じ「かわい

23

い」でも，子どもなりにいろいろなことを試したり，工夫している姿を，「かわいい」というふうに思うようになったなど，様々な変化があったと思います。つまり，専門的な知識を学んでいくことで私たちの子ども観は変容していくのです。

❷ 保育者の人生経験

　保育者の子ども観も，その人の生育歴と深く結びついています。すべてのおとながかつては子どもだったように，すべての保育者もかつては，子どもとして保育された経験をもっています。そして，保育者自身の子ども時代の経験やどんな保育を受けてきたかは，普段はほとんど意識することがなくても，その保育者の子どもを見る際の土台を形作っているのです。

　しかし，子ども時代の経験だけが，保育者の子ども観に影響するわけではありません。子どもの頃から現在に至るまでの様々な人生経験が，保育者のもつ子ども観に影響を及ぼします。信頼できる仲間や目標となる先輩や恩師，あるいは本との出会い，それらがすべてその保育者の子ども観に影響していくのです。そして，その中でも，保育者になってからの，実際の保育における経験は，保育者の子ども観を変容させたり，時には固定化させる影響力の大きいものです。

❸ 日々の子どもとの関わりの中で

　保育者が，実際に保育の中で出会う子どもたちの姿は，実に様々です。たとえ，どんなに多くの知識を身に付けていたとしても，それらが時には何の役にも立たないほど，実に多様で複雑な姿を見せるのが，子どもたちです。そして，そうした子どもたちと実際に関わっていく中で得られる子どもや保育についてのより深い考えは，保育者の子ども観に大きな影響を及ぼすのです。

　たとえば，保育者になりたてのＡ先生は，入園して間もない子どもたちが，片付けの時間になってもなかなか部屋に戻ってこないで遊び続けているのに困り果て，どうやって言い聞かせれば部屋に戻ってくるのか思い悩みながら，しきりにもう部屋に入る時間であることを伝えることを繰り返していました。当時のＡ先生にとって，

その子どもたちは、「困った子」として映っていたようです。

しかし、2年目の同じ時期には、同じように遊び続けている他の子どもたちを見て「入園して1か月もたっていないのに、自分のやりたい遊びに熱中できるなんてすごいですよね」とA先生は言うのです。そして、何にそんなに熱中して遊んでいるのか遊び続けている子どもたちと楽しそうに話しながら、そろそろ片付けであることを伝えるようになっていました。

A先生は、その1年間の間に、子どもたちが自ら遊びを作り出し、熱中している姿に何度も出会いました。反対に、子ども同士のケンカの仲裁に入った際など、表面的には収まっても、自分の目の届かないところで、いざこざが続いている姿などにも出会っていく中で、自分の子どもの見方や関わり方を問い直していきました。

つまり、日々の保育の中では保育者のもっている子ども観が子どもに投げかけられ、それが子どもから投げ返されるということが生じているのです。そして、その中で保育者のもともともっていた子ども観が修正され、変容し、関わり方そのものが変わっていくこともあるのです。

❹ 保育者個人がもつ子ども観と保育集団がもつ子ども観

その一方で、知らず知らずのうちに保育者の子ども観が固定化していくこともあります。実際には保育者の子ども観と子どもの姿がズレているにもかかわらず、ズレに気が付かない（あるいは、気が付かないようにしている）場合もあるのです。たとえば、保育の内容が毎年同じようなことの繰り返しで、子どもの見方（子ども観）も固定化された保育が続いては、子どもから学ぶような機会、すなわち子ども観が変容していくきっかけが失われてしまいます。また、園の保育があまりにもマニュアル化されていると、個々の保育者は、そのマニュアルに従うことばかりに気を取られ、そのマニュアルに従い、こなせるようになることが、その園において一人前の保育者になることになります。こうした園では、仮に園内研修などで話し合っていたとしても、極端に言えば、どれくらい園の子ども観や保育観を個々の保育者が習得したかが問題とされがちなので、個々の保育者のもつ子ども観や園の既存の子ども観が揺さぶられるようなことは少ないでしょう。

反対に，個々の保育者の子どもの見方が許容され，対話をもとに個々の保育者がそれぞれの子ども観を問い直し，時には園全体の子ども観・保育観を見直すなど，常に学び合っている園もあります。こうした園では，まず，目の前の子どもの立場にたって，その子にとってどうなのかなど，個々の子どもの発達の筋道が違うことを認めている場合が多いと考えられます。そして，子どもにとっていいと思えることが，必ずしも保育者にとって都合のいいものではないという葛藤を抱えながらも，子どもの立場にたち，子どもの気持ちを受けとめることから保育が出発しているといえるでしょう。

　いずれにしても，個々の保育者の経験だけでなく，園のもつ子ども観も，その園に勤める保育者の子ども観に影響を及ぼすのです。

❺ 同僚や園外の人びととの対話

　これまで述べてきたように，子ども観は，その人の人生経験やそれによって培われた信念や価値などを含みこんでいることから，目の前の子どもの姿や同僚との間でズレたり，衝突したからといってそう簡単には変わるものではありません。よって，まず私たちは，「自分の子ども観も，相手の子ども観も，変えようと思ってもなかなかそう簡単には変わらないものである」ということを自覚する必要があります。そして，その上で自分のもっている子ども観とはいったいどういうものなのか，一度見つめ直すことが重要なのです。

　自分の子ども観は，もちろんその人個人で見つめ直すことも可能ですが，園の保育者をはじめ，保護者，園外の保育者や研究者など多様な他者との関わりの中で，自分とは異なる子どもを捉える視点と出会い，自分の見方をも交流させる（相手の学びに貢献する）ことによって捉えることができます。つまり，様々な人と対話することで自分の子ども観は見えてくるのです。しかし，ただ話せばよいというわけではなく，自分の考えを押し付けたり，必要以上にこだわり過ぎるのではなく，他者の意見に耳を傾ける謙虚さや，本音で話せるような雰囲気，人間関係が必要不可欠であるといえます。

第2章　保育の基盤としての子ども観

3 子ども観と保育の内容・方法

❶ 保育の在り方に影響を与える子ども観

① 対立し続けてきた2つの子ども観

　私たち人類の長い歴史の中で，子ども観は様々に変化してきました。同様に，保育や教育の在り方も様々に変化してきています。現在も子ども観や保育の在り方は，様々に形を変えていますが，極端に言えば，対立する2つの子ども観と，その子ども観が形作る保育や教育の在り方が存在しているように考えられます。

　そのひとつは，子どもは無知，無能であり，未成熟であるから，おとなが自分たちの培ってきた知識を計画的・組織的に教えることによって，人間として成長するという子ども観です。

　もうひとつは，子どもは生命を宿した時から，無限の可能性をもち，自ら時代の文化がもっている知識を自分の中に取り込んでいくという人間として成長する力，意欲を有しているという子ども観です。

　もちろん，他にもいろいろな考え方がありますが，この大別した2つの子ども観の違いによって，実際の保育の内容，方法が左右されていると考えられます。では，どのように保育の内容や方法が変わるのか考えてみたいと思います。

② 注入型と参加型の保育

　前者のような子ども観をもった場合には，保育する側の保育者（おとな）が主体で，子どもは客体となります。主体となる保育者は完成品でなければならず，権威の持ち主で正しくその理想の姿に子どもが近付くことを善しとし，自分（あるいは社会）にとって都合のいい子を育てることになります。仮にこれを「注入型」と呼ぶことにします。

　図2-2(a)に示すように，この注入型の保育において，子どもは保育者から知識を授けられる立場であり，教えられたことをしっか

27

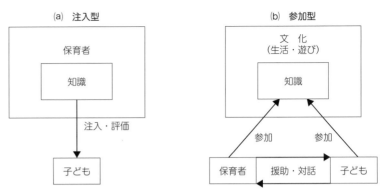

図2-2 子どもと保育者の関係
出所：佐伯（1995）より，筆者作成。

[5] 佐伯は，学校教育における子どもと教師の関係を図式化したものをもとに作成した（佐伯胖『「わかる」ということの意味（新版）』岩波書店，1995年，pp. 111-112.）。

[6] 同前掲5, p. 112.

りできたかどうか評価されることになります。反対に，保育者は子どもから見ると，「知識（正解）をもっている人」であり，「やり方を教える人」ということになります。そして，両者の関係は上下関係でつながり，子どもは「保育者の提示する課題を，保育者のために，保育者の教えた方法によって」乗り越えることを命じられる存在ということになります。言い換えれば，子どもは保育者の顔色をうかがって，活動することになるのです。

一方，後者の子ども観をもって保育する場合には，保育する側よりも，子どもが主体であるとし，保育する側は，子ども自身が発見し，理解を深め，発達していく過程を援助していくことになります。つまり，図2-2(b)で示したように，子どもが学んだり，獲得していく様々な知識は，子ども自身が主体的に参加していく遊びや生活全般の中に埋め込まれていることになり，「知識は単に習得すべき事項として切り離されるのではなく，人間文化一般とつながりをもっている」ことになります。そして，子どもは様々な知識の発見と獲得を，保育者の援助のもとに行うことになります。たとえば，言葉を覚えるということにしても，友達と協力して遊ぶということにしても，歩けるようになるといったことにしても，その「すごさ」や「おもしろさ」や「不思議さ」を目の当たりにしながら，保育者や仲間と共にその醍醐味を味わいながら自分のものにしていくのです。つまり，子どもは文化的活動への参加という点では保育者と横並びであり，子どもは保育者と半ば対しながらも，そのまなざしは今まさに自ら自分のものにしようとする知識そのものへと向かっていることになるのです。

このように保育の内容や方法は，保育の対象となる子どもをどの

ような存在として考えるかによって，大きく異なってきます。つまり，保育者（あるいは園）のもつ子ども観によって，その保育者（あるいは園）の行う保育や保育観が変わってくるのです。では，私たちは，いったいどのような存在として子どもを捉え，保育していけばよいのかを次に考えてみたいと思います。

❷ 子どもの主体性・自発性を認める子ども観とは

① 子どもからの出発

　保育とは，子どもがその自発性によって環境に働きかけることで自己拡大していくのを援助していく営みです。言い換えれば，子どもの主体的で自由な活動である遊びを尊重して，それを適切に援助していくことが保育者には求められています。

　そうした保育の基本的な方向を定めた保育所保育指針や幼稚園教育要領からは，子どもを，周囲の環境と自由に関わる中で育ちに必要な経験を積み重ねることができる存在として捉え，さらには，その育ちの筋道は子ども一人一人によって異なり，その違いを尊重し，乳幼児期にふさわしい生活を子どもに提供すべきであるという子ども観を読み取ることができます。そして，保育者には，子どもたちが，今，何を見て，何を考え，何を感じ，何を学びとっているのか，共に見て，考え，感じ，学び合う「子どもから出発する」援助が求められているのです。

　これは，先の2つの図でいえば，参加型の保育のもつ子ども観といえるでしょう。つまり，保育者が子どもに上から一方的に何かを教え込むという注入型の保育や，保育者の考える枠組みの中で，保育者の思うような姿を作りあげようとする保育を否定しているわけです。しかし，保育者の介入や指導を否定するものではありません。むしろ，子どもの主体性や自発性は，保育者の積極的な子どもに対する働きかけ，介入によって支えられることもあるのです。

② 子どもは共にわかろうとしている

　子どもが主体的に働きかける環境には保育者の願いや意図が存在しますし，自分のことをわかろうとしてくれる保育者がいるからこそ，子どもたちは安心して自己発揮できるのです。子どもは，私たちおとなと共に様々なことを「わかろう」とし，「発達」しようと

しているのです。そして，保育者とは，関わっている子どもを見るというよりも，関わっている子どもの見ている世界を共に見て，共にわかろうとしながら，自らも見ている世界の「おもしろさ」や「すごさ」を味わいながら，状況に応じて「ほら見てごらん，すごいよ」とか「そりゃ，まずいんじゃない」と子どもに呼びかけていく存在といえるのではないでしょうか。そして，そうした両者の「共にわかろうとする」協同作業が，保育という営みであり，この協同作業の中では，「こうやってみたら」といったアドバイスや違ったやり方を示すことも当然起こり得るのです。

　つまり，子どもの自発性を尊重するということは，ただ子ども任せに放任するということではないのです。子どもと対話しながら，子どもの「わかろうとしていること」や「成し遂げようとしていること」，反対に「不安で悩んでいること」などを共にわかろうとし，成し遂げようとする（あるいは，成し遂げた達成感を味わう）中で，状況に応じて，見方を変えることを勧めたり，違うやり方を伝えたりしていくことも重要なのです。その際，大事なことは，子どもたち自身の実感や納得を尊重することです。保育者が指導するということは，保育者が一方的にただ決まりきったこと（正解）を教えることでありません。子どもと自分の関係，普段の遊びの様子，仲間関係，家庭での様子など，子どもの全体像を捉え，たとえ小さなものであっても，その子なりの育ちを認めながら，その子の成長に沿うために自分には何ができるか考えていく，それが，子どもを主体的な存在として捉える保育者の姿であり，保育の本質なのではないでしょうか。

③ 無自覚のうちに……
　しかし，現実の保育に目を向けてみると，子どもの主体性や自発性を尊重した子ども観をもって子どもに接していたはずが，いつの間にか，子どもを客体化し，注入型の保育内容や方法を取り入れていることも少なくありません。
　たとえば，生活習慣上のしつけや集団生活を送る上でのルールやマナーなどは，子どもの主体性などとは無関係に，おとなの生活や文化の型にはめ込むという形式で行われやすいと考えられます。青少年の犯罪が増加していると言われる昨今，望ましい生活習慣やルール，マナーは小さいうちから身体で覚えこむように指導するこ

とが重要であるといった意見さえあります。また，小学校に入学した子どもたちが落ち着かないのは，入学前の保育所や幼稚園でのしつけがなっていないからであり，もっと厳しく指導すべきであるといった声も少なくありません。さらには，「初めが肝心」と言わんばかりに，入園当初から子どもたち全員に同じ活動をさせるなど，園での生活の枠に1日でも早く適応させようとする保育をしている場合もあります。

しかし，このように表面的な形から入って子どもたちの心を育てることが可能なのでしょうか。乳幼児期の子どもたちは，月齢の差や兄弟関係，個々の置かれている状況などによって，興味関心のもち方（そのあらわし方も含む）などが大きく異なり，園で見せる姿も実に様々です。そのような子どもたちをおとなの都合で一方的に形にはめようとする発想自体が，子どもの発達の特性を無視した無理な考えではないでしょうか。また，乳幼児期に定着したと思われる様々な生活習慣も，状況が変わったり，少年期，青年期になった時にはきちんと守られないケースの方が多いのではないでしょうか。

つまり，子どもが仲間やおとなである保育者と共に生活する中で，どのような生活習慣やルールが必要なのか，実感や納得をともなって自分のものにしようという経験や意欲がなければ，いくら守るように厳しく指導したとしても，条件反射的に一時的に形をなぞることに留まっているに過ぎないのです。おとなである保育者が，力ずくで抑え込むのではなく，日々の友達や保育者との関わりの中で，当事者である子どもたち自身が，他者の存在や思い，ルールの必要性などに気付いていくプロセスを保障し，そのプロセスを援助していくことが重要なのです。

❸ 変容していく子ども観と保育者の成長

これまで見てきたように，私たちの子ども観は，生涯変わらないものではなく，その後の他者やモノとの関わりや，自らの学習によって変容していくものなのです。また，日々の保育における，他者（子ども・同僚・保護者など）やモノ（本や保育記録など）との関係の中で，変容しつづけていくのです。ただし，私たちの子ども観は，意識化しにくい上に，なかなか変えることが難しいものでもあります。また，子どもの「発達」していく姿がそうであるように，一直

線に変容するものではなく，時には，固定化したりすることもあるのです。

　子どもの発達する姿と同様に，自分の子どもを見る「まなざし」の大本になっている「子ども観」を，時には長いスパンで見つめ直し，今自分がもっている「子ども観」を意識的に捉え直す必要があるでしょう。そのためには，他者やモノとの対話が必要不可欠です。

　自分の子どもに対する関わりと，それによって子どもが見せてくれる様々な姿は，自分自身の「子ども観」を映す鏡のような役割を果たしているとも考えられます。自分自身の子どもに対する関わりや子どもが見せてくれる姿を通して，自分自身の「子ども観」を問い直し続けていくことは，子どもの成長だけでなく，保育者自身の成長のためにも必要なことなのです。

Book Guide

- 金澤妙子「保育観と保育の実際」「保育観はどうつくられるか」森上史朗（編）『幼児教育への招待──いま子どもと保育が面白い』ミネルヴァ書房，1998年，pp. 10-13.
  著者は，保育をどのように行うべきかという保育者のもつ考えを「保育観」と呼んでいます。この「保育観」が実際の保育や子どもとの関わりにおいてどのように影響するのかを考える上で参考になります。
- 佐伯胖『「わかる」ということの意味（新版）』岩波書店，1995年
  子どもが本来もっている「わかろうとする」強い意欲を引き出す教育の在り方について，子どもの思考の筋道に即して解説しています。『「学ぶ」ということの意味』という本とペアで読むとさらに「学び」が深まります。

Exercise

1. 現在の自分の子ども観が形成された背景には，どんな要因（出来事，人物，本など）があるか書き出し，まとめてみましょう。まとめたものをもとに，グループで，それぞれの子ども観の違いとその形成要因について話し合ってみましょう。
2. 「子どもらしい」と思う子どもの姿をいくつかあげて，仲間と発表し合いましょう。そして，

第2章　保育の基盤としての子ども観

それぞれが考える「子どもらしさ」の違いについて話し合ってみましょう。

3. あなたが保育所や幼稚園を作るとします。その保育所や幼稚園の保育目標を3つあげてみましょう。その保育目標から，あなたが乳幼児期の子どもとその保育にとって何が大切だと考えているのか，その背後にある子ども観について考えてみましょう。

第3章

子ども理解から出発する保育

クラスでは，帰りの会が始まっていますが，ひとりでテラスに残っている
A君。あなたならどのように声をかけますか？

クラスの一員として，クラスの活動に参加してほしいという願いを
もてば，「そろそろお片付けだよ」「帰りの会が始まっているよ」と声
をかけたくなる場面かもしれません。
　でも，Ａ君は，なぜひとりでテラスに残っているのでしょうか？
もしかすると，いつもクラスの活動に参加できずに，こうしてひとり
で保育者が迎えに来てくれるのを待っているのかもしれません。ある
いは，この日，たまたま半日かけて作っていた泥団子をうっかり落と
してしまい，そのショックから立ち直れていないのかもしれません。
もしくは，手足の泥を落とそうしているうちに泥の乾いていく感触を
発見し，湿った泥と乾いた泥の感触の違いを味わっているところかも
しれません。
　このように，一見，何気なく見える子どもの姿にも，なぜ，そのよ
うな姿や行為を見せているのかという，それぞれの「意味」が存在し
ています。保育者として，その時，その子にどのように関わるかは，
その「意味」によっても変わってくるのではないでしょうか。保育と
は，そのように，その時々の子どもの思いや行為の「意味」に目を向
け，それを理解しようとする「子ども理解」から始まっていきます。

第3章　子ども理解から出発する保育

1　保育における「子ども理解」とは

❶ 保育が始まる時

Work 1

　子ども理解と保育について考えていくための出発点として、次のような子どもの姿を手掛かりに一緒に考えてみたいと思います。次の文章はある実習生の日誌に書かれた記録の一部です。あなたならこのアサミに対してどのように関わろうと思いますか？
　「アサミは今日も保育室で絵ばかり描いていて外に一歩も出ようとしません。あまり遊べていないようです。」[1]

▶1　森上史朗・渡辺英則・大豆生田啓友（編）『保育方法・指導法の研究』ミネルヴァ書房，2001年，p. 147.

　保育の場において、ちょっと気になる姿を見せる様々な子どもたちに対して、どのように関わっていくか、そこで考えられる関わり方は多様にあると思います。
　大学の授業で、このアサミへ自分だったらどう関わるかを学生にたずねてみたところ、「他の子どもたちの遊びに一緒に入ろうと誘ってみる」「何を描いているの？　とアサミの楽しんでいる世界をまず共有し、仲良くなってから2人で一緒に他の遊びも楽しむ」「アサミの隣で一緒に絵を描きながら、他の子が興味をもって来てくれるのを待ち、関わりのきっかけを作る」など様々な答えが出てきました。
　よく言われるように、保育にはマニュアルのような「こういう時はこうすればうまくいく」というようなひとつの正解があるわけではありません。ですから、アサミに対して考えられる関わりも決して一通りではないでしょう。しかし、一通りではないからといってどのような関わりでもいいということにはならないのが難しいところです。
　たとえば、もし、アサミが絵を描きながらも、周囲の子どもたちの遊びに興味をもっている様子が見られるような場合には、アサミ

にとって，その他児たちとの関わりのきっかけを作っていくことが必要な援助になるかもしれません。しかし，もし，アサミがそれまで園の生活になかなか馴染めず何をしていいかわからなかった状態から，ようやく絵を描くということで自分の居場所を見つけたところだったとしたら，いきなり「みんなと一緒に遊ぶ」ことを求めるのはまだ難しい時期かもしれません。また，もし，アサミが次から次に湧いてくるイメージを自分なりに表現することを心から楽しみながら絵を描いているのだとしたら，その世界を壊さないようにあえて関わることはせず見守るという選択もあるかもしれませんし，あるいはアサミのイメージがより豊かに表現できるような環境を整えていくことも考えられるかもしれません。

　このように，同じように「絵を描いている」という行為であっても，「なぜ，絵ばかり描いているのか？」というその行為のもっている「意味」は様々であり，その「意味」によってアサミに対する関わり方（時には「関わらない」という関わりも含めて）は変わってくるはずです。すなわち，保育者の関わり（保育）は，子どもたちのその時の姿や行為のもっている「意味」をどう理解するかによって変わってくるのであり，そうした子どもに対する理解こそが保育の出発点といえるのではないでしょうか。

❷ 子どもの行為の「意味」を探る

　子どもたちの姿や行為というのは，その子どもの思いやその時抱えている葛藤など内的な世界を背負ってあらわれているものであり，何気なく見える行為にも必ずその子どもにとっての行為の「意味」が存在しています。子どもを理解するということは，一人一人の子どもの表面にあらわれた言動や表情，しぐさなどから，その「意味」を探り，言葉にならない思いをも含めて，その内面を理解していくということでもあります。しかし，私たちは，いつもいつも，その「意味」を的確に理解できるとは限りません。それどころか，知らず知らずのうちにそうした「意味」を探究するまなざしから遠ざかってしまっていることもあります。

第3章　子ども理解から出発する保育

Episode 1　　遊びに加わろうとしないアヤ

アヤはいつも保育室の隅に立ち，まわりで遊んでいる子どもたちの様子をひとりで見ています。担任の先生はいつもひとりで同じ場所に立っているアヤが気になり，遊びに誘うのですが，アヤは誘われて仲間に入っても，いつの間にかすぐ抜けてしまい，気がつくと元の場所に戻っています。また，何度も誘っているうちに，次第にアヤは先生が声を掛けようと近付くのを察すると目をそらしてしまうようになってしまいました。先生は悩んだ末，ある日ふとアヤの隣に立ってアヤと同じように周囲で遊んでいる子どもたちの様子を見てみました。すると，その場所は保育室のいろいろなコーナーでみんなが遊んでいる様子がよく見渡せる場所で，そこから見ているだけでなんだか楽しい気分になることに気付いたのです。

　ひとりでたたずんでいる子どもを見ると，私たちは他の子どもたちとも仲良く一緒に遊べるようになってほしいという願いから，遊びに誘いかけたり，なんとか周囲の子どもたちとの関わりのきっかけを作ろうと働きかけてしまいがちです。このアヤに対しても，担任保育者は，早くみんなと一緒に楽しく遊べるようになってもらいたいと思い，一生懸命働きかけていたのですが，アヤはなかなか思うように遊び始めてはくれませんでした。しかし，ふと隣に立ってみたことから，アヤの見ていたもの，楽しんでいた世界が垣間見えてきたのです。そして，「アヤは自分が安心できる場所から，みんなが遊んでいる様子を見渡し，そこで起きる楽しい出来事を見ることで自分も楽しんでいたのかもしれない」「今のアヤは，みんなの遊んでいる様子を通して，彼女なりの方法で学んだり取り込んでいる過程なのかもしれない」と，そこに「立っている」ということの「意味」をアヤの側から捉え直すことができるようになっていったのです。

　その後，担任保育者はアヤに対して，遊びに誘う代わりに，アヤの見ている保育室の中で子どもたちと一緒に遊びながら（時にはアヤの立っている場所のそばに，製作用のテーブルやごっこ遊びのコーナーなどを移動させ，アヤの傍らで遊ぶ場を作っていったりもしながら），時折アヤに声をかけ，その遊びの楽しさを共有できるように関わりを変えていきました。そんな積み重ねの中で，アヤの笑顔が戻り，次第にアヤ自身が自分にとって魅力的な遊びを見つけ，その場から離れて遊びに参加するようになっていったのです。

　こうした事例に限らず，私たちは，一見，問題を抱えているよう

39

➡2 津守は，このような
おとなの側の先入観や価値
観から子どもを捉えてしま
う見方を「概念的な理解」
と呼び，そうした理解の仕
方が子どもに対する本質的
な理解を妨げてしまう危険
性があることを指摘してい
ます（津守真『子どもの世
界をどうみるか――行為と
その意味』日本放送出版協
会，1987年，pp. 128-131.）。

➡3 たとえば，それまで
自分なりのイメージの世界
でひとり遊びを楽しんでい
た子が，気になる相手がで
きたり，一緒に遊ぼうとす
る思いが芽生えてきたもの
の，それをうまく表現でき
ずに相手に伝わらないもど
かしさを抱えている場合や，
その関わり方を自分なりに
模索し，いろいろな関わり
方を試している場合など
様々な背景が考えられるか
もしれません。

➡4 同じような問題が障
害のある子どもたちに対す
る理解についても考えられ
ます。久富は，他の子ども
たちと異なる行動を見せる
子どもたちについて，たと
え様々な症状名や障害名が
付けられたとしても，そう
した子どもたちの行動の一
つ一つはそれぞれの子ども
に備わっているほんの一面
に過ぎず，それをひとつの
カテゴリーだけで表現した
り，理解していくことへの
違和感を指摘しています
（佐伯一弥ほか『保育学入
門』建帛社，2003年）。

に見える子どもの姿に対して，その表面的な姿や行動からその問題
性をとりあげてしまう傾向があるように思います。たとえば，アヤ
のようになかなか遊び出せない姿を見た時には，その外側にあらわ
れている行動から，「遊べていない」「引っ込み思案」などと捉えた
り，あるいは他児との関わりの中で，他児を叩いてしまったり，思
いが通らないとかんしゃくを起こしてしまうことの多い子どもの姿
を見た時には，「乱暴する」「自己中心的」な姿として捉えてしまう
ことがないでしょうか。

　しかし，「落ち着きがない」「乱暴をする」といった，一見いわゆ
る「問題行動」と見られるような子どもの姿も，実は，そうした行
動を生み出している背景が存在していますし，その行動の中にその
子なりの思いや葛藤が表現されているはずです。しかし，そうした
子どもの姿が自分にとってなかなか理解しがたいものである場合，
私たちは，つい，それをその子のもつ特性（性格や能力など）とし
て「あの子は○○だから，こうした行動をとるのだ」と捉えること
で，「わかったつもり」になってしまうことがあります。何らかの
既存のカテゴリーに当てはめることで，何だか原因がわかったよう
な気がして安心してしまうのです。しかし，それはよく考えると，
実は，その子に対して，それ以上の理解をしようとする姿勢を放棄
してしまっていることになっていないでしょうか。子どもたちの見
せる姿は，必ずしもわかりやすいものばかりではありません。だか
らこそ，子どもと共に生活する保育者にとって，どのような行為に
もその子どもにとっての意味があり，何かを表現してくれているも
のとして，それをその子の立場に立ってその子の側から探っていこ
うとする姿勢をもち続けることは大切なことだと思われます。

❸ 保育者の専門性としてのカウンセリングマインド

　では，そうした子どもの行為の「意味」を見出したり，その内面
を理解していくことは，どのようなまなざしや関わりを通して可能
になるのでしょうか？　そのための理解の姿勢としてあげられるの
が，概念的な理解に対する個別的・共感的な理解です。こうした一
人一人の子どもに添って，その子どもの内面を共感的に理解してい
こうとする姿勢は，保育の世界では「カウンセリングマインド」と
呼ばれています。

➡5 文部科学省が幼稚園教諭の資質向上のために1993年以降開催されていた（現在は終了）「保育技術専門講座」においても，この「カウンセリングマインド」は保育者にとって必要な専門性として位置付けられ，その姿勢を保育に生かしていくことの重要性が強調されました。その詳細については，下記の資料が参考になります。

文部省「保育技術専門講座資料」1993年

青木久子ほか『子ども理解とカウンセリングマインド――保育臨床の視点から』萌文書林，2001年

➡6 保育において保育者がカウンセリングマインドをもって関わる対象としては，これまで主に子どもを想定されることが多かったようですが，それは本来，保護者や保育者同士との関わりにおいても必要な姿勢とされており，近年，あらためて，保育に参加するすべての子どもや保護者，保育者との関わりの中で求められる姿勢として注目されています。

➡7 このポイントは，文部省「保育技術専門講座資料」1993年においてあげられているものを参考としています。

カウンセリングマインドをもって子どもに接していくということは，実際にカウンセリング活動そのものを行うことではありません。カウンセラーがクライエントと接する際には，相手のありのままの姿をあたたかく受けとめ，肯定的な関心や受容的な態度をもって，相手の心に寄り添いながら共に考え支えていこうとする姿勢が求められますが，実は，それは保育の営みの中で，保育者が一人一人の子どもの内面を理解し，関わっていくために必要とされる姿勢と共通する点が多いのです。そのため，その基本的な姿勢を保育の場においても生かしていくことを目指し注目されるようになったものです。このようなカウンセリングと保育に共通している具体的なポイントとしては次のようなものがあげられます。

① 心のつながりを大切にする

先の Episode 1 の担任保育者は，遊べるようになってほしい，自分で動き出してほしいという願いを強く感じていた時には，なかなか思うような変化が見られず，次第にアヤと視線が合わなくなってしまったことから，アヤと自分の心のつながらなさを感じていました。しかし，それを敏感に感じ取り，どうすればアヤを理解できるのか，アヤに心を寄せながら丁寧に考え続けていった保育者に対し，アヤは少しずつ心を開き，その関係を拠り所としながら，周囲の世界へ関心を向け，自分の関われる世界を広げていきました。子どもは自分に温かい関心を寄せ，寄り添ってくれる他者との心のつながりを実感できた時，情緒的安定を得たり，それを基盤とした新たな世界への興味・関心へと開かれていくことができると考えられます。

② 相手の立場に立って共に考える

子どもの内面を理解したいと思う時には，ただ外側からその行動を観察しているだけでなく，日常の生活の中での様々な触れ合いを通して感じ取れるものを大切にしていく必要があります。たとえば，Episode 1 の担任保育者も，ふとアヤの隣に一緒に立ってみたことがきっかけで，アヤの見ている世界（アヤが楽しんでいたもの，心弾むもの）が見えてきたと言います。

そのように，時には子どもと同じ行動をとってみたり，一緒に動いてみることによって，それまで不可解なものとして理解できなかった子どもの行為の意味が見えてくることもありますし，その子

の心が伝わってきたり，お互いの心がつながる感覚がもてたりする
ことも少なくありません。そうしてその子どもが何を楽しみ，どの
ような葛藤を抱えているのかを相手の立場に立って考えてみること
によって，初めて，その子にとって，その時必要な経験や乗り越え
るべき壁を共に見出していくことができるのではないでしょうか。

③ ありのままの姿を温かく受けとめ見守る

　私たちおとなは，つい自分のもっている価値観や基準に照らして
「望ましい」と思われる変化を求めてしまいがちです。しかし，「早
くこうなってほしい」「なぜこの子はいつまでもこんな行動をとる
のだろう」というように自分の枠組みの中だけで考えている時には，
その子どものありのままの姿を受け入れることが難しくなってしま
うこともあります。

　アヤの場合も担任保育者は「もっと遊んでほしい」という願いを
もとにひたすら関わっている時には，アヤの姿の「遊べていなさ」
が気になり，そこに立っているアヤの内面やそれがアヤのその後の
育ちにおいてもっている意味などに目が向きにくくなってしまって
いました。もちろん，保育というのは子どもの育ちを願って行われ
る営みですので，その中では子どもの今の状態や気持ちを認め，受
容するだけではなく，子どもに対して何らかの願いをもって関わる
という側面も必要になってきます。しかし，その子の世界に近付く
ためには，時として自分のもっている枠組みをいったん外してみて，
相手の状態をそのまま受けとめようと努力する姿勢も必要になるの
です。

④ 相手の心の動きに寄り添い，それに応答する

　これは，その時々の子どもの思いを敏感に感じとり共有しながら，
応答していくということでもあります。倉橋はそうした子どもたち
の心の動きへの共感やそこへの応答を大切な保育者の役割として次
のように表現しています。[8]

➡8　倉橋惣三『育ての心
（上）』フレーベル館，2008
年，pp. 34-35.

こころもち
　子どもは心もちに生きている。その心もちを汲んでくれる人，
その心もちに触れてくれる人だけが，子どもにとって，有り難い
人，うれしい人である。

第3章　子ども理解から出発する保育

> 　子どもの心もちは，極めてかすかに，極めて短い。久しい心も
> ちは，誰でも見落とさない。かすかにして短き心もちを見落とさ
> ない人だけが，子どもとともにいる人である。
> 　心もちは心もちである。その原因，理由とは別のことである。
> ましてや，その結果とは切り離されることである。多くの人が，
> 原因や理由を尋ねて，子どもの今の心もちを共感してくれない。
> 結果がどうなるかを問うて，今の，この，心もちを諒察してくれ
> ない。殊に先生という人がそうだ。
> 　その子の今の心もちにのみ，今のその子がある。

> 廊下で
> 　泣いている子がある。涙は拭いてやる。泣いてはいけないとい
> う。なぜ泣くのと尋ねる。弱虫ねえという。……随分いろいろの
> ことはいいもし，してやりもするが，ただ一つしてやらないこと
> がある。泣かずにいられない心もちへの共感である。
> 　お世話になる先生，お手数をかける先生。それは有り難い先生
> である。しかし有り難い先生よりも，もっと欲しいのは嬉しい先
> 生である。その嬉しい先生はその時々の心もちに共感してくれる
> 先生である。
> 　泣いている子を取り囲んで，子たちが立っている。何もしない。
> 何も言わない。たださもさも悲しそうな顔をして，友達の泣いて
> いる顔を見ている。なかには何だかわけも分からず，自分も泣き
> そうになっている子さえいる。

　子どものその時々の思いをその子の立場に立って共感的に探って
いこうとしても，その子の思いを「正確に」「すべて」理解するこ
とは不可能です（むしろ理解できていると思えてしまうことの方が危険
だと思います）。しかし，本当に大切なことは，正確に理解できたか
どうかよりも，「わからない」から「わかりたい」という思いを
もちながら，その子どもに寄り添う姿勢そのものではないでしょうか。
「わからない」ことに安易に割り切れる「答え」を求めるのではな
く，わからなさを抱えつつも何とか子どもの心に近付きたい，理解
したいという思いをもち続けて，その時々の子どもの心の動きに寄
り添おうとする姿勢で注ぐまなざしこそが，子どもとの間に信頼関
係を生み出し，子どもがこちらに見せてくれる姿（その子の世界を

43

｜ 垣間見せてくれる手がかり）も変わってくるのではないでしょうか。

2 子どもの発達を捉える「まなざし」

❶ 発達を「能力」という軸から捉えることの問題性

保育とは「子どもの育ち（発達）を支え，援助する営み」であると考えられます。それはおそらく現在の日本で保育に携わっている人たちに共通した認識であり，そこに異論を唱える人はいないでしょう。しかし，その子どもの「育ち」というものをどのように捉えるかによって，実際の保育の内容や方法は大きく変わってきます。では，本当の意味で子どもに即した保育を実践していこうとする時には，子どもの「育ち」をどのように捉え，理解していくまなざしが求められるのでしょうか？

従来，「発達」については，あくまでも個人（個体）の変化として，個々の子どもが何らかの能力や技能，知識などを身に付けていくことによって，それまで「できなかったこと」が「できるようになること」として捉えられていました。このような発達観は，逆から考えると，ある子どもが何らかの問題行動を見せる時，それはその行為に必要とされる能力が欠けているためであるとか，その子どもの性格や特性のためであるというように子ども個人の問題としてみなされ，そのための能力をその子に獲得させていくことのみを必要な援助として考えようとする保育観にもつながってきたのです。しかし，近年，このような個人の能力に原因を還元して考える見方については疑問視されるようになってきました。

幼稚園や保育所など保育の現場では，時として様々な姿を見せる子どもたちに出会います。たとえば，片付けをしない子ども，お弁当を食べようとしない子ども，友達に乱暴してしまう子どもなど，その姿は様々です。保育者はその一人一人の子どもに寄り添いながら，その子の抱えている問題を理解しようと努めますが，その際，その問題の多くは，その子が「能力」としてできないのではなく，その場の状況や周囲との関係の中で，できなくなっていたり，やり

➡9　このような発達観においては，「発達」とは「個体と環境との継時的な相互交渉を通して，さまざまな機能や構造が分化し，さらに統合されて個体が機能上より有能に，また構造上より複雑な存在になっていく過程」（『新版　心理学事典』平凡社）として定義されることが多かった。

➡10 このような視点の転換の必要性は，心理学の分野でも言及されるようになってきており，発達心理学者である浜田は，「する」ということと「できる」ということの違いに着目し，人間の行為は「できる」か「できない」かというレベルだけで切り取って考えることはできないと指摘しています（浜田寿美男『発達心理学再考のための序説──人間発達の全体像をどうとらえるか』ミネルヴァ書房，1993年）。

➡11 人間の発達を個人の認知構造の変化と捉える「個体能力論的発達観」に対し，その人が生きている社会，そこでの人びとの営み，活動などあらゆるものとの「関係」のありようの総体の変容として捉えようとする見方を「関係論的発達観」と呼びます。佐伯は，子どもの行為を見る時にも，この「関係論的発達観」に立って，その行為を生み出している周囲の状況や，様々な人，モノ，出来事などの関係の網目を探り出すことによって，その行為のもつその子にとっての発達的意義がみえてくることを指摘しています（佐伯胖『幼児教育へのいざない──円熟した保育者になるために』東京大学出版会，2001年）。

➡12 佐伯胖『「学ぶ」ということの意味』岩波書店，1995年

たくてもできなかったりしている姿であるという点へも目を向けていく必要があると思われます。➡10 子どもの育ちの姿というものも，常にその場の状況や他者とのやり取りの中で生み出されているものであり，それを捉えていくためには，従来行われてきたような，特定の能力の測定のために他の文脈をできる限り排除したような実験室での観察や，チェックリストによる行動の測定などとは異なる新しい見方や捉え方も必要になってくるのではないでしょうか。

❷ 状況や関係の中で「発達」を捉えるまなざし

　人間の行為を，周囲の状況やそこに存在する様々な他者やモノ，場との関係の中で生み出されているものとして捉えようとした時，➡11 そこでの人間の行為や育ちを読み解いていく上で，手がかりになる１つの発達の見方があります。

　佐伯は，発達を，自分が成長し，発展し，育っていくべき自分自身──これからなってみたい「もっと本当の自分」──を探し求める "自分探しの旅" として位置付けることを提案しています。➡12 そこでは，人（Ｉ）が新たな外界（THEY）との関わりを作り出し，その関わりを広げていく（より広い世界での「自分」の在り方を探していく）時には，まず自分に共感的に関わる他者（YOU）との関わりをもつことが必要で，その関わりの世界を経由していくとされます（図３-１参照）。

　これを子どもの発達に置き換えて考えてみた場合，発達の主体である子ども（Ｉ）が，幼稚園や保育所などの社会的な世界（THEY世界）へ主体的に参加し，自己発揮していくためには，そこでまずありのままの自分をあたたかく受けとめ，共感的に関わってくれるかけがえのない他者（YOU）との交流がもてる "YOU世界" が必要とされると考えられます。確かに，子どもが自分の世界を広げていく過程を見ていると，自分らしく交流できる他者（保育者や友達など身近な親しい他者）やモノ，場所などを拠り所としながら，より広い世界へも主体的に参加し，そこでの自分なりの関わり方を探りつつ，関われる世界を広げていっている様子がうかがえるでしょう。

　このように，それぞれが周囲との関係の中で自分なりに関われる世界を広げていくことを「発達」と捉えると，子どもたちの育ちも，単にその子どもの能力の有無の問題ではなく，その子どもの変化を

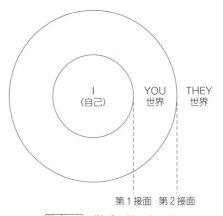

図3-1　学びのドーナッツ
➡出所：佐伯胖『「学ぶ」ということの意味』岩波書店，1995年，p.66.より引用。

生み出す（あるいはその変化を阻む）関係がどのように周囲に形成されているのかを見ていくまなざしが必要となります。その上で、それぞれの子どもたちが自分らしく自己発揮しながら自分の世界を広げていけるようなYOU的な世界を形成していくことが求められてくるのではないでしょうか。➡13

❸ 保育の中で子どもの「発達」を捉えるまなざし

では、実際に一人一人の子どもの育ちを支え、援助していくために、保育という実践の中で見られる様々な子どもの姿やそれぞれの発達というものをどのように見て、捉えていけばいいのでしょうか。もう少し具体的に考えていきたいと思います。

① 発達をプロセスとしてみる

➡13　そのためには、社会的な枠組みに捉われることなく、それぞれの子どものありのままの姿を肯定的に受けとめ、支えていくYOU的存在となるよう心掛けていく必要がありますが、同時に、この関係があくまでも、子どもが自らTHEY世界へ向かっていくための拠り所として、子どもと新たな世界との媒体となるものであり、どんなに密接な関わりであっても、THEY世界と分断された閉鎖的な関係とならないように配慮も必要です。

Episode 2　　"いい子"だったシンジの変化

シンジは幼稚園へ入園した当初から、友達と争うようなこともなく、先生の言うこともよく聞く子どもで、片付けなどはクラスでも率先してしてくれていました。

しかし、そのシンジが、2学期になってタモツやテツオたちと仲良くなり、一緒に遊ぶようになると、そこでの遊びに夢中になって、なかなか片付けを始めず、お弁当の時間にも遅れてくるようになりました。また、遊びの中で、それまでみられなかったような大声で言い争ったり、ケンカをする様子も見られるようになってきました。

このシンジの姿も，発達というものをどのように捉えているかによって，シンジの行動に対する見方や関わり方が変わってきます。たとえば，何ができるかできないかという，その時点での表面的な行動だけで子どもの育ちを評価する時には，片付けに遅れたり，友達とケンカをしてしまう姿は望ましくないものとして，指導していく必要のある行動として考えられるかもしれません。しかし，シンジがその時々に見せていた姿を周囲との関係の中で読み解いてみた時には，入園当初は自己発揮しながら関われる遊びや相手が見つかっていなかったシンジが，次第に，イメージを共有しながら遊べる相手が見つかり，そこで自分の思いを出しながら遊びを楽しめたり，その中で起こる様々ないざこざや葛藤を経験している様子が見えてきます。そのように考えると，「片付けができない」「友達とのケンカが増えた」というシンジの行動も，他者との関わりが広がってきた彼なりの育ちの流れの中で必然的にあらわれてきた1つの姿であり，他者との関わり方を学んでいくための今後の発達に向けた必要なプロセスの1つとして考えることができるのではないでしょうか。

このような視点から，ある時点で見られる子どもの姿を「到達したひとつの結果」としてではなく，「その子なりの発達の過程のなかであらわれているひとつの姿」として見てみると，一見「問題」に見られがちな子どもの行為も，その子の育ちの中では何らかの大切な発達的意味をもっていることが見えてきます。

② 「発達の課題」を捉えるまなざし

このように一人一人の子どもたちが多様にたどる発達の道筋を捉えながら，その発達的意味について考えていこうとするまなざしは，それぞれの子どもにとっての自己課題を見出していこうとするまなざしにつながります。

一般的に人間の発達には，それぞれの時期や年齢に特有の段階（「発達段階」）があると考えられていて，その各段階に達成すべき課題（「発達課題」）があると考えられています。[14] 子どもの発達を支え，援助していく役割を担う保育者にとって，このような人間の生涯の各時期において大切にされるべき課題を知り，その時期の発達の特性を理解しておくことは大切なことです。しかし，それらはあくまでも多くの人間のたどる道筋を一般化した時に見られる平均的な傾

[14] 「発達段階」「発達課題」については，これまで多くの研究者がそれぞれの視点から発達を分節化し，それぞれの段階における課題を提示しています。その代表的なものとしては，ハヴィガースト，R. J.（Havighurst, R. J.）やエリクソン，E. H.（Erikson, E. H.）の提案したものなどがあげられます。

向であって，実際のひとりの子どもの育ちは，その早さも道筋も様々に異なり，それぞれの育ちの流れの中でそれぞれの過程を経ていくのだということも了解しておく必要があるのではないでしょうか。

「発達段階」や「発達課題」が，あらゆる子どもの発達を考える上での，何らかの「基準」や「標準」の指標としてみなされ，それが「望ましい姿」として捉えられてしまうと，個々の子どもの発達も，その基準に照らした達成度（「できる」「できない」という外面的な姿）で判断されてしまうことにもなりかねません。そのため，幼稚園教育要領や保育所保育指針では，そのような誤解を避けるために，あえて「発達課題」ではなく，「発達の課題」という言葉を用いています。「発達の課題」とは，その時期の多くの子どもが示す発達の姿に合わせて設定された外側から与えられる課題のことではなく，一人一人の子どもが，その時そこで当面し，乗り越えようとしている，その子にとっての「自己課題」のことを指しているのです。

たとえば，Episode 2でのシンジの姿も，入園当初の表面的な行動だけを見ていると，社会的に望まれる行動がとれる姿と評価できるかもしれませんが，シンジ自身が抱えていた葛藤や課題を彼の立場から考えてみると，自己発揮しながら関われる遊びや他者がなかなか見つからず，自己充実ができていない姿だったのかもしれません。そのようなシンジにとっては，自分を出しながら存分に関われる遊びや他者を見つけ，その関わりの中で，譲ることのできない自分の思いが生まれたり，それを相手に伝えたり，相手の思いとの調整を図らなければならない場面にであったりしていくことこそが，その時必要な「発達の課題」だったと考えることができるのではないでしょうか。

保育の中で子どもの発達を見ていく際には，このようにそれぞれの子どもの育ちの流れの中で，その子にとっての発達的意味を探りながら，その時その子が必要としている経験を考え，援助していくまなざしが必要になってくるのだと思われます。

③ 発達を見通すまなざしと援助

しかし，その一方で，多くの子どもたちがたどる発達のプロセス（育つ道筋）を知り，把握しておくことも，その時々の子どもの姿がもっている発達的な意味を探るためには必要となります。たとえば，

シンジの姿も子どもたちが他者と関わる際，どのように葛藤に出会い，他者との調整が図られていくのか，またそこでの自己発揮を支える拠り所がどのように形成されていくのかなど，子どもたちの育つ大まかな道筋を知っていることによって，一見後退のように見える姿の中に，シンジの育ちに必要な経験としての意味を見出すことができ，彼のその後の育つ姿を見通しつつ，必要な出会いや関わりを生み出す環境構成や援助などについて考えていくことも可能になります。

逆に言うと，一見「問題」に見える姿が必ずしもいつも肯定的な意味をもっているとは限りません。時には，何らかの問題やその場の状況のなかで，立ち止まったり後退してしまったりしている姿である場合もあるでしょう。それを見極め，その後のその子の育ちにつながるような経験として位置付けなおしていくためには，やはりその時々の姿が，その子の育ちにどのようにつながっていくのかという「発達を見通した視点」が必要になってくるのだと思われます。

子どものありのままの「現在の姿」をただ肯定的に捉えるということではなく，「育ちつつある姿」として，未来を見通しながら捉え，その時必要な援助について考えていくことが保育の中では求められているのです。

3　子ども理解を深めるために

❶ 自分の実践を振り返ること

一人一人の子どもの育ちに即しつつ，その子どものその時の姿や行為がもっている「意味」を読み解いていけるような，深い子ども理解に根ざした「まなざし」というのは，どのように獲得していけるものなのでしょうか。ただ経験のみを積めば自然と見えてくるようになるというようなものではないようです。場合によっては，経験を積み重ねることによって，知らず知らずのうちに子どもの見方が固定化してしまう危険性もあります。そうした危うさを抱えた実践の場において，子どもを見る自分のまなざしを育て，深めていく

➡15 ショーン，D. A.
(Schön, D. A.) は複雑な状
況において複合的な問題に
立ち向かう実践を遂行する
専門家は，「状況との反省
的対話」を通して，自らの
専門的力量を高めていく
「反省的実践家」として，
その専門性が「技術的熟達
化」を超えたところにある
ことを指摘しています（ド
ナルド・ショーン，佐藤
学・秋田喜代美（訳）『専門
家の知恵——反省的実践家
は行為しながら考える』ゆ
みる出版，2001年）。こう
した観点に立つと，保育者
もまた，保育という複雑で
不確実な日々の状況の中で，
子どもの姿や行為との「対
話」を通して，自らの理解
の枠組みや援助のありよう
について省察を重ねながら，
自らの専門性を高めていく
「反省的実践家」のひとり
であると考えられます。

➡16 もともと医学や臨床
心理学などにおいて，臨床
事例に基づいて，医師や看
護師，ケースワーカーなど
がそれぞれの判断を出し合
いつつ検討を行い，より適
切な理解を求めていくとと
もに，その過程を通して専
門性を高めていくことを目
的とした「カンファレン
ス」を参考に，保育の世界
においても，具体的な事例
をもとに，参加者がそれぞ
れの立場から互いの見方や
理解を出し合いつつ，それ
ぞれの見方の幅を広げ，専
門性を高めていくことを目
的とされた「保育カンファ
レンス」が行われています。

ために，保育にとって欠かすことができないとされているのが，保育者自身が自らの保育を振り返り，問い直していく「省察」という行為です。

日々，多様な出来事が次々と複合的に起きてくる複雑な状況を抱えた実践の場においては，なかなか一つ一つの出来事やそこでの子どもの姿をじっくりと捉えて，その意味を問い直していくことが難しいことがあります。しかし，だからこそ，常に自らの実践を意識的に振り返り，日々の出来事や，そこでの子どもの姿を丁寧に捉え直しつつ，そのもっている「意味」や自分の保育を問い直していこうとするプロセスが必要となってきます。[15]そのような振り返りの積み重ねによって，子どもの発達の軌跡に気付いたり，ある場面とそれまで見てきた別の場面のつながりが見えてきたりすることもあるでしょう。また，自分自身の保育や子どもをみる際の見方の「癖（枠組み）」をあらためて見つめ直すことにもつながってくると思われます。

❷ 多様な見方を交差していくことで見えてくるもの

このような「省察」においては，基本的には，一人一人が自分の実践について，また子どもを見る自分のまなざしについて，自覚的に振り返り，考えていくことが必要とされます。しかし，それには限界もありますし，自分ひとりでは気付けないこともあります。そのため，ただひとりで振り返るだけではなく，他の人びとと語り合い，他者の視点や考えに触れることで，あらためて自分の考えを深めたり，修正していく機会をもつことも大切になってくると思われます。それは，ひとつの正解を求めるためや誰の考えがより正しいかを検討するためではなく，互いの見方・見え方を他者に開き，他者の見方・見え方に触れていくことによって，それぞれが自分の子どもや保育に対する見方の幅を広げていくために欠かせないプロセスだと考えられます。そのため，近年の保育の場においては，多様な他者とのまなざしを交差し合う場として「保育カンファレンス」[16]の導入が積極的に行われています。そうした学び合いの機会も生かしつつ，日々，子どもの見せてくれる姿や行為との「対話（自己内対話）」や，他の保育者・保護者・研究者など多様な他者との「対話」を重ねていくことによって，自分自身の子どもを見るまなざし

を問い直し,保育者としての子どもへの理解を深めるために努力し続けていく姿勢が求められるのではないでしょうか。

Book Guide

- 津守真『保育者の地平――私的体験から普遍に向けて』ミネルヴァ書房,1997年
  日々の保育実践の中で,一人一人の子どもたちの行為が表現しているものを読み解きつつ,保育者として応えていく保育の営みの在り方とその奥深さが伝わってくる本です。
- 浜田寿美男『発達心理学再考のための序説――人間発達の全体像をどうとらえるか』ミネルヴァ書房,1993年
  「発達」というものの見方について,これまで素朴にもたれてきた発達観の問題点をあらためて問い直し,新たな見方を探求していくための様々な視点を提供してくれる本です。
- 青木久子ほか『子ども理解とカウンセリングマインド――保育臨床の視点から』萌文書林,2001年
  保育の場のもつ特性を解き明かしつつ,そこで子どもと関わる保育者にとって求められる姿勢や果たすべき役割について,カウンセリングマインドという視点から考えさせてくれる本です。
- 佐伯胖『幼児教育へのいざない――円熟した保育者になるために(増補改訂版)』東京大学出版会,2014年
  「子どもをみる」とはどういうことか,「子どもが育つ」とはどのようなことなのかを根本的に問い直しつつ,保育者として必要とされるまなざしや援助の在り方についてたくさんの示唆を与えてくれる本です。

Exercise

1. 身近な場所で実際に目にした子どもの姿を記述してみましょう。その時の子どもの行動だけでなく,言葉や表情,身体の状態など(まだ複数の子どもが関わっている場面であれば他の子どもたちの言動なども含めて)をできるだけ具体的に描き出し,それをもとに,その子どもの姿の背後にある子どもの思いについて自分なりに考えてみましょう。また,あなたが考えた以外にどのような読み取りができるか,数人のグループで話し合ってみましょう。
2. 保育の場において,あなたが目にした実際の子どもに対する保育者の関わりの場面を記述してみましょう。それをもとに,その保育者の関わりは,子どもの行為をどのように理解したために生まれてきた援助であったのかを考えてみましょう(また,どのような意図をもった援助で

あったのかも考えてみましょう)。そして，その同じ場面をもとに，数人のグループでそれぞれの考えを話し合ってみましょう。

第 4 章

子どもが育つ環境の理解

　A君はトンカチや釘を使って走る車を作っています。形や大きさはもちろん，実際に走るために必要なタイヤの構造も考え，何度も失敗しながら，夢中で車を作っています。こんなふうに子どもが夢中に遊び続けるためには，どのような環境が必要なのでしょうか？

遊びを通して，子どもたちは様々なことに興味をもち，「おもしろ
そう」「やってみたい」という意欲に支えられながら，自分なりの試
しや工夫を重ねていきます。その過程には，失敗もあれば，ともする
と一見無駄に見えることもありますが，それらは，すべて，子どもた
ちが主体的にモノやコトと対話し（もちろん，そこではたくさんのヒ
トとの対話も含まれてきます），それらとの関わり方を学んでいくた
めの貴重な経験になっていきます。
　しかし，子どもが思わず夢中になって取り組んだり，その手応えを
感じながら，さらなる挑戦に向かっていくためには，その興味を支え，
様々な試しや工夫を可能とするための多様な素材や道具や，その活動
にじっくり取り組める時間や空間がなくてはなりません。また，遊び
が停滞することなく次の展開が生まれてくれるような新たな気付きや
発見につながる様々な資源が保障されていることも必要となります。
そのような子どもたちの学びや育ちを支える環境の在り方について学
んでいきたいと思います。

第4章　子どもが育つ環境の理解

1 環境による保育とは

❶ 環境とは

Work 1 ✏

皆さんは「環境」という言葉を聞いてどのようなことを思い起こしますか。思いつくだけ書いてみましょう。

➡1　松村明（編）『大辞林（第3版）』三省堂, 2006年

➡2　森上史朗・柏女霊峰（編）『保育用語辞典（第8版）』ミネルヴァ書房, 2015年

➡3　この環境という広義な意味をもつ言葉は，その前後に語句を組み合わせることにより，その範囲や種類，意味などを限定して用いられることが多くあります。
保育の場面でも，保育環境，園庭環境，室内環境，物的環境，人的環境，環境構成など様々に用いられます。

環境という言葉からは，地球環境，自然環境，環境問題，環境破壊，温暖化，CO_2，環境教育，居心地のよさ，練習環境，家庭環境，職場環境，生活環境，インフラ，社会環境，情報環境など，幅広く様々に連想できます。

あらためて環境という概念について考えてみましょう。辞書には「取り囲んでいる周りの世界。人間や生物の周囲にあって，意識や行動の面でそれらと何らかの相互作用を及ぼし合うもの」[1]，「生活体を取り込み，その行動様式や生存の仕方を規定している外的諸条件」[2]とされています。つまり，環境とは私たちに直接的にも間接的にも影響を与えている物，場所，人や生き物，時間，雰囲気，事柄，文化などすべてを意味しています。[3]

私たちは生きていくにあたり，まさに宇宙や地球規模の広い意味においても，手が届くような身のまわりの狭い意味においても，取り囲んでいるすべてと関係し合って生きているのです。私たちの周囲の環境が変われば，子どもも含め私たちの行動や生活が変化することを理解しておく必要があります。たとえば，現代においては地球温暖化による影響，自然との関わり方，スマートフォンやAIの普及，グローバル社会の中での人や国同士の関係性など様々な環境の変化が起きています。環境とは，私たちの生き方に直接的にも間接的にも大きな影響を与えているのです。

55

❷ 環境を通して行う教育（保育）とは

→4　文部科学省「幼稚園
教育要領」2017年（第1章
総則　第1　幼稚園教育の
基本）

　幼稚園教育要領では，幼児教育は「幼児期の特性を踏まえ，環境
を通して行うものであることを基本とする」と書かれていますが環
境を通して行う教育（保育）とは何でしょうか。

　次の Episode 1 は1年目の保育者が記録したものです。

Episode 1 　てっちゃんの気付きへの気付き

　散歩の時です。1歳4か月のテッペイは，お散歩用のバギーの中から毎回外に手を出します。いつも
「てっちゃん危ないからね」と手をしまうように声をかけていました。

　なぜいつも手を出すのか。テッペイの気持ちになってあれこれ考えながら様子を見ていると，テッペ
イは家の柵や塀，商店のガラスなどすべてを指先で触っていたのです。柵は細いものだとカラカラカラ
と音がします。ブロック塀ではザラザラした感触で，ガラスでは「ツー」と音が出ることもありました。
そのことに私が気付いて，「てっちゃん，触るとおもしろいね」と声をかけると，「ニヤッ」と笑いまし
た。信号待ちで，日の当たった電信柱を触った時には私の方を向いて「アッチイ」と教えてくれました。
テッペイなりにいろいろな素材に触れてその違いを感じているのだと気付きました。

　エピソードのテッペイは様々に異なる塀や壁を触って，感触や音
などの違いに気付きその変化を楽しんでいます。身近な環境に主体
的に関わり，おもしろさや不思議さ，楽しさを感じている姿といえ
ます。1年目の保育者は最初テッペイの行動の意味を感じ取れず，
バギーから手を出すことは危ないので困る行為だと思っていました
が，テッペイの気持ちになって考えてみることで，おもしろいこと
に気付いている行為であると見えてきました。このことによって
テッペイの行動を肯定的に受けとめて，さらにそのおもしろさを共
有する人へと役割が変化しています。このような肯定的で共感的な
関わりがテッペイと保育者の関係性を深め，テッペイは保育者との
対話によって，新たな環境への関わり方を発見し，一層充実感や満
足感を味わうことができるのです。

　乳児でも幼児でも子どもは身近な環境に興味をもって主体的・意
欲的に関わり，発見や探究を楽しみ，試行錯誤したり考えたりしな
がら遊びを展開していきます。

　幼稚園教育要領には，「幼児期の教育は，生涯にわたる人格形成

第4章　子どもが育つ環境の理解

の基礎を培う重要なものであり，幼稚園教育は，学校教育法に規定する目的及び目標を達成するため，幼児期の特性を踏まえ，環境を通して行うものであることを基本とする。

このため教師は，幼児との信頼関係を十分に築き，幼児が身近な環境に主体的に関わり，環境との関わり方や意味に気付き，これらを取り込もうとして，試行錯誤したり，考えたりするようになる幼児期の教育における見方・考え方を生かし，幼児と共によりよい教育環境を創造するように努めるものとする」（下線筆者）と記されています。

乳幼児期は，保育者からの一方的な教授によって学ばせていく時期ではなく，子どもが生活の中で自分の興味や関心，欲求に基づいて自発的に環境に関わり，直接的で具体的な体験を通して学んでいく時期なのです。そのような子ども主体の教育（保育）を行っていくためには，保育者がすべてを計画し，主導して行っていくのではなく，子どもの側からの視点を大切にしつつ，対話しながらよりよい環境を一緒に創り出していくという計画と実践が必要なのです。子どもの側に重点を置き，子どもの自発的な環境への関わりを学びの原点とした考え方が，環境を通して行う教育（保育）なのです。

▶5　文部科学省「幼稚園教育要領」2017年（第1章　総則　第1　幼稚園教育の基本）

2 子どもが育つ環境の基本

子どもが育っていくためには，どのような環境が必要なのでしょうか。Work 2 を通して具体的に考えてみましょう。

Work 2 🖉

あなたの家に6か月児の赤ちゃんが遊びに来ます。どのような準備をして，どのような環境を用意しますか。また，実際にどのように関わりますか。考えてみましょう。

学生からの回答をいくつか紹介します。
・オムツや肌着・ミルクや離乳食・布団や柔らかいクッションを用意する

・掃除や整理整頓をする・危ないものをしまう
・リラックスできる音楽を流す・静かな部屋を選ぶ
・冷暖房を調節する・電気の明るさを調節する
・振ると音の鳴るおもちゃ・モビール・一緒に遊べるものを用意する
・「いないいないばぁ」をする・絵本を読む・ガラガラのおもちゃで一緒に遊ぶ

　皆さんはどのように考えましたか。学生の回答をいくつかの視点でまとめてみると，子どもが育つ環境として大切なことが見えてきます。

❶ 生命の保持・情緒の安定

　まず，子どもの命を守り，安心して過ごせる環境が大切です。子どもの生命を守っていくためには，保健的で安全な環境が不可欠であり，子どもの発達にあった環境を整える必要があります。Work 2 ではオムツや肌着，ミルクや離乳食，布団などの物品の準備や，掃除や整理整頓を行うなどの清潔で安全な場を整えるという回答が該当します。

　また，子どもに不安を与えず落ち着いた気持ちでゆったりと過ごせる環境も欠かせません。子どもの情緒が安定した状態を保障する環境が必要なのです。Work 2 では，音（音楽）や温度や光などを調節することという回答が該当します。

　このように，子どもが育ちゆくためには，おとなが十分に気を配って生命の保持や情緒の安定を支える環境を用意することが必要です。保育所保育指針の中では，保育の目標として「十分に養護の行き届いた環境の下に，くつろいだ雰囲気の中で子どもの様々な欲求を満たし，生命の保持及び情緒の安定を図ること」と記されています。[6]

❷ 好奇心をもって関わる環境

　子どもが育ちゆくためには，子どもが好奇心をもって関わることができる環境を用意することが必要です。Work 2 では，音の鳴るおもちゃやモビールなどを用意するという回答が該当します。子ど

▶6　厚生労働省「保育所保育指針」2017年（第 1 章総則　1　保育所保育に関する基本原則　（2）保育の目標ア-(ア)）

第4章　子どもが育つ環境の理解

もは，自分の興味や欲求に基づいて周囲の環境にはたらきかけ，様々なことを感じたり，新たな気付きを得たりしています。そのため，その子どもの興味や発達から，その子どもが自ら関わりたくなるような環境を用意することが必要なのです。保育所保育指針の中では，保育の環境として「子ども自らが環境に関わり，自発的に活動し，様々な経験を積んでいくことができるよう配慮すること」と記されています。[7]

❸ 対話する人との関わり

　子どもの育ちには，子どもと関わる人の存在が欠かせません。Work 2 では，絵本やおもちゃなどのモノを使ったり，「いないいないばあ」などの身体でのやり取りをしたりして，「一緒に遊ぶ」という回答が該当します。このように子どもと一緒に遊んだり言葉を掛けたりする共感的に関わる人の存在が，子どもが育つ環境としてとても重要なのです。保育所保育指針の中では，保育の環境として「子どもが人と関わる力を育てていくため，子ども自らが周囲の子どもや大人と関わっていくことができる環境を整えること」と記されています。[8]

　以上のように，子どもが育つためには安全，安心でありつつ，子どもが主体的に関わる場所やモノ，共感的に関わる人の存在が必要なのです。Work 2 は赤ちゃんの例で考えてみましたが，他の年齢の乳児や幼児であっても，これらは保育の環境を考える上で大切な視点です。

　このように，子どもの育ちを支えていくための基本を考えていくと，保育者としての役割は大きく分けて 2 つ見えてきます。ひとつは，子どもの発達の状況や現在の興味や関心を捉えた上で必要な環境を構成するという間接的な役割で，もうひとつは，実際に子どもと共感的に関わりながら，自身も環境として子どもの育ちを支えていくという直接的な役割です。保育実践の中ではどちらも深く関係があり，保育者としてどちらかだけできれば保育が成り立つということはありません。この 2 つの役割が，環境を通して行う保育（教育）を支えていく保育者の専門性として重要であり，かつ保育者として保育を創り上げていくおもしろさや醍醐味といえるでしょう。

[7]　厚生労働省「保育所保育指針」2017年（第1章総則　1　保育所保育に関する基本原則　（4）保育の環境ア）

[8]　厚生労働省「保育所保育指針」2017年（第1章総則　1　保育所保育に関する基本原則　（4）保育の環境エ）

3 保育場面における環境構成の考え方

❶ 保育環境を見る

Work 3

写真4-1 子どもの遊びを支える環境

写真4-1は10月の幼稚園の砂場とその周辺です。時間帯は食後から降園までの約70分の好きな遊びをする時間です。ここでの子どもたちの遊びの展開を支えている「環境」として、どのようなものがあげられるでしょうか。写真の中から探してみてください。

●写真4-1の遊びの状況の補足
・左の女児は年長児でフライパンに砂や水とサルスベリの丸い黄色い落ち葉などを順番に入れて調理のイメージで遊んでいます。
・右の男児二人は年中児の気の合う友達で、斜めにした雨どいを砂で堰き止めて、上からじょうろで水を流し、水と砂どちらが強いかを楽しんでいます。「おちゃわんごと堰き止めちゃうのはどう？」などと声を掛け合い相談しながら遊びを進めています。
・保育者は食材に見立てた材料が混ざり合う様子を女児と共に楽しんだり、奥のプランターのローズマリーの葉を食材に入れてみることを提案したり、男児の「みてみて！」という発見を一緒に楽しんだりしていました。

　保育の環境構成を見る視点は様々ありますが、ここでは場所・モノ・人・時間の視点から保育環境の特徴を考えてみましょう。まず、場所の特徴としては、砂場があり、水道があり、身近に植物や自由に取り出せる道具などのモノがあります。次に、モノの種類としてシャベルやバケツや雨どいやフライパンやお皿など様々な種類が用

意されていて，子どもがやりたい遊びに合わせて道具を選んでいます。また，人との関わりでは，友達同士や保育者とのやり取りによっておもしろさが共有されたり，イメージが誘発されたりしています。さらに，興味や関心をもった好きな遊びにじっくりと専心できる時間が保障されていることも遊びが展開していく上で大切な環境となっています。

写真の遊びのように，子どもは遊びに没頭することによって，試行錯誤したり，考えたり発見したりすることに出会います。そのためにはこのような場所・モノ・人・時間などが関連し合い保育環境を構成していくことが必要なのです。

❷ 保育の計画と環境構成

Work 3のように，遊びの場面から保育環境について考えてみると，子どもの遊びを理解し，遊びを支えるために計画し，環境構成をしている保育者の意図が感じられます。では，どのように保育者が環境構成をしているのかを見ていきましょう。

写真4-2は，登園する前に保育者同士が昨日の子どもたちの遊びの様子から登園時の遊びの環境について話し合い準備を進めているところです。

継続して楽しんでいる「ビー玉転がし」や，曲に合わせて踊る「ダンス」などの遊びが引き続き楽しめるように，子ども一人一人の興味や関心に合わせていくつかのコーナーを設定しています。ビー玉転がしは何日にも渡って盛りあがっている遊びで，子どもたちはビー玉が缶に当たって音が鳴ったことから音が鳴ることに興味をもったり，ビー玉が飛びあがる動きに興味をもって装置を廃材で

写真4-2　保育者による遊びの環境構成

作ったりしてきました。

　子どもの実態に応じた環境構成をするためには，今までの子どもの遊びの様子を捉えることが重要です。写真4-2の保育者たちは，昨日子どもが「もっと長く，遠くから転がしたい」という思いをもっていたことから，ビー玉のコースを長くしたりつなげたりできそうな廃材やテープなどの素材や道具を準備しています。また，この先どのように楽しんだり探究したりしそうかを考えつつ，障害物やコースになりそうな材料を用意しています。写真4-2にはあまり写っていませんが，手前の机と椅子の場所には，昨日妖精やプリンセスのイメージで踊ることを楽しんでいたため，ステッキやボンボンなど自分で作ることを楽しめるような製作するコーナーを設置しました。登園してきた子どもが自らの興味や関心に応じて自発的に遊び出せるような環境を構成しています。

　このように保育者は，前日までの子どもの遊びの様子から，どのようなことに興味や関心をもって環境に関わるかを考え，環境を構成しているのです。

❸ 子どもと共に創造する保育環境

　保育者が願いを込めて構成した保育室の環境に，子どもたちが登園してきました。身支度を済ませると思い思いに自分の好きな遊びを始めます。写真4-3のように保育者の整えたビー玉転がしでも昨日の続きを楽しむ子どもの姿が見られます。少し離れた窓の方から転がしたり，ジャンプさせたりしています。なぜ途中で止まってしまうのか，どうしてうまくジャンプしてくれないのか，その子どもなりの見方や考え方でうまく転がるように試行錯誤しています。

写真4-3　夢中でビー玉転がしを楽しむ

第4章　子どもが育つ環境の理解

写真4-4　飛行機ごっこの展開——遊びの展開と環境の再構成

　保育者は，子どもの楽しんでいる様子や発話から，必要な場所やモノなどを整え，時に共に遊びを楽しみつつ，その遊びの展開を支えています。たとえば，ビー玉転がしの遊びでは子どもから「くるくるって転がしたい」と新たな思いが生まれ，一回転させるコースを作ろうと廃材を探し始めました。保育者は子どもと対話しながら，何を使って作るのか必要な材料を一緒に考えたり，製作ができる場所を設けたりして保育環境を作り変えています。

　隣の積み木コーナーでは，子どもたちの飛行機が完成し，妖精やプリンセスの子どもたちが乗客として乗りに来ています（写真4-4）。ままごとコーナーからお茶を運び乗客にふるまう子どもや「エンジンの調子が悪いですよ」，「パラシュートで脱出しよう」などと，新たなイメージで事件を起こして変化を楽しむ子どもたちの姿が見られます。保育者は子どもの遊びをおもしろがりながら，共に考えたり一緒に楽しんだりしながら，遊びに向かう子どもの様子を理解しつつ共に遊びの場を創造していきます。

　このように，前日までの子どもの様子の理解から事前に構成（用意）した環境を，実際の保育場面での子どもの環境への関わり方（遊び方や遊びの展開の仕方）を見ながら，よりよい環境へと柔軟に変えていくことを，環境の再構成と呼んでいます。

4　子どもを取り巻く環境と保育

　子どもを取り巻く環境は，時代と共に変化しています。10年前と

➡9 倉橋惣三，森上史朗（解説）『子供讃歌』フレーベル館，2008年，p. 230.

➡10 「センス・オブ・ワンダー」
レイチェル・カーソンは，すべての子どもは生まれながらに「センス・オブ・ワンダー」，つまり「神秘さや不思議さに目を見はる感性」がそなわっていると述べています。また，おとなになるにつれて人工的なものに夢中になり失われつつある「センス・オブ・ワンダー」をいつまでも失わないでほしいと訴えており，そのために必要なことは，「わたしたちが住んでいる世界のよろこび，感激，神秘などを子どもといっしょに再発見し，感動を分かち合ってくれる大人が，すくなくともひとり，そばにいる」ことであると述べています（レイチェル・カーソン，上遠恵子（訳），森本二太郎（写真）『センス・オブ・ワンダー』新潮社，1996年）。

比較するとあなたの生活様式も大きく変化していることがあるでしょう。子どもが変わったと言われることがありますが，子どもが変わったのではなく，子どもが育つ環境が変わったと言う方が正しいでしょう。ではそのような変化の中において，保育ではどのような役割が求められているのでしょうか。倉橋は，保育には社会の変化に即応して変える必要のある「新」の側面と，どんなに時代や社会が変化しても変わらない保育の本質である「真」の側面があると言及しています。現代において，子どもが育つ環境としてより大切にしていかなければならないこと，失ってはいけないことはどのようなことなのか考えてみましょう。

❶ 自然との関わり

私たちの生活は，すべてが自然と密接に関わっています。しかし現代においては，冷暖房の整った室内空間での生活，車での送迎，外食やスーパーの加工済み食品での食事など，自然と共生しているという感覚を得られずに生活を営んでいることがあります。

そのため保育では，子どもが自然と関わる機会を考え，園内外の自然環境を資源として利用したり整えたりして，様々な動植物などの自然物に接することができるようにする必要性がますます増してきています。自然現象や自然物は日々変化に富み，繊細であり，動じない雄大さがあり，人に感動や癒しを与え，時には恐怖までを与える存在です。だからこそ子どもは好奇心，探求心，冒険心をもって意欲的に関わり，自然から多くのことを学びとるのです。

保育者が乳幼児期の子どもに，土，砂，水，光，動植物などの身近な自然に直接触れ合う体験を意識的に保障し，その不思議さ，おもしろさ，美しさ，偉大さを共に味わうことにより，子どもに自然と共に育つ感覚が養われていくのだと思います。

❷ 人的環境の豊かさ

子どもが育つ環境として人は大切な存在で，人的環境と言われます。園内では保育者が子どもにとって一番身近な人であり，また保育者が子どもの園生活をコーディネートする立場であるため，保育者は子どもにとって影響力があります。第2節でも述べたように，

心の拠り所として安心感を与える存在となっているのか，遊びを共に楽しみつつ共感的に関わったり，アイデアを出して一緒に遊びを創造したりする存在となっているのかなど，子どもと関わるおとなとして自身を振り返ってみる必要があります。また，保育者同士の醸し出す雰囲気（同僚性）も子どもの人的環境として大切です。互いに協力し合いチームで保育を展開していくという保育者間の雰囲気は，子ども自身が自ら主体的に行動し，他者と共にのびのびと園生活を過ごす土台となるのです。

　子どもが育つ人的環境として，子どもが園内で多くの保育者（おとな）に出会える機会が保障されているかどうかも大切な視点です。子どもの関わりが自分のクラス内や担任だけに限定されることはなく，園内を自由に行き来できたり，様々な保育者と関わることが許されたりしている環境は，子どもが主体的に関わる人的環境が豊かであるといえるでしょう。このように園全体で一人一人の子どもを保育していくという姿勢が，環境の豊かさを生み出していくのです。

❸ 開かれた保育環境

　人的環境の豊かさとも関連しますが，園の保育の環境を考える場合，様々な人との出会いや関わりを視野に入れていく必要があります。現在は，少子化，都市化，核家族化などの要因により，地域の人間関係は希薄化し，多様な人びとと接する機会が減少しています。保護者を含めた地域の人びとが保育に参加したり，子どもの遊びを支えたり共に創り出したりする機会が保育実践に求められています。

　そもそも，園で子どもが遊んでいる内容は，どんな遊びであっても，園外の実社会での営みと密接な関係があります。たとえば絵を描く，踊る，お店屋さんごっこをするという遊びは，園外の文化的実践でも芸術や職業として大切にされています。保育者は，園で行われている子どもの遊びの内容と，園外の文化的実践とを結び付けたり，関係を感じたりしつつ，子どもが本物を垣間見たり，触れたりしていく機会を考えていくことが求められます。このことは，遊びとして展開されていることが，乳幼児期の学びとしてどのように位置付いているのかを理解する上でも重要なことです。地域の自然，人材，行事，公共施設などの資源を保育に生かし，保育環境を開いていくことで，より対話的で深い学びが生まれてくるのです。[11]

➡11　佐伯胖『幼児教育へのいざない──円熟した保育者になるために（増補改訂版）』東京大学出版会，2014年

❹ 円環の時間世界

　子どもが生活する環境のひとつとして考えたいことに時間があります。時間というと時計の針が進んでいき前進するようなイメージをもつでしょう。最近は，子どもが見通しをもって行動できるようにと時計の時間を子どもに示して園生活を過ごすことが多くなりすぎているような印象があります。子どもが感じている時間は本当に前進する時間軸だけなのでしょうか。

　内山は，自身が山村に暮らした経験に基づいて「時間」につい現代の時間と農村の時間の2つの時間の存在を記していますので，[12] 簡単に紹介します。かつて山里では春になれば種を植え，秋には収穫をし，そして再び春になれば種を植える，そんな自然が永遠に循環し続けるように維持することが暮らしの基礎であり，そこでの時間は，「円環の時間世界」でした。しかし，社会として成長を求める現代では，循環は停滞を意味する社会と捉えられ，現代の時間は常に進んでいく時計時間，つまり「縦軸の時間世界」であると述べています。

　子どもは生まれながらにして時計時間で生活しているわけではありません。お腹がすいたら食べて，眠くなったら寝て過ごしています。皆さんも幼少期の原風景を思い起こすと，時計の時間で活動を区切るのではなく，暗くなったら遊びをやめて家に帰ったり，疲れたら昼寝をしたりする生活を思い出せるのではないでしょうか。

　内山は，「円環の時間世界」には，1日や1年が，あの素敵な時間が，また帰ってくる，何度も繰り返し行える，喜びと安心感に満ちた世界があると述べています。乳幼児期の子どもは，何度も繰り返すこと，変わらない安心感を周囲と共有することを求めているように感じられます。成長や発展を求める社会においては，子どもの園生活を考えるに当たり，縦軸の時間世界だけでない円環の時間世界も含めた「子どもの時間軸」について，保育者が意識的に考えていく必要があると思います。

[12] 内山節『時間についての十二章——哲学における時間の問題』岩波書店，1993年

内山節『子どもたちの時間——山村から教育をみる』岩波書店，1996年

Book Guide

- 仙田満『子どもとあそび——環境建築家の眼』岩波書店，1992年
  様々な保育施設やマツダスタジアムなどを設計している建築家の著者が，子どもの遊びのための空間について書いています。遊びの原風景や現代的な背景を示しつつ，循環機能を軸とした遊びやすい空間の7つの条件を示しています。
- 佐々木正人『アフォーダンス（新版）』岩波書店，2015年
  アフォーダンス理論はアメリカの知覚心理学者ジェームズ・ギブソンによって1960年代に完成され，人工知能（AI）など認知科学者に注目された理論です。アフォーダンスは環境が動物に提供する「価値」のことをいいます。環境の側からの視点で保育を考えていくための重要な1冊です。
- 汐見稔幸，おおえだけいこ（イラスト）『2017年告示　新指針・要領からのメッセージ　さあ，子どもたちの「未来」を話しませんか』小学館，2017年
  子どもたちを取り巻く社会や世界の情勢が変化するこの時代に即した幼児教育の在り方について，2017（平成29）年改訂（定）の保育所保育指針，幼稚園教育要領，幼保連携型認定こども園教育・保育要領をもとに解説しています。幼児教育の世界的な動きと共に，日本の現状とこれからの保育の方向性をわかりやすく解説した1冊です。

Exercise

1. 自分が幼い頃に遊んでいた遊びや場所や人（原風景）について思い起こしてみましょう。また，その遊びを支えていたものは何か考えてみましょう。
2. 砂場での遊びや鬼ごっこなど，遊びをひとつ決めて皆さんで遊んでみましょう。その上で，その遊びがおもしろくなるために必要な環境的要素について考えてみましょう。
3. あなたが園生活や園環境をデザインできるとしたら，どのような環境にするか，その理由も考えて記してみましょう。

第 5 章
保育内容・方法の原理

4人の女の子が集まって，絵を描いたり，文字を書いています。さて，この4人は何を楽しんでいて，どのような会話をしていると思いますか。

写真を見て，保育者が絵を描かせているとか，文字を書かせている
と感じた人は少ないと思います。遊びの中で，何か必要性があって，
絵や文字などを描き出したようです。子どもたちは，自分たちがやり
たいと思ったことに対しては夢中になって取り組みます。また友達が
おもしろそうにしていることには興味をもって関わろうとします。

　絵を描くことが好きになることや，文字に関心をもつということな
どが，乳幼児期の保育内容（内容としてはごく一部分）だとすると，
そのことをどのように子どもに身に付けるかは保育方法ということに
なります。

　幼児期に，写真の子どもたちのように，やりたいことがあったら自
分たちで話し合ったり，相談し合ったりして遊びを進めていくような
子どもに育っていくためには，どのような保育方法が大事なのでしょ
うか。そもそも，皆さんは幼児期にどんな力（保育内容）を育てたい
と思っていますか。

　保育者の指示を待って，保育者の指示通りに動く子どもは，一見す
るといい子に見えるかもしれません。でも保育者の指示通りにできる
だけの子どもが本当に育っているといえるでしょうか。小学校への接
続に向けて，「幼児期の終わりまでに育ってほしい10の姿」も見据え
て，保育内容・方法について，この章で学んでいきましょう。

1 保育の基本と保育内容・方法

❶ 幼児教育・保育の基本とは

　今、保育そのものが揺れています。子育て支援の流れや、規制改革の流れの中で、幼稚園、保育所、認定こども園を問わず、待機児童対策や少子化からの、園児を確保するために、保護者が求める保育を行おうとする園が増えてきています。保護者が求めるような保育が、そのまま子どもにとっていい保育ならば問題はないのですが、どうもそうではなく、子どもにとってあまりいいとはいえない現象が加速度的に進んでいこうとしています。その大きな流れには2つあります。

　ひとつは、保育の質というより、女性が就労をしていても子どもを産みやすいように、長時間、しかも病気の時にも、時には休日や夜間でも子どもを預かってくれればいいという、就労している保護者のニーズを重視した保育です。

　もうひとつの流れは、子どもに体育や英語、音楽や絵画など、専門講師も入って小学校の先取り教育を行うような、幼児教育の成果を重視する保育です。

　どちらも、親に園を選んでもらうために打ち出すサービスとしては、とても有効な特色ある保育ということがいえます。

Work 1

　将来、あなたに子どもができたならば、その子にはどんな保育を受けさせたいですか。またその理由は何でしょうか。皆さんの回答の中で、人気のあった保育とはどんな保育だったでしょうか。また皆さんも興味をもった説得力のあった人の保育とはどんな保育だったでしょうか。

　最近の傾向として、幼稚園や保育所、認定こども園を選ぶ時期になると、いろいろな雑誌や本が園選びの特集を組むことが増えてき

ました。待機児童対策として様々な園ができてきたり，その一方で少子化が進み，選べる園が多くなると，どんな園を選んだらいいか迷う親が増えてきています。いろいろなタイプの園が増えてくることで，保護者の方に選択の幅がでてくることは，一面ではいいことなのです。しかし，本当に幼児期に必要な保育とはどのようなことなのか，子どもにとってどんな保育がいいのかという基本的な枠組みについて，保護者が選択するだけの情報量をどれほどもっているか疑問です。

　皆さんが保育者という専門家になるならば，どんな保育が大事なのかをきちんと押さえておく必要があります。保育とは単に子どもを預かることでもなければ，体育や音楽，絵画や英語講師といった専門講師の補助をする仕事でもありません。保育者こそが子どもを育てる専門家なのです。

❷ 子どもが育つとは──ある「しつけ」のビデオから

　それではいろいろな保育がある中で，保育を通して子どもが育っていくとはどんなことなのでしょうか。

　幼児向けの「しつけ」をテーマにしたビデオに，以下のような「挨拶」を教える場面があります。あなたはこのようなビデオで「挨拶」を教えることをどう思いますか。

　ビデオでは，2匹の動物キャラクターが出てきて，以下に示す5つの挨拶する場面を演じ，どれが正しい挨拶か，どれがいけない挨拶かを子どもたちに問う形になっています。

　　場面①　お互いに会釈をして，「おはようございます」と言う。
　　場面②　「おはよう」と声をかけても相手は気付かないで行ってしまう。
　　場面③　後方からきて相手の肩をたたいて行ってしまう。
　　場面④　相手から「おはよう」と言われたことで，もぞもぞしてしまう。
　　場面⑤　すれ違いざまに，お互いに避けるように顔を合わせないで行ってしまう。

　この5つの場面で皆さんはどの「挨拶」が正しいと思いますか。子どもを育てる立場や，その一方で自分自身のことも振り返って考えてみてください。

ビデオではもちろん①の挨拶の仕方が正しいと教えているのですが，このようなビデオを保育の場で見せることや，①の場面のようなきちんとした挨拶ができるようになることが，子どもを育てるといえることなのでしょうか。

幼稚園や保育所，認定こども園でも，子どもたちに「ご一緒に」というような言葉で，一斉に挨拶を言わせていることがあります。むしろ一斉に挨拶する場面の方が多いかもしれません。

ビデオのことでいえば，あくまでも挨拶の基本にあるのは人間関係です。相手によっていろいろな挨拶をするのが人間であって，実際にはどの挨拶が正しいと答えを決められるものではないのです。好きな人の前では⑤のような挨拶になってしまうかもしれませんし，親しい間柄なら③のような挨拶でいいかもしれません。おとなであっても，いつも①のような挨拶ができるわけではありませんし，実際にしていないのです。ところが，保育の場面になると，子どもに一斉に「おはようございます」や「いただきます」という言葉を形式的に言わせて，それで子どもを育てていると安心しているところがあります。そうすることで，本当に個々の子どもがいろいろな人と出会った時に挨拶をする楽しさや大切さを身に付けたといえるのでしょうか。

子どもが育つとは，保育者（おとな）が望ましいと思った行為や活動を子どもにさせることなのでしょうか。

挨拶ひとつを考えても，本当に子どもに育ってもらおうとするならば，子ども自身がそのことの意味を子どもなりに納得して身に付けていく必要があります。「やらされている」のではなく，個々の子どもが，それぞれ自分で考えたり，他の子どもや保育者との関わりの中で自分がどう行動するかを見極めるような力を身に付けていくようにするのが保育なのです。保育者は育ってほしい保育の内容や，そのことを実現させるための保育の方法について，「本当にこれでいいのかな？」という問いをもって考えてみることが大切なのです。

❸ 領域の考え方

乳幼児期に育てるべき保育内容・方法を整理するために，乳幼児の発達を見る視点として幼稚園教育要領や保育所保育指針，幼保連

携型認定こども園教育・保育要領（以下，幼稚園教育要領等）に定められている領域について触れておきます。領域の考え方は小学校の教科とは異なります。小学校以上の教科であれば，国語や算数の時間というように，教科別に教える内容が教科書等で定められているのですが，乳幼児期は領域別に指導するということではないのです。

　幼稚園教育要領等で定められている「健康」，「人間関係」，「環境」，「言葉」，「表現」という領域は，生涯にわたる人間形成の基礎を培うために，生きる力の基礎を育成することを目標にしています。そのため幼児教育・保育のねらいは生きる力の基礎となる心情，意欲，態度を示しており，小学校以上の教科のように細かく細分化されたものではありません。また内容についてもあくまでも乳幼児が環境に関わって展開する具体的な活動を通して総合的に指導されるものとされています。

　このことをもう少しわかりやすく考えてみましょう。小学校の先生から見ると，小学校の「教科」をもう少し幼児向きにしたものが「領域」であるとすると理解しやすいと思いますが，実際にはその考え方とは大きく異なっています。その違いを象徴的に示しているのが，領域「人間関係」です。小学校の教科にはありませんし，また先ほどのしつけのビデオでもわかるように，教師が教科書等を使って意図的に教えることでは難しい，子どもと共に生活する中で身に付ける保育の内容となっているのです。

　領域の枠組みを理解するには，長期にわたる保育内容・方法の中で考えることより，ひとりの子どもの育ちをみる視点から考えた方がわかりやすいようです。

　領域とは，あくまでも子どもの発達をみる窓口ですから，図5-1のように，ひとりの子どもを考えてみてください。その子が体を動かすことが好きかどうかといった健康面の育ちを見てみたり，人と関わる力はどうなのかといった人間関係の面，また身のまわりの環境とどう関わっていくかという環境に関わる力，さらには言葉や身体で表現する力をどのように獲得しているかというように，その子の発達をみるための視点であると理解してみましょう。

　このことがわかった上で，今度は「領域」の視点から子どもの活動を見てみると，夢中で遊んでいる子どもの遊びの中にも，5つの領域が密接に関わっていることが読み取れます。たとえば，鬼ごっこをしている子どもの姿をよく見ていると，体を使って思い切り

第 5 章　保育内容・方法の原理

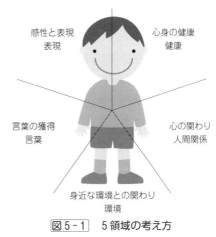

図 5-1　5 領域の考え方
出所：筆者作成。

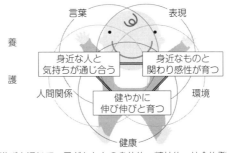

※生活や遊びを通じて，子どもたちの身体的・精神的・社会的発達の基盤を培う

図 5-2　乳児保育の 3 つの視点
出所：厚生労働省「保育所保育指針の改定について（平成29年 7 月中央説明会資料）」2017年より筆者作成。

▶1　乳児保育の視点として，次の 3 つのポイントが示されています。
【健やかに伸び伸びと育つ（身体的発達に関する視点）】健康な心と身体を育て，自ら健康で安全な生活をつくり出す力の基盤を培う。
【身近な人と気持ちが通じ合う（社会的発達に関する視点）】受容的・応答的な関わりのもとで，何かを伝えようとする意欲や身近な大人との信頼関係を育て，人と関わる力の基盤を培う。
【身近なものと関わり感性が育つ（精神的発達に関する視点）】身近な環境に興味や好奇心をもって関わる，感じたことや考えたことを表現する力の基盤を培う。

走ったり（健康），子ども同士の人間関係が見えたり（人間関係），また大きな声を出し言葉のやり取りをしたり（言葉），身体的な表現でコミュニケーションしていたり（表現），また自然の中でいろいろな物陰に隠れたり触れたりしながら，捕まえる人数を確認したり（環境）しています。乳幼児期の教育・保育は遊びを通しての指導であり，具体的な活動を通して総合的に指導されるものであるという理由がここにあります。

なお，2017年 3 月に公示された保育所保育指針や幼保連携型認定こども園教育・保育要領では，乳児保育（ 0 歳児保育）の「ねらい」と「内容」を実態に合わせて，図 5-2 に示したように，5 領域をベースに新たに「 3 つの視点」が示されています。この図からもいえることですが，人が育っていくためには，おとなに何かを教えてもらうということよりも，その子どもを取り巻く周囲の人の温かい関係や，豊かな環境が大事だということを示しています。

75

2 保育の一場面から

次のような，3歳の子どもたちが登園後すぐにごく普通に遊んでいる様子から，保育内容・方法について考えてみたいと思います。

Episode 1 　登園してすぐの子どもの姿から

　ゆたか君は毎朝登園するとすぐに砂場で遊び始めます。毎日砂場で遊んでいるゆたか君はスコップを上手に使って，ひとりで黙々と山や川，ダムをつくっていきます。

　ひろし君は，三輪車が大好きで，朝登園してくると，すぐに三輪車を誰にも取られないように確保して，年中や年長のお兄さんが乗っている三輪車に交じって，園庭のあちこちを走り回っています。

　その一方で，同じクラスの女の子あけみちゃんは，登園するとすぐにエプロンを付け，仲のよい友達を誘って保育室でままごとを始めます。

　では，以下の問いを自分なりに考えて，できればまわりの人と話し合ってみてください。

【問1】この3人が遊んでいる場面は保育の時間だと思いますか。それとも保育が始まる前の遊んでいる時間だと思いますか。

【問2】この中のどの子の遊びが好きですか。それはなぜですか。

【問3】園に遊びにいった時に，最初にこの中のどの子にどのように関わりますか。また，それはなぜですか。

　以下の問いには，あなたがこのクラスの保育者だと仮定して答えてください。

【問4】保育者としてのあなたならば，この3人の子どもたちにどのように言葉かけをしたり，関わりますか。

【問5】3人とも登園してカバンをロッカーに置かないで遊んでいます。そのような場面で，あなたは【問4】の関わり方がどう変わりますか。

【問6】この日は園ですでに決まっている誕生会をしなければならない日です。さて，どのような言葉かけをして，3人の遊びを終わらせますか。

【問7】この姿が4歳の3学期2月のものだとすると，あなたの

関わり方はどのように変わりますか。

　保育者の関わりや言葉かけは，各保育者の個性だけでなく，子どもの側から保育を考えるか，おとなの側から保育を考えるかで，それぞれの答えは大きく違ってきます。また，問題内で示したように，少し示している条件を変えるだけで，出てきた答えも違ってきたはずです。子どもの個性や保育者の個性，園の方針，遊んでいる時期などによって，どの答えが正しいという正解はありません。では何をやってもいいのかというと，少なくとも保育者が常に子どもの側に立とうとする姿勢は大事にされなければなりません。そのことを理解してもらうために，各問題について丁寧に考えていきたいと思います。

❶【問1】について

　小学校の先生や，園に見学に来られた未就園児のお母さんが，Episode 1のような場面を見ていて，よくでてくるのが「いつから保育が始まるのですか」という質問です。もしあなたの答えも，「保育の時間ではない」という答えならば，それはあなたが保育を小学校と同じようなイメージをもっているからではないでしょうか。

　教えることに重点を置く，特に早期才能教育などを行う園では，子どもたちが遊ぶ時間は小学校の休み時間と同じような意味しかもっていません。子どもたちみんなに，同じ時間に一律に同じようなことをさせることが保育で，それ以外の時間は子どもも保育者も息を抜く休み時間だという発想は，今でも結構多くの園に見られます。そのような園では，保育内容とは，主に年間を通して保育者が子どもにさせなければいけないもので，それをどのようにうまく子どもにさせるかが保育方法となります。Episode 1のように，子どもが自由に遊んでいるこの場面では，保育者はけがやケンカがないよう面倒をみることはあっても，遊びそのものに深く関わっていくということはそれほど要求されません。

　ところが，子どもが夢中で遊んでいることが保育そのものだという考え方に立つと，子どもの見方，保育者の動きは全く違ってきます。砂場で遊んでいることも，三輪車に乗っていることも，ままごとをしていることも，みんな保育ということになれば，この遊びの

➡2 フルガム, R. の『人生に必要な知恵はすべて幼稚園の砂場で学んだ』(池央耿（訳），河出書房新社，1990年）の中には次のような一節があります。「人間，どう生きるか，どのようにふるまい，どんな気持ちで日々を送ればいいか，本当に知っていなくてはならないことを，わたしは全部残らず幼稚園で教わった。人生の知恵は大学院という山のてっぺんにあるのではなく日曜学校の砂場に埋っていたのである」。このことの意味を考えてみてください。

場面こそが，保育内容や保育方法だということになるからです。 ➡2

❷【問2】について

　次に，3人の遊んでいる遊びについて考えてみましょう。3人の子どもの興味が違うので，当然3人は別々の遊びをしています。おとなにもいろいろなタイプの人がいるように，子どもにもいろいろなタイプの子がいます。また，どんなに勉強の嫌いなおとなでも「遊びとついていればどんなことでも好き」という人はいないはずです。音楽の好きな人には楽器の練習は遊びと思えても，音楽の嫌いな人にとっては，その時間は苦痛以外のなにものでもないという場合もあり得るからです。

　このように，遊びのことを少し深く考えようとすると，「遊びとは何か」という哲学的な問題にもなるのですが，ここでは，少なくとも自分の好きなことをしていなければ遊びとはいえないと考えてみましょう。すると，あなたが3つの遊びの中でどの遊びを選ぶかという答えを考えたことは，一人一人の子どもが登園してきてどんな遊びをするか，という選択と同じになっていることがわかります。幼稚園や保育所に登園してきて，自分のやりたいことがあるというのは楽しいことです。そのためには，砂場や三輪車，ままごとだけでなく，もっといろいろな遊びたくなるような場（環境）が用意されている必要があります。保育が環境を通して行う教育といわれるのも，また保育者の役割として，年間を通して，また子どもがいない時でも環境を考えておくことが基本だとされているのも，子どもが自然に遊べるような状況をいかに作り出すかにかかっているからです。

❸【問3】について

　Episode 1 では3人の子どもの人との関わり方がそれぞれ違っています。ゆたか君は黙々と砂場の遊びをひとりで楽しんでいますし，ひろし君は自分より大きい子どもとのふれ合いを楽しんでいます。あけみちゃんはクラスの仲のよい子と遊んでいます。それぞれの子が夢中で遊んでいるのであれば，どれにも関わらないというのもひとつの答えです。子どもが何かを聞いてもらいたい時や，遊びに行

第5章　保育内容・方法の原理

き詰まった時に，近くにいるおとなに声をかけてくるものですから，それを待ってもよいでしょう。

　もちろんあなたが好きな遊びから関わっていくのもいいのです。「何をしているの？」と聞くこともいいのですが，その関わり方で子どもがしている遊びを壊してしまうようならば関わり方を考えなくてはなりません。自分の遊びを知らない人にじゃまされることほど，腹の立つことはないのではないでしょうか。保育者になろうとする人ならば，子どもの世界を尊重するというごく基本的な態度は身に付けておきたいものです。

❹【問4】から【問6】について

　あなたがこの3人の子どもの保育者であった場合，その関わりは学生時代に見学にいった時とは大きく違ってきます。保育者となれば，3人とはいわずクラスの子ども全員について責任がでてくるからです。

　【問4】以降の問いでは，3人の子どもを保育者としてあなたがどう見ているか，また置かれた状況がどのようなものであるか，また園の決まりがどのようなものであるかによって，全く答えが違ってきます。そのことを考えてみましょう。

　遊んでいることが保育で大事にされなくてはならないのですから，その遊びをまずは認めることが不可欠です。黙々と自分のやりたいことに取り組んでいる子や友達と一緒に遊ぶことを楽しんでいる子どもの気持ちを受けとめることで，保育者との信頼関係を深めていきます。

　ところが保育の場面では，往々にして子どもの遊びを素直に認めていられない状況がでてきます。【問5】や【問6】のような場面が代表的なケースです。「遊ぶのはいいのだけれど，カバンぐらいは置いてきてほしい」「夢中で遊んでいるけど，クラスでやらなければならないことがある」という保育者側の思いがある時に，それをどう子どもたちに伝えていくかということが保育者の大きな課題となるのです。

　このような時に，うまくいく関わり方などはありえません。叱る時もありますが，叱るだけの関わり方でなく，それぞれの子どもの気持ちを受けとめながら，その子どもたちと心が通じ合うような関

79

わり方を探っていくことが求められているのです。

❺【問7】について

この問いで考えてほしいのは，発達の考え方です。ここで示された遊びの姿が，3歳ではなく，4歳の，それももうすぐ年長に進級しようとする時だとしたら，保育者はこのような遊びの姿をどう見ればいいのでしょうか。友達に興味を示すことなくひとりで黙々と遊んでいるようなゆたか君や，他の学年の子とは遊ぶが自分のクラスの子と遊ぼうとしないひろし君は，このままでいいのでしょうか。

このような時に必要なのが指導計画などで示される幼児の大まかな発達のみちすじや，その子がこれまでにどのような発達をしてきたかというその子なりの発達の姿です。ゆたか君やひろし君が何らかの理由で，自分を出せず，遊びだせないような生活を送ってきた場合なら，ひとりで，または他の学年の子どもと遊び出したという事実は大切にされなければなりません。その一方で，毎日同じような遊びしかできないとしたら，その子どもたちの友達関係や経験は，ごく限られた狭いものになってしまいます。

自由に遊ぶことは大事にされながらも，3年間や2年間といった幼児期の間に，自分の知らない世界にも興味をもち，様々な遊びの楽しさを味わえるように，保育者が子どもの発達に対して見通しをもつことが必要です。そのためには，保育者は子どもがやりたくなるような多様で豊かな環境を整えたり，「やりたくない」という子どものこだわりに付き合っていくなど，幼児期にふさわしい生活をより豊かにしていくような援助の在り方を常に探っていくことが求められているのです。

3 子どものための保育内容とは

❶ 保育内容ってどんなこと

幼稚園教育要領等で示されている5領域には，各領域にねらいや

内容が示されています。ところが，そこに書かれているねらいや内容は，「幼児期の終わりまでに育ってほしい姿」をあらわしているのであって，年齢に応じてとか，季節ごとに取り組むべき具体的な保育内容等が書かれているわけではありません。それどころか，幼稚園教育要領等の文面の中には具体的な活動はほとんど示されていないのです。

それでは，保育内容とはどのように決められるものなのでしょうか。幼稚園教育要領等の中に具体的な内容が示されていないのは，地域や園の置かれている場所等によって，保育内容が大きく変わってくるという理由からです。農村部の園なのか，または都市部の園なのか，それとも雪が多い地域なのか，暖かい気候の地域なのかによって，子ども自身の生活は異なります。園の中に自然が多くある園もあれば，ほとんど自然がない園もあります。園舎，園庭の状況も大きく違っていることもあるでしょう。そうすると当然，保育内容も違ってくるという考え方なのです。

また先に述べたように，保護者のニーズによっても，保育内容は大きく左右されます。長時間にわたる保育が必要ならば，それにふさわしい保育内容を考えなければならないし，小学校への受験が盛んな地域では，早期才能教育的な保育を求める保護者が多いかもしれません。また社会的に，子ども同士の関わりや自然との関わりが少なくなっている状況では，それを補うような保育を考えなければならない時代になってきていることも考慮する必要があるでしょう。

また保育内容は園によって異なるだけではなく，保育者によって，また子どもによっても異なります。ただ，保育者によっても保育内容が異なるということは，保育者が好き勝手に保育をしていいというわけではありません。基本的な枠組みを押さえていれば，保育者自身の工夫や努力があれば，いろいろな保育が可能だということです。

2017年3月に公示された幼稚園教育要領等では，幼児教育で育てる力，幼児教育の方向性が，「資質・能力」と「幼児期の終わりまでに育ってほしい姿[3]」として示されました。

「資質・能力」とは，幼稚園教育要領等に示された「ねらい」及び「内容」に基づく活動全体によって育むもので，①「知識及び技能の基礎」，②「思考力，判断力，表現力等の基礎」，③「学びに向かう力，人間性等」という3つの柱で示されています。

▶3　第1章 p. 14にある図1-3及び図1-4を参照してください。

「幼児期の終わりまでに育ってほしい姿」とは，幼児教育と小学校教育の円滑な接続を図るために，乳幼児期の様々な活動を通してあらわれてくる子どもの具体的な姿を積み重ねて見えてくるものです。この姿は，幼児期の終わりまでに育てなければいけないという到達目標ではありません。むしろ乳幼児だけでなく，小学生になってもさらに伸ばしていかなければならない力ともいえるもので，いわば実践の方向を示す目標といえるものです。

この10の姿を使って，子どもの遊んでいる写真から，小学校の先生も交えて，子どもの育ちを読み取るような研修会も開かれるなど，小学校との接続でも活発な議論がなされるようになってきています。

❷ 幼児期にふさわしい生活とは何か

幼稚園教育要領等をベースにしていれば，園によっていろいろな保育ができるからといって，何でもやればいいというわけではありません。そこで必要なことは，その内容が幼児期にふさわしいかどうか，さらに細かくいえば，その年齢，時期，クラス，個々の子どもに，ふさわしいかどうかということなのです。

子どもにふさわしくなければ，子どもは興味を失うか，または「やらされている」と感じてしまいます。自然と触れることが大事だからといって，たとえば3歳児でカエルや蛇などを飼ったとしても，怖がる子が多くいるだけでは，生き物に親しみをもつ子よりも，生き物を嫌いになる子の方を多くする可能性さえでてきます。

絵を描くだけであっても，クラス全員で一斉に描くのか，または数人ずつ子どもの会話を聞きながら描くのか，またお芋だけをダイナミックに描くことを楽しむか，お芋を掘っている自分も含めて（人も含めて）描こうとするかなど，絵を描こうという保育者の保育のイメージで，子どもが受ける印象も大きく違ってくるはずです。絵を描きたくなるような配慮をどのようにするか，どんな時にどのような絵を描くかは，最終的には子どもが選択するとしても，子どもが自由感をもって絵を描くために，保育者がどのような保育をしようとするかで，子どもの反応は相当違ってきます。子どもに合った保育内容をいかに選択し子どもに示すことができるかが，保育を大きく左右するともいえます。

また，子ども同士の関係をどのように捉えるかも大切です。子ど

もが「やりたくない」「嫌いだ」と思っていることでも，友達がおもしろそうにやっていることがわかると，やってみたいと思うことがたくさんあります。要は，やりたくなるような状況を作るために，その内容についても，保育者は自分のクラスの子にとってどうなのかを考えておく必要があるのです。

❸ 園生活全体を見通す計画の必要性

　保育内容を検討するということは，どのように子どもの生活を豊かにしていくかということに他なりません。子どもにとってどうかという問い直しがないままに，毎年，または日々，同じような保育が繰り返されていては，子どもの生活そのものの質を豊かにしていくことはできません。心豊かな経験ができる保育を実現していくには，保育者が子どもに即して，保育内容やその方法を見直していくという地道な努力が必要なのです。

　体を動かす心地よさや，いろいろな素材や素材を使いこなす経験，自然と関わる経験や，自分なりに表現する楽しさを感じていく経験，人との関係を豊かにしていく経験など，様々な保育内容をどのように子どもに即して組み立てていくかという長期の見通しをもった保育の計画（指導計画）が必要になってきます。

　自然との関わりを考えてみても，3歳，4歳，5歳で自然と関わるのはどのようにしたらいいのか，また1年間の間でも，春夏秋冬を通して，どのような自然と関わる経験をするのがいいのかなど，事前に何らかの見通しをもつことで実現できることがたくさんあります。このことは，どんな歌を歌うか，どんな曲で踊る楽しさを伝えるか，どんな絵を描くか，はさみやのりはどのように使うか，いろいろな素材とはいつどのように出会うのか，ドッチボールやサッカーが盛んになるために，ボールを使った遊びは年間でどのように取り入れていけばいいかなど，実際にやってみての反省はあるにしても，保育者にはある程度長期の見通しをもつことが必要なのです。

4 子どものための保育方法とは

❶ 保育方法の原則は「主体性」,「自発性」

　保育内容が決まったとしても,ではその保育をどのように行うかという保育の方法について,子どもに即して,また状況に合わせて,柔軟に考えられる保育者でありたいものです。保育方法の原則は,子どもが主体的に,自発的にやりたいと思うような状況を作ることです。

　小学校以上の教育では,「あらかじめ決められたことをいかに無理なくやらせるか」が教師の力量のようなところがあるのですが,幼児期の教育では,「どうしたら子ども自らがやりたくなるか」を,保育者がどれだけ考えられるかという力量が求められています。

　2017年3月に公示された小学校学習指導要領や幼稚園教育要領等では,「主体的・対話的で深い学び」(いわゆるアクティブ・ラーニング) が重視されています。これからの教育では,幼児期も含め,小学校から大学まで,自ら考え学ぶような教育が求められています。小学校教育でも,生活科を中心にグループでの活動や,子ども同士が話し合って自分たちの考えを発表し合う授業が増えてきています。幼児期の遊びを通した学びは,アクティブ・ラーニングそのものだともいえるのです。

　子ども時代を思い出してみるとわかるのですが,子どもは,本来,走ることも,踊ることも,また絵を描くことやものを作ることも,そして歌うことも,楽しければやりたいことなのです。ただ,それが「やらなければならない」という追い込まれた状況では,やったとしても楽しくないでしょうし,できるようになったとしてもそれほど身につくものにはなりません。

　幼稚園教育要領等の中で,教育・保育の基本として,環境を通して行うことや,遊びを通しての総合的な指導といっているのは,あくまでも子どもの中に,「やって楽しかった」「もっとやりたい」という気持ちを感じることの重要性を示してのことです。主体性や自

➡4　アクティブ・ラーニング
　従来のような知識の伝達・注入を中心とした授業から,教員と子どもが意思疎通を図りつつ,一緒になって切磋琢磨し,相互に刺激を与えながら知的に成長する場を作り,子どもが主体的に問題を発見し,解を見出していく能動的な学習の方法のことをいいます。

発性が子どもの成長に必要なことを，以下のようなワークから考えてみましょう。

Work 2

① あなたが楽しくて夢中になっていることを書いてください。
② そのことのためにあなたが努力していることをいくつでもいいので書いてください。
③ 次に，隣の人にそのことのおもしろさを隠して，あなたの努力していることをするように伝えてみてください。
④ 最後に，あなたの味わっている楽しさを十分伝えた上で，そのための努力をしてみるよう誘ってみてください。

　あなたが夢中になっていることとは，人に指図されなくても自分でやりたいことです。そのことを実現するために，人は何らかの努力をしているものです。そこには自分の意志が働いています。他の人が大変だと思っても，「自分はそう大変だとは思わない」，それどころか「もっとやっていたい」「やっていることが楽しい」と思うことが多いのではないでしょうか。それが個々の人の主体性であり，幼児期に「遊び」という言葉であらわしている保育の大原則なのです。ところが，そのおもしろさを知らされないままに，「ただやらされている」という受け身的な姿勢では，「そんなことをするのは大変だ」という思いの方が強くなります。「子どもがやってみたくなる」環境の大事さがここにあります。

❷ 一人一人を大事にする保育方法とは

　自発性や主体性がいくら大事だからといっても，幼稚園や保育所，認定こども園は集団生活の場ですから，「みんな一緒に活動すること」はどうしても必要になります。個々の子どもたちが，自由気ままに好き勝手なことをしているだけなら保育とはいえません。園で生活すること自体，何らかの制約はあり，それを守らなければ子どもの安全さえ守れない危険性もでてくるからです。

　とはいえ，月齢も違えば，成長の個人差も激しい乳幼児期の子どもにとって，興味や関心のもち方も大きく異なります。そこでみんな一緒ばかりが求められても，園生活は苦しいものになってしまい

ます。保育の方法の原則とは，もう少し，この「個々の子どもの自由」と「集団」との間を，丁寧につなげていくことなのです。

その時に，大事にされるべきことは「一人一人の子どもを大事にすること」です。乳児や入園した当初の幼児は，自由にいろいろなことに興味をもちます。みんなと一緒に何かをするというより，自分のやりたいことを見つけて何でもやってみたいのです。お母さんと離れる時に泣いてしまう子どもと関わっていると，保育者ならば，「この子が泣きやむならばどんなことでもいいから，興味があることを見つけてほしい」と思うものです。このことを少し保育的に言い換えるならば，「園に慣れる」というねらいが達成され，一人一人の子どもが好きなことを見つけていれば，その活動がそれぞれ異なっていてもいいということになります。個々で遊ぶことから園生活が始まって，そこで友達がいる生活を重ねることで，徐々に友達との関わりを深めていき，友達のしていることに興味をもったり，友達と一緒に遊ぶことが楽しいという気持ちを経て，みんなと一緒にいることが楽しいということが，子どもの実感としてわかってくることが大切にされているのです。

また，一人一人を大事にするということは，クラスの特定の子だけを大事にすることでもありません。クラスを構成している一人一人の子どもそれぞれと，保育者がきちんとした信頼関係を築くことが求められています。

ただ，そのことは，単にいつでも平等に，そして均等に子どもと関わるということではありません。困ったことや保育者を必要としている時に，またすごく楽しかったり，うれしい時に，まずはその気持ちを受けとめてくれる保育者であってほしいと子どもは願っているのです。保育者の専門性として子どもを理解する力が求められている理由もここにあります。

❸「遊びを通して」とは，保育者がいらないということ？

保育方法で誤解を受けやすいことのひとつは，「遊びを通しての指導」というと，子どもが勝手に遊ぶというイメージが強く，保育者も一緒に遊んでいればいいと思ってしまう人がいることです。

一斉で行う保育ならば，保育者はあらかじめ何を行うかを準備して，子どもたちに示さなければなりません。ところが，登園してす

ぐに遊び出すような保育の場合，保育者が何も準備しなくても，子どもたちは勝手に遊び出していきます。一見すると，後者のような保育の方が楽だと思われがちですが実際はどうなのでしょうか。

　もし，保育者が何の計画性ももたず，ただ子どもを遊ばせておけばいいとすれば，それは保育ではなく放任ともいえるものです。遊びを通して行う保育では保育者の役割がより重要になってきます。個々の子どもの遊んでいる状況を把握したり，季節や行事を意識して，新たな活動や子どもたちがおもしろがると思える文化（絵本や歌など）も取り入れていく必要があります。子ども同士の関係にも注意をし，事故がないように，またケンカなどが起こっても，その都度そのことが子どもの成長につながっていくように関わっていくことが求められているのです。

　保育の内容・方法には，「こうしなければならない」という決まりがないだけに，保育者がどう子どもや遊びに関わるかを考えなければなりません。新人だから保育が下手で，ベテランの保育者の方が安心できるというような声を保護者から聞くこともありますが，新人だからこそ，「子どもと誠実に一生懸命関わる」という若い保育者も大勢います。子どももそのような気持ちを受けとめて，大好きな担任と思ってくれるのです。経験だけでなく，子どもとどう向き合って保育を組み立てていくかが大事なのです。そのためには，子どもと関わる中で出てきた，「こうしてみたらどうだろう」「あんなことをしてみたい」というような思いを保育の中で実現させていくために，「とりあえず試してみて，そこから子どもの姿を通して保育を学んでいく」というような，保育に対する積極的な姿勢と共に，子どもに対する謙虚さが必要だと感じています。

Book Guide

- 佐伯胖『幼児教育へのいざない――円熟した保育者になるために（増補改訂版）』東京大学出版会，2014年
  保育の原理をもう少し深く学びたい人にお勧めの本です。人間が育つということから保育を考えることができます。
- 大豆生田啓友（編著）『21世紀型保育の探求――倉橋惣三を旅する』フレーベル館，2017年
  日本の幼児教育の基礎を築いた倉橋の理論と共に，現代の保育でもその基礎の部分がどのよう

に生かされているかがわかる本です。

Exercise

1. 最近,保護者の中に「よい子に育てなければいけない」と思っている人が増えています。乳幼児期に本当に必要な育ちとはどんなことで,それはどのように実現すべきかをみんなで話し合ってみましょう。
2. 幼児期に遊びが大事であることを,保育のわからない人にどう説明するか,みんなで発表し合ってみましょう。

第 6 章

保育の計画と実践の原理

思い思いに作った手作りの楽器で保育者と共に演奏を披露する子どもたち。
どんな流れや計画によってこのような姿が生まれたと思いますか？

当初からみんなの前で披露することが決まっていた場合もあれば，夢中になって作ったり，遊んでいる子どもの様子を見て，みんなの前で披露することを子どもたちと共に決め，計画を微修正した場合もあり得ます。いずれにしても，子ども主体の遊びを通して総合的に学ぶことを保障していくためには，ただ単に自由にしておけばよいということではありません。目の前の子どもは，遊びや生活の中で，今，何をおもしろがり，楽しんでいるんだろう？　どんな問いが生まれ，どんな発見をしているんだろう？　そして，それらはその子にとってどんな経験になっているんだろう？　といった具合に，子どもの見ている世界，感じている世界を，共に見て，感じ，想像することが必要です。その結果，即興的に「みんなの前で演奏してみる？」と提案してみたりすることもあり得るのです。

　さらに，この先，その子どもがどのように遊びを展開・発展させそうなのかを，同僚などとの対話を通して共に予想し，その子どもの興味関心を刺激したり，その子ども自身が主体的に多様な視点から考えるために必要な準備（時間・空間の確保，教材・素材の準備，援助の視点など）を計画するのです。ただし，予想し，準備はしても，実際にそれらをどう使い，どんな発想を生み出すかを，子どもたちにゆだねることも重要です。そして，予想外の子どもの姿を，喜びをもって驚き，認め，そこに生み出される興味関心や問い，経験等に目を向け，対話を通して計画をその都度柔軟に作り直していくのです。

　保育における計画は，私たちの願いや意図に基づいて用意した活動を，子どもたちに一方的に効率よく「させる」ためのものでありません。子どもや同僚と「共に作る」ものであり，子どもの世界に近付き，子どもの「主体的・対話的な深い学び」を支えるためのものなのです。

第6章　保育の計画と実践の原理

1　保育における計画

❶ 保育の計画はなぜ必要か？

Work 1

① 「保育に計画はなぜ必要か？」「もし，無計画で保育をすればどうなるか？」について話し合い，考えてください。
② 皆さんが1日の保育の計画を立てるとしたら，どのような内容・項目を思い浮かべますか？　具体的内容・項目をあげてください。

▶1　倉橋惣三『幼稚園真諦』フレーベル館，1976年，pp. 62-63.

　Work 1-①に関して，我が国の保育の基盤を築いた倉橋は，以下のように記しています。[1]

　　いやしくも子供を集め目的を持って教育をしていく者が，全然何等の心構え，すなわち計画，あるいは立案無しでやっていけるはずはありません。……（中略）……もし非常にほうらつな自由主義（主義でもなんでもありませんが）の人がありまして，いきあたりばったりで毎日の幼稚園を暮らしている人があり，それが新しい保育でもあるというように，自分からでも，傍らからでも言われることがあったとしましたらば，これは，無責任主義（？）です。

　このように倉橋は，保育における計画の必要性を説いています。何の計画も立てずに思い付きで保育をするというのは，幼い子どもたちの生命を預かりながら，地図をもたずに冒険に行くようなものかもしれません。行き当たりばったりでは，子どもの生命や発達を保障できないのです。では，どのような計画の内容を吟味して作成すればよいのでしょう。次に，Work 1-②について考えてみましょう。

91

表6-1	「保育の計画に必要な項目は？」
学生Aさん	学生Bさん
・時間	・時間
・ねらい	・ねらい
・活動	・環境構成
	・予想される子どもの姿
	・指導上の配慮

➡出所：筆者作成。

　学生Aさんは，「1日の保育を考えるとしたら，まず，活動をどのように子どもに与えていくかを考えないといけないでしょう？　そして，それをどのように展開するか，時間の流れも記入しないといけないし……。それから，ねらいも書かないとね」と言い，時間・ねらい・活動という項目を考えました。これに対して，学生Bさんは，「その項目では，初めからねらい・活動が決まっていて，活動ありきじゃない？　なんだか，保育者主導の保育に思える」とAさんに言いました。Aさんは「そうかな？　でも，活動がイメージできないと指導しづらいのでは？」とつぶやきました。Bさんは「それはそうだけど。でも，環境に関わって遊びや活動を生み出すのは，子ども自身だって学ばなかった？　あっ，そうだ。環境構成を入れる必要がある。それに保育者の指導上の配慮も……」と言いながら内容を考え，項目を付け加えていきました（表6-1）。

　保育の計画の内容を考え，その項目をあげるだけでも，その人の子ども観や保育観が浮き彫りになってきます。どちらかというと，保育者主導型の保育を支持する傾向のAさんに対して，子ども中心型の保育を支持するBさんの考え方が見えてきました。

　先に記した倉橋は，当時の活動重視の時間割のような計画に対して「あてがいぶち幼稚園」と批判的でした。しかし，一方，保育の計画が何ら立案されない保育に対しては，無案保育と断言し，「その日暮らし幼稚園」と揶揄したのです。当時から，保育の計画は必要，そしてその内容の吟味が不可欠と主張していたのです。

➡2　同前掲1，p. 69.

❷ 保育における計画の意義と位置付け

　保育の計画には，前述したように保育者の子ども観や保育観が反映されます。ここでは，保育の計画がどのように考えられ，我が国の保育実践の場に位置付いてきたかを探ってみることにしましょう。

計画という言葉は，学校教育において用いられていたカリキュラムに由来します。カリキュラムは，もともとラテン語の「走る（curere）」から派生しており，古代ローマにおいては競技場のコース（走路）をあらわし，そこから「人生のコース」「履歴」を意味する言葉として使われるようになりました。学校教育においてカリキュラムという言葉が用いられるようになったのは，16世紀以降のことで，ヨーロッパの大学において，教会や国王の統制によって定められた内容を学ばされるコースをカリキュラム（古代ローマの走路）と揶揄したことから，授業や学びに先立って定められている教材の組織を意味する教育用語となりました。このような歴史的背景がカリキュラムを公的な枠組みとして意識させる基盤を培ってきました。けれども，19世紀末から20世紀半ばにかけて展開されたアメリカ進歩主義の教育運動を通して，カリキュラムとは，学校に組織されている教材の体系を意味するものから，学校において子どもが実際に経験している「学びの経験（履歴）」を意味するものへと変化しています。そこでは，「コース・オブ・スタディ（公的枠組み＝学習指導要領）」と「カリキュラム（学びの経験／履歴）」は区別され，学びの創造を中心としてその計画と評価を含むカリキュラムの開発と研究が活発になされています。[3]

たとえば，自ら教育実践者でありながら研究者でもあるランパート，M.（Lampert, M.）は，教師と子どもとが共同執筆する「私の物語」として「学びの経験」を位置付けています。[4]自らの思考を他者とのコミュニケーションの場に開くこと，つまり，教える側が一方向的に机上でプランを考えるのではなく，子どもとの対話的な関係の中から「学びの経験」を編み出していこうとする考え方です。したがって，教える側が一方向的にプランを思考し，立案し，その結果を評価するものではないのです。あくまでも，子どもとの対話的関係の中でコミュニケーションを通してやりくりしながら創造していく「学びの経験」に意味を置くのです。そこでの計画は，具体的事例に対する具体的処方のような対話体による思考によって，様々な子どもとの応答の可能性を隙間としてあけたまま計画を構想するのです。[5]

では，我が国の歴史を見てみましょう。我が国の学校教育においてカリキュラムという言葉は，第2次世界大戦直後まで，学校の全学年における「教科別時間配当表」のようなものとして考えられて

→3 詳しくは，佐藤学『カリキュラムの批評──公共性の再構築へ』世織書房，1996年を参照。

→4 この考え方は，従来の「思考→行為の実行→結果の評価」というサイクルで思考と行為の間に明確な境界線を引くプランニングモデルによるのではなく，むしろ，思考と行為の境界線をあいまいに捉える立場に立ちます。

→5 高木は，このように隙間をあけることで多様なバリエーションをもった具体的出来事の生成を可能にするひとつの演出案としての計画を「ストーリー」と呼び，「プラン」と区別しています。現在の保育においても，この考え方は参考になる考え方です。詳しくは，高木光太郎「教室にいること，教室を語ること──私の物語と教室の物語」佐藤学（編）『教室という場所』国土社，1995年，pp. 88-119. を参照。

いました。その後，公的な枠組みとして捉えられる傾向があったものの，最近では，教育の目標を達成するために学校において用いられる経験や学習する内容の総体として捉えられるようになっています。

　次に，我が国の保育の場において，計画はどのように位置付けられるようになったかを見てみましょう。幼稚園においても，明治初期の頃から「保育項目別時間配当表」のような時間割り仕立ての計画表が作成されていました。計画が公的に位置付けられるようになったのは，1956年に文部省が作成した幼稚園教育要領と，それを参考にして厚生省が1965年に作成した保育所保育指針以降のことです。そこでは，指導書を刊行して領域別の指導計画を例示したため領域別系統的指導を印象付けてしまいました。当時，小学校の校長が幼稚園長を兼任していたり，退職校長が園長を務めていたりしたことから，小学校の教科別指導計画と同様に理解された経緯があります。

　その後，様々な子ども観や保育観が反映される多様な保育実践が展開されるようになります。たとえば，「集団主義保育」「早期教育型保育」「モンテッソーリ保育[6]」「シュタイナー保育[7]」等，保育内容の多様化にともない，多様な計画が立案されるようになります。そこでは，保護者の早期教育熱と共に園児獲得を狙った，保育者主導型の系統的な組織性の強い計画が多く見られるようになっていきます。このような流れの中で，子ども観や保育観が見直され，子どもに即した保育を再考し，幼稚園教育要領（1989年），保育所保育指針（1990年）が改訂されます。それにともない，子どもの生活を中心とした柔軟な保育を展開するための計画として位置付け，保育者側の一方向的な計画ではなく，子ども理解をもとに柔軟に計画を立案する考え方が浸透してきています。

　たとえば，戸田は，保育の計画を「デザイン」するという言葉を使い，子ども理解に基づき環境構成を行うプロセスにその価値を置いています[8]。

　保育の計画は，常に相手の思いに寄り添って考えていくところにその本質があるのであって，計画通りにできたかどうかが最優先の課題ではありません。ですから，どうせ変わってしまうなら立てなくてもよいのではなく，たとえ変わるとしても，

▶6　モンテッソーリ保育
　イタリアで医学的・教育的見地から子どもの保育を考えたモンテッソーリ，M.（Montessori, M.）の思想を基盤に，その方法（モンテッソーリ・メソッド）や教具（モンテッソーリ教具）を活用した保育を称します。子どもは本来活動的・創造的であるとし，ふさわしい環境の中で学ぶとしています。

▶7　シュタイナー保育
　オーストリアで哲学，数学，自然科学を学び，人智学的教育理論を基盤にしたシュタイナー，R.（Steiner, R.）の思想を中心に展開する保育を称します。人間及び世界の中にある超感覚的な霊的なものの本質を認識することを課題とした人智学の思想を中心にしているため，環境への配慮も工夫しています。

▶8　戸田雅美『保育をデザインする――保育における「計画」を考える』フレーベル館，2004年，p. 117.

相手の思いに寄り添って考える——これが「デザインする」ということであるわけですが——というプロセスが大切だから計画を立てることを大事にするのです。

佐伯は，計画を「資源」もしくは「即興劇の台本」という言葉であらわし，その場の状況により適時使える柔軟な対応の準備（環境構成，教材など）について，考えを示しています。[9]

保育計画は，子どもを保育者の手のひらの上で踊らせるためのものではない。あるいは，「鳥かごのなかの鳥がうごきまわれるように，あらかじめあちこちにエサをまいておく」ようなことでもない。そうではなく，子どもがそれぞれの状況のなかで，みごとな文化的実践をその都度遂行できるように，必要かもしれない道具を用意しておき，関係づけるかもしれない「環境」を設定しておき，なにが起きても対応できるように，起こりうる事態を多様に想定（イマジネーション）しておくことが，計画を立てるということである。

加藤は，保育の計画を地図に例え，「保育者と子どもが創造する教育経験の総体」として対話的に保育カリキュラムを創造することに価値を置き，そこでの保育者の重要な役割を主張しています。[10]

おそらく保育者の役割は，「最終的に仕上げられた地図」を頭の中におきながら，子どもとの間に作り出される，偶然性と一回性に基づく実践を，ドキドキするような感覚とともに展開していくことにあるのだろう。しかもその際，道を知らないふりを「演技」としてするのではなく，あくまでも子どもと一緒に驚き，不思議がり，面白がりながら，子どもと共に活動を創造していくことが，保育者には要求されるのである。

以上，３氏の興味深い考えを取りあげましたが，我が国の保育の歴史を振り返ってみても，保育に対する考え方の変遷とともに，計画に対する考え方も変わってきています。現在は，子どもの実態を踏まえた上で，ねらい・内容・環境構成を考え，その環境に関わって子どもがどのような活動や遊びを生み出すか，その姿を予想しな

[9] 佐伯胖『幼児教育へのいざない——円熟した保育者になるために（増補改訂版）』東京大学出版会，2014年，pp. 180-182.

[10] 加藤繁美『対話的保育カリキュラム〈上〉理論と構造』ひとなる書房，2007年，p. 66.

➡11 様式については，文部科学省『指導計画の作成と保育の展開（平成25年7月改訂）』フレーベル館，2013年などに参考例が記載されています。

➡12 幼児教育を行う幼稚園や保育施設においては，小学校教育との接続を視野に，生きる力の基礎を養うための育みたい資質・能力をあげ，「幼児期の終わりまでに育ってほしい姿」を，「健康な心と体」「自立心」「協同性」「道徳性・規範意識の芽生え」「社会生活との関わり」「思考力の芽生え」「自然との関わり・生命尊重」「数量や図形，標

がら計画を立てていくことに意義を見出しています。そして，それらの予想される姿に対して，時間の流れに沿って指導上の配慮点を記述していくというのが一般的な手順と項目になっています。また，記入の様式については，こうすべきというものがあるわけではありませんが，保育実践の場では，日々の保育に活きる様式を考えながら計画を立案しており，より実践に活きるものとなるための工夫を試みる必要があります。➡11

　2017年の幼稚園教育要領，保育所保育指針，幼保連携型認定こども園教育・保育要領改訂（定）においても，これらの考えは引き継がれていますが，小学校教育との接続を視野に「幼児期の終わりまでに育ってほしい姿」➡12が示されたことにより，これを踏まえて保育の計画を立案・評価・改善し，その実施に必要な人的・物的な体制を確保すると共に改善を図り，園全体で組織的かつ計画的に保育活動の質の向上に努めること（「カリキュラム・マネジメント」）が求められています。第2節では，新要領・指針をもとに保育の計画について具体的に説明していきたいと思います。

2　保育の計画にはどのようなものがあるか

識や文字などへの関心・感覚」「言葉による伝え合い」「豊かな感性と表現」の10の姿として，具体的な姿を示しています。この姿は，それぞれが独立して発達するのではなく，日々の遊びや生活の中で総合的に捉えていくことが重要なポイントとなります。

❶ 教育課程・全体的な計画・指導計画とその関連

　保育の計画は，国が示す幼稚園教育要領，保育所保育指針，幼保連携型認定こども園教育・保育要領に基づき，各幼稚園・保育所・幼保連携型認定こども園がそれぞれの実態に応じて作成していくことが求められています。具体的には以下の通りです。なお，以下に示す新要領・指針における表記の違いは，幼稚園・保育所・幼保連携型認定こども園の管轄の違いが背景にあり，今後，制度の一元化が図られるとすれば，再度，見直されるものと期待できるでしょう。

　学校教育としての幼稚園は，管轄である文部科学省が示す幼稚園教育要領に基づき，各園の実態に合わせた，全教育期間の計画である教育課程を作成し，それをもとに長期・短期の指導計画を作成します。これに関して，幼稚園教育要領では，次のように記されてい

ます。

第1章　総則
第3　教育課程の役割と編成等
　1　教育課程の役割
　　各幼稚園においては，教育基本法及び学校教育法その他の法令並びにこの幼稚園教育要領の示すところに従い，創意工夫を生かし，幼児の心身の発達と幼稚園及び地域の実態に即応した適切な教育課程を編成するものとする。
　　また，各幼稚園においては，6に示す全体的な計画にも留意しながら，「幼児期の終わりまでに育ってほしい姿」を踏まえ教育課程を編成すること，教育課程の実施状況を評価してその改善を図っていくこと，教育課程の実施に必要な人的又は物的な体制を確保するとともにその改善を図っていくことなどを通して，教育課程に基づき組織的かつ計画的に各幼稚園の教育活動の質の向上を図っていくこと（以下「カリキュラム・マネジメント」という）に努めるものとする。
　2　各幼稚園の教育目標と教育課程の編成
　　教育課程の編成に当たっては，幼稚園教育において育みたい資質・能力を踏まえつつ，各幼稚園の教育目標を明確にするとともに，教育課程の編成についての基本的な方針が家庭や地域とも共有されるよう努めるものとする。
　6　全体的な計画の作成
　　各幼稚園においては，教育課程を中心に，第3章に示す教育課程に係る教育時間の終了後等に行う教育活動の計画，学校保健計画，学校安全計画などとを関連させ，一体的に教育活動が展開されるよう全体的な計画を作成するものとする。

　保育所は，管轄である厚生労働省が示す保育所保育指針に基づき，各園の実態に合わせた，全保育期間の計画である全体的な計画を作成し，それをもとに長期・短期の指導計画を作成します。これに関して，保育所保育指針では，次のように記されています。

第1章　総則
3　保育の計画及び評価
（1）　全体的な計画の作成
ア　保育所は，1の（2）に示した保育の目標を達成するために，

➡13 従来，保育所において，全保育期間のねらい・内容・指導方法を示したものを「保育計画」としていましたが，2008年の保育所保育指針改定で，「保育計画」は保育の計画全般をあらわす用語と紛らわしいことなどから，教育課程と同様に，「保育課程」として位置付けられました。しかし，今回（2017年）の改定では再度見直され，総則3（1）イウに記載されているように，子どもや家庭の状況，地域の実態，保育時間などを考慮し，子育ての支援等を視野に保育所保育の全体像を包括的に示すものとして「全体的な計画」として位置付けられました。

各保育所の保育の方針や目標に基づき，子どもの発達過程を踏まえて，保育の内容が組織的・計画的に構成され，保育所の生活の全体を通して，総合的に展開されるよう，全体的な計画を作成しなければならない。

イ　全体的な計画は，子どもや家庭の状況，地域の実態，保育時間などを考慮し，子どもの育ちに関する長期的見通しをもって適切に作成されなければならない。

ウ　全体的な計画は，保育所保育の全体像を包括的に示すものとし，これに基づく指導計画，保健計画，食育計画等を通じて，各保育所が創意工夫して保育できるよう，作成されなければならない。

（2）　指導計画の作成

ア　保育所は，全体的な計画に基づき，具体的な保育が適切に展開されるよう，子どもの生活や発達を見通した長期的な指導計画と，それに関連しながら，より具体的な子どもの日々の生活に即した短期的な指導計画を作成しなければならない。

　　幼保連携型認定こども園は，管轄である内閣府・文部科学省・厚生労働省が示す幼保連携型認定こども園教育・保育要領に基づき，各園の実態に合わせた，全保育期間の計画である全体的な計画を作成し，それをもとに長期・短期の指導計画を作成します。これに関して，幼保連携型認定こども園教育・保育要領では，次のように記されています。

第1章　総則
第2　教育及び保育の内容並びに子育ての支援等に関する全体的な計画等
1　教育及び保育の内容並びに子育て支援等に関する全体的な計画の作成等
（1）　教育及び保育の内容並びに子育ての支援等に関する全体的な計画の役割

　　各幼保連携型認定こども園においては，教育基本法（平成18年法律第120号），児童福祉法（昭和22年法律第164号）及び認定こども園法その他の法令並びにこの幼保連携型認定こども園教育・保育要領の示すところに従い，教育と保育を一体的に提供するため，創意工夫を生かし，園児の心身の発達と幼保連携型認定こども園，家庭並びに地域の実態に即応した適切な教育

第 6 章　保育の計画と実践の原理

> 及び保育の内容並びに子育て支援等に関する全体的な計画を作成するものとする。
>
> 　教育及び保育の内容並びに子育ての支援等に関する全体的な計画とは、教育と保育を一体的に捉え、園児の入園から修了までの在園期間の全体にわたり、幼保連携型認定こども園の目標に向かってどのような過程をたどって教育及び保育を進めていくかを明らかにするものであり、子育ての支援と有機的に連携し、園児の生活全体を捉え、作成する計画である。
>
> 　各幼保連携型認定こども園においては、「幼児期の終わりまでに育ってほしい姿」を踏まえ教育及び保育の内容並びに子育ての支援等に関する全体的な計画を作成すること、その実施状況を評価して改善を図っていくこと、また実施に必要な人的又は物的な体制を確保するとともにその改善を図っていくことなどを通して、教育及び保育の内容並びに子育て支援等に関する全体的な計画に基づき組織的かつ計画的に各幼保連携型認定こども園の教育及び保育活動の質の向上を図っていくこと（以下「カリキュラム・マネジメント」という。）に努めるものとする。

　これらを図示すると、図6-1のようになります。

　図6-1からわかるように、各園では、地域・保護者・園・子どもの実態を十分把握した上で「小学校との接続」や「幼児期の終わりまでに育ってほしい姿」を視野に、園独自の保育の計画を作成していくことが求められます。また、近年、地域や家庭の教育力が低下していると指摘されており、園においては、地域や家庭を巻き込

▶14　小学校との接続を視野に、「アプローチカリキュラム」「スタートカリキュラム」の作成もなされています。これに関しては、たとえば、横浜市こども青少年局・横浜市教育委員会事務局「育ちと学びをつなぐ──横浜版接続期カリキュラム」2012年が参考になります。

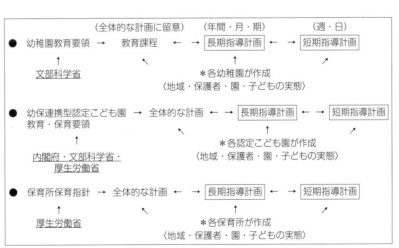

図6-1　教育課程・全体的な計画・指導計画とその関連

▶出所：筆者作成。

みながら保育の計画を立案していくことが求められます。これらの指導計画の作成は，評価・改善を図っていくことにより，保育の質の向上を担保していくことになるのです。

❷ 長期の指導計画

　長期の指導計画としては，年間指導計画，月の指導計画，期の指導計画があります。年間指導計画は，1年間の保育の計画を立案するものです。月の指導計画は，1か月間の指導計画であり，月案といわれています。それらは，年・月というように，暦上の区切りで計画を立てるものです。はじめに，区切りありともいえます。それに対して，期の指導計画は，子どもの発達の区切りをⅠ期，Ⅱ期というようにあらわしたものです。たとえば，3年保育の幼稚園では，入園当初は不安定な子どもの実態があります。したがって，この時期は，子どもたちが園に楽しんで登園してくること，安定して生活できるようになることがねらいとなります。またそのために保育者との信頼関係を基盤に安定するよう援助していくことが保育者の配慮として求められます。この安定までの4月から5月中旬頃までの期間を，Ⅰ期として区切るという区切り方です。

　いずれにしても，長期の指導計画は「幼児期の終わりまでに育ってほしい姿」を視野に，子どもの生活する姿を見通すことが大切です。教育課程・全体的な計画で捉えた発達の過程と照らし合わせ，年・月・期という期間の実態として具体的に捉え直していく必要があります。季節など周囲の状況の変化や園行事の予定を踏まえ，子どもの生活する姿を見通して，具体的なねらいや内容，環境を構成する視点などを導き出していくのです。園全体で，また，学年の保育者同士で，どのように保育を作っていくか話し合い，共通理解を図ることが大切です。

❸ 短期の指導計画

　短期の指導計画としては，週の指導計画，日の指導計画があります。週の指導計画は，1週間の保育の計画を立案するもので週案といわれています。日の指導計画は，1日の保育の計画を立案するもので日案といわれています。これに類するもので，保育所，認定こ

ども園においてデイリープログラムがあります。デイリープログラムは，乳幼児の登園から降園までの生活を，時間に沿って表にしたものです。特に，保育期間の長い乳幼児を保育する保育所，認定こども園において，その生活の流れは発達によって大きく左右されることから，このようなプログラムが活用されることが多いのです。日案と同様の項目を入れ込んだものをデイリープログラムと称している保育所，認定こども園もある一方，日課表をデイリープログラムとして日案とは別に作成している保育所，認定こども園もあります。

　近年は，週案と日案を合わせた週日案を立案している保育現場も多くなっているようです。そこには，子どもの育ちをゆったりとした時間の中で捉えた上で，週の中に日を位置付けて保育の流れを重視しようとする姿勢を見ることができます。このような短期の指導計画は，1週間，1日という期間のみの子どもの姿を捉えるわけではありません。長期の子どもの生活を見据えた上で，短期の子どもの姿を捉えていくのです。したがって，短期の指導計画は，長期の指導計画と照らし合わせながら作成することはいうまでもないことです。

　また，短期の指導計画では子ども一人一人の姿を思い浮かべながら作成することが求められます。前週あるいは前日の子どもの姿を思い起こし，翌週あるいは翌日の子どもの発達を支える保育が展開されるよう計画を立てていくのです。そのためには，個々の子どもの保育の記録を丁寧に記載しておくことが求められます。同時に，一人一人を見つつ，集団も捉えていく必要がありますので，環境との相互作用をいかに丁寧に記録し，その情報を綿密に計画に記載できるかが問われます。保育の計画は，あくまでも実践に反映され，保育の質の向上に努めることが望まれるのです。

❹ 記録・省察・評価

　保育の計画の作成が保育実践に生かされ，園の保育の質的充実を図り，社会的責任を果たしていくためには，日々の保育記録と省察・評価の積み重ねが求められます。

　保育の計画・実践・記録・省察・評価は，循環する関係にあり，その循環の中で園の社会的責任を果たすと同時に保育の質を担保し，

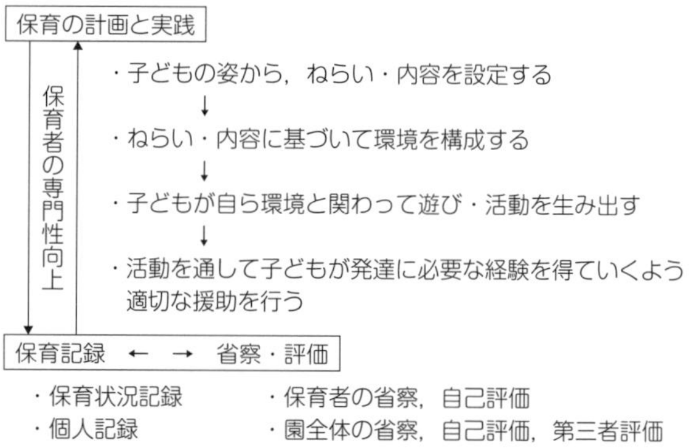

図6-2 計画・実践・記録・省察・評価の関係
→出所：筆者作成。

保育者の専門性を高めていくのです。記録としては，保育者個人が自ら，保育状況記録と個別の子どもの記録を記載するように，園全体でも保育状況記録と個別の子どもの記録を記載し保管していく必要があります。また，個別の子どもの記録を，幼稚園では幼稚園幼児指導要録に，保育所で保育所児童保育要録に，認定こども園では認定こども園こども要録にまとめることが求められています。これらの記録が，小学校に引き継がれ，学びの連続性が保証されていくのです。

計画・実践・記録・省察・評価の関係を図に示すと，図6-2のようになります。

3 「保育の質の向上」に努める計画を

❶「子ども理解に基づいた評価」の重要性

保育の計画を立案するには，子ども理解に基づいた評価を行うことが重要です。これに関して，幼稚園教育要領には，以下のように記載されています。

> 第1章　総則
> 第4　指導計画の作成と幼児理解に基づいた評価
> 4　幼児理解に基づいた評価の実施

第6章　保育の計画と実践の原理

> 　　幼児一人一人の発達の理解に基づいた評価の実施に当たって
> 　は，次の事項に配慮するものとする。
> （1）　指導の過程を振り返りながら幼児の理解を進め，幼児一人
> 　　　一人のよさや可能性などを把握し，指導の改善に生かすように
> 　　　すること。その際，他の幼児との比較や一定の基準に対する達
> 　　　成度についての評定によって捉えるものではないことに留意す
> 　　　ること。
> （2）　評価の妥当性や信頼性が高められるよう創意工夫を行い，
> 　　　組織的かつ計画的な取組を推進するとともに，次年度又は小学
> 　　　校等にその内容が適切に引き継がれるようにすること。

　上記の内容は，幼保連携型認定こども園教育・保育要領や保育所保育指針でも記されており，子ども理解に基づいた評価を行うための保育記録に注目する必要があります。最近は，保育記録を様々に工夫し，解釈を重ね，そこから子ども理解を深め，発達を読み取り，保育のねらい・内容・援助の方向を見出すことが試みられています。これらの取り組みを事例から見てみることにしましょう。

　保育実践の記録をする場合，保育者は，環境との相互作用や人間関係をどのように記録していくか，解釈をどのように重ねていくかなど，工夫しています。C保育者は，保育経過に沿って個々の子どもの環境との関わりや人間関係がどのように変化しているかを保育者の意図や援助も入れ込みながら視覚的に捉えられるよう記録し，それに対する解釈を記載し，そこから明日の保育が具体的に見えるように工夫を重ねています（図6-3）。

　D保育者は，環境の情報を入れ込みながら，子どもの人間関係と遊びの取り組みが見えるように記録と解釈を記入し（図6-4のAの部分），そこにさらに必要な経験（図6-4のBの部分），具体的な援助（図6-4のCの部分）を記入しています。

　ここで取りあげた事例の保育者は，保育の展開が見えるように記録しつつ，個々の子どものよさや可能性などを把握・評価し，さらに必要な環境や援助を考え指導の改善に生かしているのです。これらの記録は，園の保育者同士で共有されることや公開保育などを通して評価の妥当性を問い，信頼性が高められるよう創意工夫を行っていくのです。このような，組織的かつ計画的な推進が日常的に行われることにより，保育の質の向上が担保されていくのです。

9月27日（金）欠席…ケイタロウ，アユミ

朝の取りかかりがよい。昨日の続きをしたいという強い思いをもっている様子。ほとんどの子どもが昨日の弁当の前の遊びに取り組んでいた。しかし遊びはもう3日目を迎え，昨日のような盛り上がりを見せないまま園庭に巧技台が出たことや忍者ごっこへの方向づけがなされたことで遊びがバラバラになってしまった。

カスミがお城をつくりたいと言う。私はその言葉に反応してしまった。ホールに行くしかないなあと思って「ホールへ行けば」とすすめた。ハナエはマイに誘われて園庭へ。もしかしたらカスミのイメージで遊びが進められることに不満があったのかもしれない。

8:50　おどりごっこ

カスミ　サオリ　コウジ　色水
エツミ マイ ナオコ　アカネ　クニ ナオキ ユウイチ　ユリコ アンナ
ハナエ　ミチハル　ヤスアキ　コウイチ
ヨシヒロ タケシ ヒロキ ヒロト
カンタ　忍者の修行場
リュウスケ ヒロシ トオル
シンゴ アユ

10:40　片づけて集まる
11:00　新しいグループを決めよう
11:30　弁当
12:30　降園準備
13:10　降園

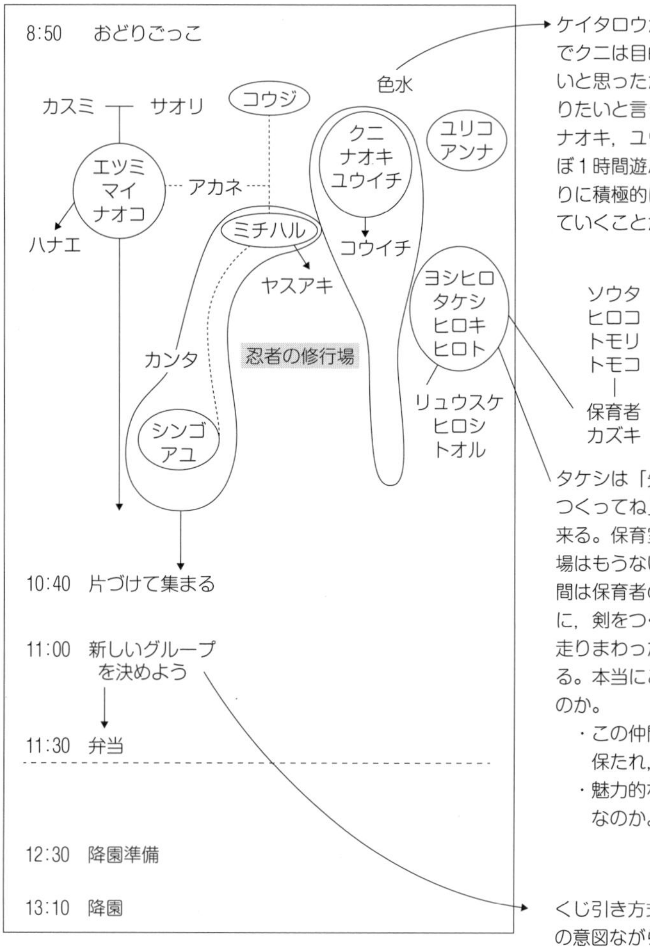

ケイタロウが休みなのでクニは目的をもてないと思ったが，色水やりたいと言ってきて，ナオキ，ユウイチとほぼ1時間遊ぶ。場づくりに積極的にかかわっていくことができる。

ソウタ ヒロコ トモリ トモコ
保育者 カズキ

この活動の興味の方向を探り，環境を出す。

段ボールを提示してみよう。

タケシは「先生，基地つくってね」と言いに来る。保育室につくる場はもうない。この仲間は保育者の援助なしに，剣をつくったり，走りまわったりしている。本当にこれでよいのか。
・この仲間の関係が保たれ，
・魅力的な場は必要なのか。

くじ引き方式。保育者の意図ながら，自分の引いた帽子の色で周囲がとてもわき，喜び合う。

エツミたち，このところ私としっくりいかない。もっと接しよう，もっとともに私と遊びを受けいれよう。

お城をつくったまではよかったのだが，そのあとカスミとサオリは巧技台で遊んだりして，おもしろくなかったのかもしれない。エツミは私にお腹がいたいと訴えにくる。しばらくおまじないをかけたりしてかかわっていたが，まだ痛いと言ってくる。真剣に「ホント？ それともウソコ？」と問いつめてしまった。私に遊びのなかのドロドロを救ってもらいたかっただろうに……。そのあと涙を浮かべて，お母さんに会いたくなっちゃったと言ってきたエツミ。忙しく遊びを見まわっていて，ホールでの遊びの展開をうまく見取ってやれなかった。

図6-3　経過記録の例（C保育者）

出所：河邉貴子『遊びを中心とした保育——保育記録から読み解く「援助」と「展開」』萌文書林，2005年，p. 78. より引用。

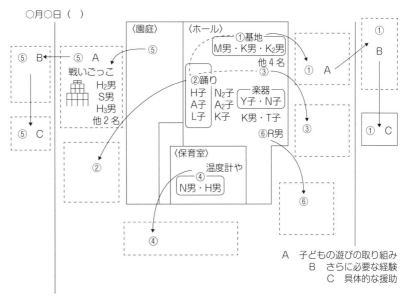

図6-4 環境図記録（D保育者）

出所：河邉貴子『遊びを中心とした保育——保育記録から読み解く「援助」と「展開」』萌文書林，2005年，p.73.より引用。

▶15 保育者の専門性については、中央教育審議会「これからの学校教育を担う教員の資質能力の向上について——学び合い，高め合う教員育成コミュニティの構築に向けて（答申）」2015年においても示され，この答申に沿い，保育教諭養成課程研究会「幼稚園教諭に求められる資質能力と教員養成段階に求められること」『平成28年度幼稚園教諭の養成課程のモデルカリキュラムの開発に向けた調査研究——幼稚園教諭の資質能力の視点から養成課程の質保証を考える』2017年では以下の3点にまとめ，示しています。①幼稚園教諭として不易とされる資質能力，②新たな課題に対応できる力，③組織的・協働的に諸問題を解決する力。なお，①については，「保育内容に関する専門知識を備えると共に，保育内容を指導するために必要な力」を備え，「子どもを理解し，総合的な指導をするために必要な資質能力」として捉えており，「子ども理解に基づいた評価」を日々の実践の中で丁寧に行うことにより，保育者の資質能力が向上され，専門性が高められると考えられます。

▶16 高杉自子「幼児の指導と指導計画」坂元彦太郎ほか（編）『保育の探求』フレーベル館，1981年，p.111.

❷ 保育者の専門性を高める計画

保育の計画は，その作成・実践・記録・省察・評価という循環を通して，保育の質の向上に努めていきますが，その過程における「子ども理解に基づいた評価」を丁寧に行うことで，保育者の専門性を高めていくのです。

かつて，「子ども観」「保育観」の見直しをもとに保育の再考を図り，1989年の幼稚園教育要領改訂に関わった高杉は，指導計画作成のために，子どもが生み出す活動に着目し，子ども理解を基盤に，その時期の目標・ねらいに照らし合わせながら指導・評価することの重要さを以下のように記しています。

　子どもから出てきた活動は教師を困惑させるけれども，実はきわめて自発的であり素晴らしいことなのである。教師の敷いたレールに子どもを乗せることばかり考えずに，子ども自らがレールを敷いていく力こそ育てるべきであろう。そこで既成概念にとらわれず，子どもから出てきたものをどのように位置づけ，意味づけるか，これは幼稚園の指導計画の大きな特色といわなければならないと思う。

▶17 ショーン，D. A. (Schön, D. A.) は，自らの行為を常に省察しながらその専門性を高めていく専門職について「反省的実践家」と称しました。保育者も，この専門職に値するといわれています（ドナルド・ショーン，佐藤学・秋田喜代美（訳）『専門家の知恵——反省的実践家は行為しながら考える』ゆみる出版，2001年）。

▶18 倉橋は，保育の計画について「いきとどいた準備が保育案（計画）だ」としています（倉橋惣三『幼稚園真諦』フレーベル館，1976年，p. 72.）。

▶19 中央教育審議会「これからの学校教育を担う教員の資質能力の向上について——学び合い，高め合う教員養成コミュニティの構築に向けて（答申）」2015年において，「教員は学校で育つ」との考えが示されており，日々の実践の中で資質能力の向上に努めていくことが期待されると同時に，それを支える体制作りが検討されています。

同氏は，さらに，後に続く文章で子どもたちの経験や活動の展開のために，管理的でない温かい愛情に満ちた保育者の存在が重要であることを記しています。たとえば，「子どもたちの発想をとりあげ，先生自身もたくさんアイデアをもっていて，よいアドバイスをする」「子どもたちでできそうなことには手を出さないで知らん顔をしていて，できた時に一緒に喜ぶ」「センスがよくて熱心な，そしてユーモアがある」などです。これらは，計画通りに保育を進めようと管理的になるのではなく，真剣に立案した計画を頭の中に置きながらも，子どもがどのように遊びや活動を展開するかを子ども理解に基づいて省察し，評価することのできる反省的実践家としての保育者の専門性だといえます。[17]だからこそ，適時，子どもに真に向き合い，子どもが本当に望んでいることに耳を傾け，その発想をとりあげ，アドバイスをすることができるのです。また，子どもたちでできそうなことには手を出さないで知らん顔をしていることができるのです。真剣に計画を立案しているからこそ，子どもの可能性を信じ，ゆとりをもって，ユーモアで子どもに接することができるのです。ここに，倉橋に通じる保育者の専門性を見ることができます。「あてがいぶち」や「その日暮らし」ではない「いきとどいた準備」[18]の繰り返しの中で保育者のセンスが磨かれていくのです。

今回の要領・指針改訂（定）においても，「環境を通して行う保育」を踏襲し，「教師は，幼児との信頼関係を十分に築き，幼児が身近な環境に主体的に関わり，環境との関わり方や意味に気付き，これらを取り込もうとして，試行錯誤したり，考えたりするようになる幼児期の教育における見方・考え方を生かし，幼児と共によりよい教育環境を創造するように努めるものとする」とし，「教師は，幼児の主体的な活動が確保されるよう幼児一人一人の行動の理解と予想に基づき，計画的に環境を構成しなければならない。この場合において，教師は，幼児と人やものとの関わりが重要であることを踏まえ，教材を工夫し，物的・空間的環境を構成しなければならない。また，幼児一人一人の活動の場面に応じて，様々な役割を果たし，その活動を豊かにしなければならない」（幼稚園教育要領　第1章　総則　第1　幼稚園教育の基本）と記されています。日々の計画を立案・実践・記録・省察・評価する循環の中で，保育者の専門性を確実に高めていくのです。[19]

Book Guide 📖

〈保育の計画全般を学ぶ〉

・加藤繁美『対話的保育カリキュラム〈上〉理論と構造』ひとなる書房，2007年
・加藤繁美『対話的保育カリキュラム〈下〉実践の展開』ひとなる書房，2008年
　子どもは環境・人と心地よく対話し，自分自身と対話しながら活動するという考えに立って，
「対話的保育カリキュラム」の理論と構造，創造的実践について解説されています。
・文部科学省『指導計画の作成と保育の展開（平成25年7月改訂）』フレーベル館，2013年
　指導計画作成に当たっての基本的な考え方，手順とポイント，評価・改善のポイント等が具体
的に解説されています。
・文部科学省『指導と評価に生かす記録　平成25年7月』チャイルド本社，2013年
　指導計画作成に際し，指導の過程における記録が重要な役割を担っています。同書では，記録
の重要性に鑑み，教師の専門性を高めるための記録の在り方や，その記録を実際の指導や評価
にどのように生かしていくかなどについて実践事例を取りあげ解説されています。

〈学校教育における計画〉

・佐藤学『カリキュラムの批評──公共性の再構築へ』世織書房，1996年
　教育現場におけるカリキュラムの位置付けを歴史的に見つめると同時に，実践に活きるカリ
キュラムについての考えを論じています。

Exercise 🏐

1. 日常の保育を記録したビデオや DVD を皆さんで視聴し，そこに見られる保育者の意図やねら
いについて話し合ってみましょう。
　・現場の実践を撮影したものを活用する場合は，そこに登場する保育者が実際に作成した指導
計画を参照させていただけると大変勉強になります。
　・プロが作成したビデオ・DVD を活用する方法もあります。
2. 子どもの実態・ねらい・内容・環境構成・予想される子どもの姿・指導上の配慮点・時間を入
れ込み1日の保育を考える時，あなたは，どのような指導計画の様式を考えるでしょう？　具
体的に保育を構想しながら，実践に活きる様式を考えてみてください。

第7章

保育における健康・安全の原理

滑り台を上から滑ろうとしていたA君と，下から登ってきたB君。どちらも譲りません。また，そのそばに無防備に腰かけているC君も気になります。こんな場面を見たら，あなたならどうするでしょうか？

子どもたちの遊びの中では，時として，危険だと思われる行動や局面に出会うことがあります。かけがえのない子どもたちの生命を預かる保育の場では，その生命に関わるような大きな事故はあってはならないものです。そのため，子どもたちの健康や安全を守ることは，最も優先されるべき大前提となります。

　しかし，「安全を守るため」という目的のもとに，あまりに規制や制約が多くなり過ぎてしまうと，子どもたちの経験が狭められてしまう危険性も考えられます。

　たとえば，滑り台も「下からの逆登り禁止」や人数や順番などルールを決めてしまえば，より安全・安心に遊べるかもしれませんが，一方で，様々な遊び方が認められていることで新しい遊びの発想が生まれたり，自分たちで遊び方を工夫する力が育っていくこともありますし，時に衝突しても，それが互いの気持ちに折り合いを付ける方法を学ぶ機会にもなっていきます。また，自分たちなりの多様な動きができるということは，結果として，様々な「身のこなし」を身に付けていくことにもつながっていくでしょう。このように，子どもたちの心と体の健やかな育ちのためには，子どもたち自身の「やりたい」「やってみたい」ことができる環境も大切な意味をもちます。しかし，その一方で，子ども自身も注意が散漫になってしまっていたり，事故が起こりやすい状況や局面が生まれていることもあります。

　保育における日々の遊びや生活の中で，子どもたちの主体性を尊重しつつ，不要な事故を防ぐために，どのような配慮や対策が求められるのでしょうか。子どもの健康と安全について，保育者に求められる基本的な考え方を学んでいきましょう。

1 健康・安全の重要性

❶ 保育の中で子どもの安全を守ること

Episode 1 子どもの気持ちを大切にしたらけがに……

　その日は、いつもはあまり行かない少し遠い公園までお散歩に来ていました。その公園には、じゃぶじゃぶ池があって、くるぶしくらいまで水が張ってある池で遊ぶことができるのです。最初はじゃぶじゃぶ池では遊ぶつもりはなかったのですが、A君が「お水、気持ちよさそう。はだしで入りたい！」と言い出しました。私も「はだしで入ったら、水の冷たさが伝わってきて気持ちいいだろうな。A君の思いを大切にしたいな」という思いから、「じゃあ靴下脱いで入ろうか」といい、水遊びを楽しむことにしました。ところが、です。しばらくするとA君が「痛い！」と言って泣き出しました。見ると、足の裏から血が出ています。なんとそのじゃぶじゃぶ池の中に、ひとかけらのガラスの破片があったのでした。破片が透明だったので、私も全く気付きませんでした。急いで手当てをして園に戻ることにしましたが、その時、「なぜ先に、じゃぶじゃぶ池の中に危ないものがないか、念入りに確認をしなかったのだろう」と後悔し、自分を責めました。結果的に、A君に痛い思いをさせてしまったことが申し訳なくて、それからは、子どもたちの活動の前には、必ず事前に、危ないものがないかどうかのチェックを入念に行うようにしています。（5歳児クラス、B保育士）

　保育の場では、子どもとの関わりの中で、とっさの判断を強いられることが多々あります。子どもの気持ちを大切にしたいからこそ、その活動が安全なのか、子どもの身を危険にさらす可能性はないのか、先行きを予見して行動しなければなりません。

　子どもの気持ちを大切にしたいけれども、けがをさせてしまうことは避けなければならないとすると、やはり事前に、「子どもが安全に活動できるかどうか」という視点で確認する必要があります。

　しかしながら、安全を最優先させるあまり、子どもの「やってみたい」気持ちを制限ばかりしてしまうことも避けなければなりません。そのバランスを常に保ちながら、保育の質をあげていく必要があります。

　保育の場において、子どもの命に関わるような大事故があっては

いけません。子どもたちがみんな，笑顔で健やかに過ごせること，心身共に安心して，安全に生活できることは，保育において大前提とでもいうべきことともいえます。保育をするということは，子ども一人一人の命を預かることでもあり，その命がなければ保育は成り立ちません。だからこそ，子どもたちの健康と安全を守ることは大変重要なことといえるでしょう。

　子どもたちの主体性を大切にし，子どもの意欲や挑戦する気持ちに十分配慮していきたいのであれば，どのように安全を守っていけばよいのかを確認し，また一人一人の子どもの発達段階にも配慮しながら対応していくことが求められます。そして万が一何か事故が起きてしまった時に俊敏に対応できるスキルを身に付けることも重要になってきます。

　子ども主体の保育を繰り広げるためには，こうした子どもの健康と安全の原理についてしっかり学び，瞬時に対応できる力を身につけておくことが不可欠といえるでしょう。

❷ 保育の中で子どもの健康を守ること

　保育の場では，生まれて数か月の乳児から就学前の幼児までが生活しています。乳幼児はおとなに比べて免疫が未熟であるため，感染症にかかりやすいという特徴があります。さらには，病状が急変しやすいという特徴もあります。また，既往症のある子どもも入園してくるため，子ども一人一人の健康状態を把握しておくことが大変重要になってきます。と同時に，免疫の未熟な乳幼児が集団生活をしているため，集団感染が起こりやすい環境であることも認識しておかなければなりません。感染症の集団感染を起こさないためにも，子ども一人一人のいつもの様子を確実に把握しておき，「いつもとちょっと違う」と感じた時に，子どもの体調の変化に対応できる力を身に付けておく必要があります。さらには，保育の場にいる職員自身も，自らの健康に十分留意しておくことが重要です。保育者が感染源にならないよう，保育者自身の健康も守っていくことも大切になります。

　また子ども自身が成長していくにしたがって，自分自身の健康や安全について，自ら考えられるようになることも重要です。保育者は，子ども自身が自分の心と体の健康を守り，健やかな生活を送る

➡1　既往症
　これまでにかかったことのある病気のこと。既往症を知っておくと，保育の場でどのように体調管理すればよいか，手がかりをつかむことができます。

第7章　保育における健康・安全の原理

ことができるよう，健康教育も含めた子どもの育ちを保障していく
ことが求められます。

2　子どもの健康支援

❶ 子どもの健康状態と発育・発達状態の把握

　子どもが幼稚園や保育所，認定こども園等に入園する際には，子
どもの健康状態や，発育・発達の状態を入念に把握する必要があり
ますが，忘れてはならないのは，その情報を更新していくことです。
子どもは日々，発育・発達していきますので，定期的・継続的に健
康状態や，発育・発達状態を把握しておくことが重要です。

　子どもの健康状態の情報をもとに，保育者は，日々の子どもの心
身の状態をよく観察し，一人一人の子どもの様子をしっかり把握し
ておくことが大切でしょう。

　特有の疾病等がある場合は，その子どもが生活していく上で何に
留意して過ごすべきかを，保護者と情報を共有し，場合によっては
主治医や嘱託医の指示を受けながら子どもの育ちを支えていくこと
が必要です。何らかの疾病や障害があったとしても，「その子ども
にとっての良好な健康状態」が保持され，また増進されるよう，丁
寧に関わっていくことが重要です。

　また発育状態を把握するためには，定期的に身長や体重を計測し，
成長曲線を作成しておくと，成長の異常があった場合は一目でわか
るというメリットがあります。園では定期的に身体計測を行ってい
ると思いますが，その計測値を成長曲線としてグラフ化しておくこ
とで，気になる発育不良等がないかどうかを見極めることが容易に
なります。こうした情報を保護者と共有し，子どもの健やかな成長
を保護者と共に喜び合ったり，もし心配な点があれば，保護者と協
力して解決策を一緒に探っていく姿勢が大切でしょう。

　発育の異常から，虐待や疾病などが見つかることもあります。保
育者が気付いた異常などを，保護者に伝える時には細心の注意を払
う必要がありますが，共に子どもの健やかな成長を支え合う関係が

113

構築されていくことが望ましいといえます。

　なお，発育の異常だけでなく，不自然な傷やあざ，むし歯の多さ，衣服の不衛生など，虐待のサインを見逃さないようにします。何よりも子どもの表情が明るく生き生きとしているか，何かにおびえた様子がないかなど，日々の保育の中で子どもの様子をしっかり把握していく必要があります。万が一虐待が疑われた時には，速やかに市区町村等の関係機関と連携を図る必要があります。福祉事務所や児童相談所に通告することは児童虐待の防止等に関する法律（児童虐待の防止等に関する法律）で定められており，通告することは守秘義務違反には該当しません。

❷ 子どもの健康の保持・増進

　子どもの健康を保持・増進させていくには，子ども一人一人の生活のリズムや食習慣を把握し，それぞれの子どもの発育や発達に適した生活を送ることが大切になってきます。睡眠，食事，遊びといった生活のリズムを整えることは，心と体の健康を保つために重要です。

　生活時間が違う一人一人の子どもにあった生活のリズムを保育者が理解し，あたたかい雰囲気の中で，安心して過ごせる場を作ることを心がけていきたいものです。

Episode 2 　子どものリズムにあった食事の時間

　2歳児クラスの食事の時間，一斉に「いただきます」をしていたのですが，お腹がすいて待てない子どもや，まだ遊びたがる子どもなど，子どものリズムが一人一人まちまちで，食事の時間前後になると，小さなケンカが起きたり，かみつきやひっかきなどのトラブルも発生していました。そこで，登園時間が早くてお腹が早く空く子どもや，しっかり遊びこんで気持ちの切り替えがついた子どもから順に食事をとり始めることにしてみたところ，保育によい流れが出てきました。子どもたちも落ち着いて自分のタイミングで楽しく食事をし，満足して眠りにつくようになり，子ども同士のトラブルも減りました。
（2歳児クラス，C保育士）

　特に保育所や認定こども園では，自宅での起床時刻や朝食の時間は，家庭の事情によって様々です。6時に朝食を食べている子どももいれば，8時半過ぎに遅めの朝食を食べ，9時近くに登園してく

第7章　保育における健康・安全の原理

る子どももいます。子どもの生活のリズムを整えていくためには，園と家庭とでよく情報を共有し，連携を取りながらその子どもに合ったリズムを作っていく必要があります。年齢にも依りますが，この Episode 2 のように，早めにお腹が空く子どもから食事をとる，といった柔軟な考え方を取り入れたおかげで，クラス全体の雰囲気が落ち着いた例もあります。どんな子どもたちがいるかによっても，どのような食事のとり方をすればよいかは変わってくると思いますが，子ども一人一人のリズムを大切にしながら，お腹の空くタイミングで食事がとれることが重要でしょう。

　また特に遊びの時間には，夢中になってしっかり遊びこめる環境を作ってあげられるとよいでしょう。午前中は，体を動かす遊びを取り入れるなど，お腹が空いてから食事をするといったリズムを作るようにすると，食事もおいしく食べることができます。また集中してしっかり遊びこむことで，自然と体力がついていくというメリットもあります。その子どもに合った，静と動の活動を取り入れながら，乳幼児期から生活のリズムを整えていくことが大切です。

❸ 疾病への対応

① 感染症対策

　先に述べたように，長時間，集団で生活する場でもある保育の場は，どうしても感染症が蔓延しやすい環境であることを忘れてはいけません。免疫力の未熟な乳幼児の集団ですから，なおさら細心の注意を払う必要があります。

　感染症は，①病原体，②感染経路，③感染者の感受性があること（免疫をもっていない状態）の3つのうちのどれかひとつでも阻止できれば，発症を防ぐことができます。

　感染経路対策としては，飛沫感染に対しては，換気をこまめに行い，咳エチケットを徹底することが有効です。感染力の強いインフルエンザなどが発症した際は，子どもだけでなく職員もマスクをすることが勧められます。空気感染は，飛沫が乾燥して空気に乗って感染するため，非常に感染力が高い感染経路となります。発症した子どもをすみやかに別室で保育し，換気を行うことが大切になってきます。接触感染は，適切な手洗いをすることが有効です。病原体がついただけでは感染しないので，たとえ手などに病原体がついた

➡2　①病原体とは，体内に侵入して感染症をひきおこす原因となるウイルスや細菌などを指します。②感染経路には，飛沫感染，空気感染，接触感染，経口感染，血液媒介感染，蚊媒介感染など，いろいろな経路があります。それぞれの感染経路を断つことが肝要です。③「感受性がある」というのは，「その感染症の免疫をもっていない状態」を指します。つまり，ある人が「感受性がある」場合，その人はその感染症にかかってしまう状態であることを意味します。

➡3　厚生労働省「保育所における感染症対策ガイドライン（2018年改訂版）」2018年を参照のこと。

➡4　飛沫感染
　感染している人が咳やくしゃみなどをした時に，口から病原体が含まれた水滴（飛沫）が飛び，それを近くにいる人が浴びて吸い込むことで感染する感染のことをいいます。

115

➡5 空気感染

感染している人が咳やくしゃみなどをした時に，口から病原体が含まれた水滴（飛沫）が飛び，その飛沫が乾燥して飛沫の中にある病原体（飛沫核）が感染性を保ったまま空気の流れに乗って拡散します。そのため，遠くにいてもその空気を吸い込むことで感染する感染のことをいいます。

➡6 接触感染

感染源に直接触れたり，病原体に汚染された物（ドアノブや遊具など）を触ったりして起こる感染のことをいいます。

➡7 血液媒介感染

病原体が潜んでいる血液が，傷ついた皮膚や粘膜などについて，そこから病原体が体内に侵入して感染する感染のことをいいます。

➡8 厚生労働省「保育所におけるアレルギー対応ガイドライン」2011年

としても，適切な手洗いをすることで感染を防ぐことができます。その他，血液媒介感染[7]という感染もあります。子どもたちは日頃よくけがをしますし，鼻血を出したりします。そうした血液や体液などからも感染する病気があることを知っておく必要があります。子どもは，知らないうちに様々な感染症に感染していることもあります。感染している人の血液や体液に触れる時には，使い捨て手袋を使用しないと，他に感染させてしまう危険性があります。手袋を外した後もしっかり手洗いをし，また血液などが触れたところは消毒しておくことが大切なのです。

感受性対策としては，予防接種が有効です。日頃元気に外遊びなどをすることで，体力を付けていくことも大切ですが，同時に特定の感染症に対する免疫を付けるためには，予防接種が大変有効になります。予防接種をすることで，その感染症の感染リスクを下げたり，発症したとしても軽症で抑える効果が期待できます。また，一人一人が接種しておくことで，集団感染を防ぐことができるというメリットもあります。ただし，副反応が0ではないため，保護者によっては予防接種を全くしないという考えをもつ人がいるのも事実です。

予防接種のメリットとデメリットを，保育者自身が十分理解した上で，子どもみんなの健康を守るためには予防接種が有効であるということを，わかりやすく保護者に伝えられるようにしておくことが大切です。乳幼児期には，予防接種をする機会が多くありますので，そのタイミングについて，適切な時期に適切な情報提供を行えるようにしておきましょう。そして，予防接種歴や感染症歴は，入園前だけでなく，随時把握しておく必要があります。健康診断時や，誕生日などを機会に，追加で接種した予防接種などについても把握することが，一人一人の子どもの健康を守ることにつながります。

なお学校感染症として定められた感染症にかかってしまった場合は，その感染症を蔓延させないために，学校保健安全法に規定された出席停止期間を目安に，登園を控えてもらう必要があります。

② アレルギー対応

近年，アレルギー疾患を有する子どもは増加してきており，保育の場でも対応を迫られる事態が増えてきています。2017（平成29）年告示の保育所保育指針や，幼保連携型認定こども園教育・保育要[8]

領では，アレルギーに関する記述もなされるようになりました。

　特に，食物アレルギーに関しては，食事をすることと直接関係が
あるため，毎日の生活の中での配慮が大変重要です。誤食などが発
生すると，生命が危険にさらされるおそれがあるため，日々慎重に
対応することが求められます。また食事の時間以外でも，乳アレル
ギーの子どもがいる場合には牛乳パックを使用しないことや，小麦
粉アレルギーの子どもがいる場合には小麦粉粘土を使用しないこと
など，保育活動中に使用するものに関しても配慮が必要になります。

　アレルギーがあっても，なくても，楽しく生活ができる環境を保
障していくことが大事です。安全を確保することは最優先課題です
が，アレルギーのある子どもも，日々楽しく安心して生活できるよ
う，アレルギー児の心の状態にも配慮して保育することが求められ
ます。

③ 個別的な配慮を必要とする子どもへの対応

　アレルギー疾患以外にも，慢性疾患を患っている子どもや発達支
援が必要な子どもなど，個別的な配慮を必要とする子どもへの対応
も欠かせません。医療機関や児童発達支援センター等と密接に連携
し，その子どもに合った支援や配慮を行うことが求められます。

　常に医療的なケアが必要な子どもを保育する際は，主治医や嘱託
医，看護師などと連携し，いざという時のために，救急対応が可能
な医療機関とも密接に連携する必要があります。

　また万が一に備えた救急蘇生法についても研修しておくことが大
切です。AED 等が設置されている箇所が増えてきていますが，研
修を積んで，いざという時に使用できるようにしておくことが重要
です。子どもの生命を預かっているという気持ちを常にもち続けて
いることが大切です。

3 食育の推進

❶ 食を楽しむ子どもの育ち

　食は，生活の一部であり，生きていく上で「食べること」は欠くことができません。特に乳幼児期の子どもにとって，意欲をもって食に関わる体験を積み重ねていくことは非常に重要であり，「食べることは楽しいこと」という気持ちを，すべての子どもが経験できるようにしていくことが大切です。そして，食事を楽しみ合う子どもに成長できるよう，援助していきたいものです。

　2004年に厚生労働省から示された「楽しく食べる子どもに――保育所における食育に関する指針」では，楽しく食べる子どもに成長していくことを期待して，次の5つの子ども像の実現を目指していくことを掲げています。

　　① お腹がすくリズムのもてる子ども
　　② 食べたいもの，好きなものが増える子ども
　　③ 一緒に食べたい人がいる子ども
　　④ 食事づくり，準備にかかわる子ども
　　⑤ 食べものを話題にする子ども

「お腹がすくリズムのもてる子ども」に関していえば，先に述べたように，午前中にしっかりと体を動かす遊びをして，お腹がすいてからおいしく食事ができるように，日々の保育内容を考えたいものです。

　また好き嫌いに関していえば，嫌いな食べ物がある子どもに対しては，なんとか一口でも食べられるようにしようとする試みが多くなされていると思います。もちろんその声かけによって，うまく食べられるようになっていければそれは素敵なことですが，子どもによっては，ますます食べるのを固辞したり，毎日の食事がその子どもにとってつらい時間になってしまうこともあります。そのような

第7章　保育における健康・安全の原理

場合は，「～すべき」という観念から少しひいて捉え，そこまでの強要はしない方が得策である場合もあります。少し目先を変えながら，時間をかけて，別のアプローチを試みていく方がよいかもしれません。子どもにとって食事がつらい時間とならないよう，「望ましい姿」と「その子どもの今の心の状態」とのバランスを考えながら対応していくことが大事でしょう。「食べる」ということは，思っている以上に子どもの心の状態と密接に関連しています。むしろ，好きな食べものに着目し，好きと思える食べ物が少しずつ増えていくことを喜び合うのもよいでしょう。

　食は毎日のことでもあり，毎日の食事が，すべての子どもにとって，楽しく，おいしいものであることが望まれます。子どもの育ちを支えながら，おとなもゆったりかまえて，食事の時間を楽しいものにしていきたいものです。

Episode 3　丸のみしてほしくなかっただけなんだけど……

　つい丸のみしてしまうRちゃん。担当の保育者は，Rちゃんが食べる度に丸のみしてしまうことを気にかけ，Rちゃんが食べる時にはしっかり見張って「カミカミよ」「はい，しっかりカミカミして」と毎日声をかけるようにしていました。しっかり噛めないまま飲み込んでしまうRちゃんの食べ癖を直してあげなくては，という思いからしていた声かけでした。しかし，やがてRちゃんは，食事中にうつむくようになってしまいました。（1歳児クラス，D保育士）

　おとなの思いを伝えていくことも大切ですが，まずは「楽しく食べる」ことを大切にしていくことを大事にしていきたいものです。楽しい雰囲気の中で，保育者がしっかり奥歯で噛んでおいしく食べている様子を見せる方が効果的な場合もあります。

　また，本当にその子どもにとって食材が噛みやすい大きさなのか，固さなのか，ということを検証することも大事になってきます。同じ月齢でしっかり噛めている子どもが食べている食材の大きさや固さを参考にしながら，その子どもの場合は，どのくらいにしたらよいのかを見極めていくことも大切です。このような取り組みをしていくためには，栄養士や調理員との連携も大切になってくるでしょう。

　Episode 3で丸のみしていたRちゃんに対しても，毎回「カミカミ」と声かけだけをするのではなく，実際に保育者が噛んで食べる

様子を見せたり，食材の大きさや固さの見直しを栄養士と一緒に行ったり，また保護者の方とも協力して，保護者も一緒に食べながらよく噛んでいる様子を見せてもらったりすることで，やがてしっかり噛んで食べられるようになりました。

❷ 食を取り巻く環境の整備

　毎日口にしている野菜や果物，肉や魚といった食材が，どのようにして私たちの手元にやってくるのか，そうした食に関する一連の流れを，生活の中で目にしたり，触れたりする経験を通して，子どもたちは食の環境について意識するようになっていきます。園によって環境は様々ですが，その園でできることを大切にしながら，子どもたちが食に対して前向きになれるような体験をさせてあげたいものです。

　たとえば，園庭で育てた野菜を調理して食べる経験を通して，食材や調理してくれる人への感謝の気持ちが芽生えることもありますし，それまで食べられなかった野菜が，自分で育てたことで食べられるようになることもあります。

　また地域の資源を活用し，地元の農林漁業者の方の協力を得たり，食品関連事業者などと連携したりすることで，子どもたちは，その地域に根づいた食について意識するようになっていきます。園内の環境に留まらず，地域の様々な資源と有機的に連携していくことで，子どもの食の体験を豊かにすることができるでしょう。

❸ 食を通した保護者支援

　保護者の中には，離乳食の進め方にしても，何をどのようにしたらよいのかわからないといった人もいるのが現状です。インターネットなどで，安易に大量の情報を享受することができる一方で，目の前の自分の子どもに本当に合った食材の大きさや固さ，量などがわからない，といった悩みをかかえている保護者も少なくありません。毎日の送迎時などを使って，家庭と丁寧にコミュニケーションをとりながら，必要な情報を伝えていくことも大切です。またその際，保護者の困り感を共有しながら，一方的にこちらから教えるという姿勢ではなく，共に解決していくといった姿勢を示していく

第7章　保育における健康・安全の原理

ことが重要です。離乳食の進め方や，その子どもにちょうどよい固さ，量などがわからず困っている保護者には，実際の給食の一食分を見せることで理解してもらうのもよいでしょう。

　保護者の参加を呼びかけた調理実践行事などを実施することも，保護者と子どもが共に食を楽しめる空間を提供するという意味合いも含め，保育の場でできる食育活動として，大変意義深い活動といえるでしょう。

4 環境及び衛生管理と安全管理

❶ 温度や湿度などの環境管理と衛生管理

　子どもの健康を守るためには，温度，湿度，換気，採光，音といった環境を常に適切な状態に保つことも大切です。適切な温度や湿度を保持し，しっかり換気することで，感染症の蔓延を防止することができますし，部屋の明るさや音の大きさに配慮することで，居心地のよい環境を整えることができます。また施設内外を清潔に保つことも大切です。保育室，調理室や調乳室，トイレなど，日々の保育の中でしっかり衛生管理をすることで，感染症を発生させないよう心がけていくことが大切です。園庭においても，動物の糞尿を処理したり，樹木の害虫を駆除するなど，保育室外の施設においても衛生管理しておくことが必要です。またプールにおいても，水質の管理等を行うことで，感染症の予防に努めなければいけません。

　保育の場においては，子どもの健康状態に留意するだけでなく，保育施設内外の環境を整えることも重要な鍵となっていることを忘れないようにしましょう。また，子どもだけでなく，保育者自身の健康管理も大変重要です。保育者自身が感染源にならないよう，自分自身の心身の健康を良好に保つことも忘れてはいけません。

❷ 事故防止と安全対策

　保育中の重大事故は，あってはならないものですが，０ではない

121

現状を認識しておかなければなりません。子どもの発達段階に応じた安全対策を行い，重大事故につながりそうな危険な箇所がないかどうかをあらかじめ点検しておくことが大切です。また保育施設内だけでなく，近隣の安全も確認しておく必要があります。日々お散歩で利用する公園や，そこにたどりつくまでの経路についてもチェックしておくことが求められます。車の多い通りを避ける，踏切を渡らないで行ける公園を選ぶ，など子どもたちが安全に散歩できる経路を確認しておくことが重要です。

またヒヤリ・ハット事例[9]が起きた時には，必ず全職員で共有できるようなしくみを作っておくことが重要です。そして，ヒヤリ・ハット事例を報告した保育者に対して責めることは避け，あくまでも今後の事故防止のための情報共有を目的としていくことが重要です。人はミスをする生き物ですから，ミスを0にすることはできません。しかしながら，保育の場で，子どもが命を落とすような事故を起こすわけにもいきません。ヒヤリ・ハット事例を振り返ることで，次に同じような事例が起きないよう分析し，環境などを改善していくことが大切です。それを全職員で共有していくことで，重大事故を防止していかなくてはなりません。

なお，事故を起こさないようにするためには，環境だけを整えるだけではなく，日頃から様々な運動遊びを取り入れるなどして，子ども自身の運動能力を高めておくことも大切です。安全面にとらわれ過ぎて，子どもの活動内容を狭め過ぎることのないよう，バランスをとりながら対策を講じる必要があるでしょう。

保育中の事故に関しては，特に，睡眠中，プール活動中，食事中などに重大事故が発生しやすいといわれています。[10]

たとえば睡眠中は，乳児の窒息のリスクを除去するために，固めの布団を使用すること，タオルやぬいぐるみなどを顔の近くに置かないこと，よだれかけや布団カバーの内側のヒモなど，ヒモ上のものを近くに置かないようにすること，口の中に吐いたものなどがないかどうか確認することなど，いくつかの注意点を知っておく必要があります。そして，各保育現場の実情に合わせて，定期的に子どもの呼吸や体位，睡眠状態などを確認するようにします。特に乳幼児突然死症候群（SIDS）が発生しやすい生後2〜6か月ごろは，自ら寝返りができない時期でもあり，うつぶせ寝で寝かせないようにする必要があります。実際の保育の場では，1歳児以上でも睡眠中

➡9　ヒヤリ・ハット事例
あと一歩で事故になるところであったというような，ヒヤリとしたり，ハッとしたりした事例のことをいいます。事故に至るまでには，数多くのヒヤリ・ハット事例が発生しているといわれています。

➡10　内閣府・文部科学省・厚生労働省「教育・保育施設等における事故防止及び事故発生時の対応のためのガイドライン」2016年

の死亡事故が発生していることから，1歳児以上であっても呼吸と体位の確認は慎重に行う必要があります。

　プール活動中も細心の注意が必要です。事故を防ぐためには，監視役をおくことが大切ですが，監視役は，監視する役目に徹することを肝に銘じる必要があります。そして，動かなくなっている子どもや，不自然な動きをしている子どもがいないかどうか，規則的に目線を動かしながら監視する必要があります。またプール活動中には，「監視役」という役割を置くべきことを，全職員で共通理解をしておく必要があります。さらには，万が一のことを考慮して，全職員が心肺蘇生を行えるよう，定期的に研修しておくことも重要です。プール遊びはとても楽しい活動ですが，重大事故が起きやすい活動でもあり，実際に死亡事故が起きていることを忘れないようにしたいものです。

　楽しく安全に子どもを遊ばせるためには，緊急時の体制を整理しておくことも欠かせません。そして，研修などで学んだ知識や技術は，万が一，目の前の子どもに異変が起きた時に瞬時に行動できるようにしておかなければ意味がありません。「子どもの命を預かる」という意識を，常にもち続けておく必要があります。

　食事中も，十分注意する必要があります。食事の介助をする際は，子どもの意志に合ったタイミングで与えることが大切です。また子どもの口に合った量を与えることも大事なポイントであり，しっかり飲み込んだことを確認してから次の一口を与えるようにしていきます。また食材によっては，乳幼児にとって食べにくいものもあるため，これまでに誤嚥事故が起きたことのある食材（白玉だんご，丸のままのミニトマトなど）は，場合によっては給食には使用しないことが望ましいこともあります。また食事中ではなくても，ちょっとした小さなものを誤飲・誤嚥してしまうこともあります。保護者が落とした小さな落とし物を誤って飲み込んでしまうケースもありますので，保護者にも協力を求めると共に，保育室内に落ちているものがないか，常に確認しておくことが大切です。

　食物アレルギーのある子どもに，給食を誤配してしまって症状が出るなども起こりやすい事故のひとつです。アレルギー児用に色の違うトレイや食器を使用したり，代替食をあえて普通食と見た目が違うものにするなど，その園にできる対応をしていくことが大切です。いずれにしても，アレルギー児が誤食しないよう，気を付けて

いく必要が不可欠ですが，と同時に，アレルギーのある子どもの気持ちにも配慮し，食事が楽しいものになるように心がけていくことも大切です。他の子どもと同じものを食べたい気持ちが強い場合は，おやつだけでも全員が食べられる食材のもので作るなど，丁寧に子どもの気持ちに寄り添う方法を模索していくことが求められるでしょう。

5 災害への備え

❶ 災害発生時の対応と備え

　東日本大震災他，各地で大規模な災害が起こっていることから，保育の場においても，万が一災害に見舞われたとしても，子どもたちの安全を守れるよう，対応と備えの必要性が重要視されるようになってきています。そのような背景から，2017（平成29）年告示の保育所保育指針や幼保連携型認定こども園保育・教育要領では，「災害への備え」の項目が加わりました。

　防火設備や避難経路などの安全性は常に確保されていなければなりません。いざという時は突然やってきますから，日頃から施設の出入り口や廊下，非常階段など，避難経路になる場所が，荷物置き場などにならないように配慮しておく必要があります。

　施設や設備，遊具，園庭などの安全点検表を作成し，定期的に点検することが重要です。ロッカーや棚，ピアノなどを固定したり，ガラスに飛散防止シートを張るなど，常に安全な環境が維持できるようにしておかなければなりません。

　また地震や火災などの災害が発生した際の対応については，各園でその園の状況に応じたマニュアルを作成し，様々な時間帯，様々な活動場所での避難訓練を行っておく必要があります。屋外に避難する際は，悪天候の中で避難する場合なども想定しておくとよいでしょう。

　保育の場が災害の避難場所になることもあります。そういった事態をも想定し，災害が発生した際に，全職員が協力して対応できる

体制を整えておくことが求められています。備蓄品等も定期的に点検しておきます。また非常用持ち出し袋には，保護者の緊急連絡先がわかるものを入れたり，アレルギーのある子どもに関しては，食べられない食材などが記載されたもの，障害のある子どもに関しては，配慮してほしい内容などが記載されたものも作成して入れておくとよいでしょう。

保護者に，安全に子どもを引き渡せるよう，保護者の連絡先も，年度の始めだけでなく，常日頃からこまめに確認しておくようにします。

❷ 地域との連携

災害発生時には，地域と連携していくことが不可欠となります。日頃から消防機関，警察署，医療機関，自治会などと連絡が取りやすい関係性を築いておくことが大切です。

またいざという時には，近隣の企業や商店街，住民などの協力も大変ありがたいものとなります。日頃から様々な機会を通じて，周囲と良好な関係が築けるよう，積極的にコミュニケーションを図っておくことが重要です。

Book Guide

- 天野珠路（編著）『写真で紹介　園の避難訓練ガイド』かもがわ出版，2017年
  保育所・幼稚園・認定こども園での避難訓練の実際を，写真付きで紹介しています。各園での工夫などが随所にみられ，保育現場における避難訓練の在り方をわかりやすく学ぶことができます。
- 鈴木美枝子（編著）『これだけはおさえたい！　保育者のための「子どもの保健Ⅱ」（第2版）』創成社，2018年
  保育者が知っておくべき，子どもの症状別の対応などが，イラスト付きでわかりやすく書かれています。単に健康や安全を学ぶだけでなく，保育者として，体調不良の子どもやけがをした子どもにどのように関わっていけばよいかも合わせて学ぶことができます。2017年告示の保育所保育指針や幼保連携型認定こども園保育・教育要領での改定（訂）ポイントも掲載されています。
- 田中浩二『写真で学ぶ！　保育現場のリスクマネジメント』中央法規出版，2017年

園の開園準備から閉園作業にいたるまでの各場面別に，リスク予防とその対策について，写真付きでわかりやすく説明しています。災害時への備えについても，具体的に学ぶことができます。

Exercise

1. アレルギーがあるAちゃんは，みんなと同じ食べ物を食べたい気持ちが強い子どもです。しかし，アレルギーのある食材を食べてしまうと，強い症状が出てしまうため，細心の注意を払う必要があります。安全面に配慮しながら，Aちゃんの気持ちにも寄り添うためにはどのような方法があるか，考えてみましょう。
2. 大きな災害が発生したことを想定し，子どもの安全を守るために，保育者としてどのように行動すべきか，何に配慮すべきか，どのような備えをしておくべきか，話し合ってみましょう。

第8章
多様な子どもと共に育つ保育

　写真の中の寝ている女の子は，配慮が必要な子です。騒音が苦手なため，頭にヘッドフォンを付けています。この女の子はザリガニにとても強い関心を示し，ザリガニを手にとっては観察しているのですが，周囲に多くの子どもたちも集まってきています。
　このような場面で，あなたはヘッドフォンを付けた女の子や周囲に集まってきた子どもたちにどのように関わりますか？

写真の女の子は，耳から入ってくる音を自分で必要度に応じて使い分けることが苦手のようで，騒音がある場所や人込みを嫌います。そのため，日常生活では，外部からの音を遮断できる場所にいることや，人がいる場所ではヘッドフォンをしていることを好みます。

　言葉はほとんど出ず，人との関わりがあまりないため，普段はどうしてもあまり子どもたちが遊んでいない場所にフリーの保育者といることが多くなります。

　ところが，この女の子が音のことをほとんど気にせず，または気になったとしても，それ以上に興味を示したのが，写真にあったように，ザリガニや小さな昆虫などでした。特にザリガニには，興味や関心が強いようで，飽きずにずっと見ています。手でザリガニのハサミや足をもって振り回してしまうことも多いのですが，その都度，フリーの保育者や周囲の子どもたちも，どうザリガニに関わればよいか，女の子の目線になって話してくれています。その一方で，女の子がごく近距離でザリガニを観察するので，子どもたちも以前よりザリガニに興味や関心をもつようになりました。

　女の子がザリガニに興味をもったことがきっかけで，ザリガニを通して，子どもたちも，また保育者も，この女の子とコミュニケーションがとれるようになっていきます。ザリガニとの出会いが，この女の子にも変化を及ぼし，またクラスの子どもたちとの交流も深めていったのです。

　この女の子のように，障害のある子どもや配慮が必要な子ども，また外国籍の家庭に育つ子どもは，どの園でも徐々に増えてきています。このような子どもを受け入れ，一緒に生活していく中で，共に育つ保育を実現していくためには，保育者はどのようなところに配慮しなければならないのでしょうか。本章で多様な子どもと出会ってみてください。

第8章　多様な子どもと共に育つ保育

Work 1 ✏

「多様な子ども」とは，どのような子どものことでしょうか。あなたが「多様な子ども」と聞いた時に，どのような子どもを思い浮かべるでしょうか。そのような子どもと関わった経験がありますか。みんなで多様な子どもとはどんな子どもなのかについて話し合ってください。

1　多様性が求められる時代の保育の在り方

➡1　なお，2017年改定の「保育所保育指針」では，「障害のある子どもの保育」については，2008年改定時同様の内容が「第1章　総則」3（2）「指導計画の作成」の「キ」に記載されています。また「外国籍」の子どもについても，「第2章　保育の内容」の4「保育の実施に関して留意すべき事項」の（1）の「オ」に「子どもの国籍や文化の違いを認め，互いに尊重する心を育てるようにすること」と2008年時と同様の記載があります。さらに，「第4章　子育て支援」の2「保育所を利用している保護者に対する子育て支援」の（2）の「イ」として「子どもに障害や発達上の課題が見られる場合には，市町村や関係機関と連携及び協力を図りつつ，保護者に対する個別の支援を行うよう努めること」，「ウ」として「外国籍家庭など，特別な配慮を必要とする家庭の場合には，状況等に応じ

本章では，障害のある子どもや外国籍家庭の子どもで日本語がうまく話せない子どもなど，何らかの配慮が必要な子どものことを「多様な子ども」と呼び，そのような子どもがクラスにいる保育・教育について学びます。

皆さんは多様な子どもに対して，どのようなイメージをもっていますか。「多様」という言葉に，個性的な子どもというイメージをもつならば，みんなとはちょっと違った子とか，変わった子を思い浮かべるかもしれません。また，家庭環境等が複雑で，なかなか園や学校に通えなかった友達のことを思い浮かべたかもしれません。

何らかの障害がある子ども，外国籍家庭の子ども，育った家庭環境の影響などから，人とはちょっと違う行動や言動をとる子どもや，うまく自分を出せない子どもは年々増加しています。今の時代，身近に多様な子どもがいることの方があたりまえの時代になっているともいえるのです。2008年の幼稚園教育要領では，多様な子どもに関しては，「指導計画の作成に当たっての留意事項」の「特に留意すべき事項」（第3章　第1　2（2））として，障害のある子どもの幼児の指導について記載されていたのが，2017年に改訂された幼稚園教育要領において，「第1章　総則」の中に「第5　特別な配慮を必要とする幼児への指導」が新たに設けられ，「障害のある幼児などへの指導」だけでなく，「海外から帰国した幼児や生活に必要な日本語の習得に困難のある幼児の幼稚園生活への適応」についても記載されることになったのも，このような背景があってのことです。➡1

多様な子どもと出会うと，何か特別に専門知識や関わり方が必要

129

て個別の支援を行うよう努めること」（「ウ」については，2017年改定で新設）とされています。

だと思ってしまう人もいるかもしれません。しかし，先にも述べたように，皆さんが保育の現場にでた時に，多様な子どもと出会うことの方が自然なことなのです。クラスにはいろいろな子どもがいていいのです。そこには当然のこととして配慮の必要な子もいるというのが，自然な保育になってきているのです。

ただ，園によっては，障害のある子どもや配慮の必要な子どもの入園を断る場合もあるというのも現実です。手のかかる子どもが入園してくると，保育の中で，子どもたちに一緒のことをさせようとしても，その子どもたちがクラスを乱してしまうのではないかと危惧してのことのようです。

しかし，実際に多様な子どもを受け入れてみると，受け入れた当初は大変な面もありますが，思いもかけない子どもの姿を発見したり，その成長に感動したりすることを通して，これまでの保育を見直すきっかけになることもあるのです。つまり，多様な子どもたちがいるからこそ，「多様」だと言われる子どもだけでなく，まわりの子どもも，また保育者も育つことができるのです。それが多様な子どもと共に育つ保育なのです。

Work 2

　クラスの中に集団に馴染めない子がいます。その子は配慮が必要な子かもしれませんし，または外国籍家庭の子どもかもしれません。その子のことを，保育者が「困った子」と見て関わるか，「困っている子」と見て関わるかで，その子への関わり方がどのように異なるかをみんなで話し合ってみてください。

2 事例を通して「多様な子ども」の保育を考える

　多様な子ども，特に障害のある子どもや外国籍の子どもを受け入れることになった時，保育者から，障害のことを知らない，言葉がわからないのでコミュニケーションの取り方がわからないなどといった不安の声を聞くことがあります。ではたとえば自閉症のことを詳しく学び，どんな特徴があるかなど障害の特性や一般的な対応

→2　自閉症とは，①話をしていても視線が合わない，呼んでも振り向かないなど，他人との社会的関係の形成の困難さ，②言葉の発達の遅れがあり，こちらが言ったことを繰り返したり（オウム返し），言葉を文字通り受け取ったりするなどの，コミュニケーションの難しさ，③興味や関心が狭く特定のものにこだわる，といったことを特徴とする発達の障害です。その特徴は，3歳くらいまでに現れることが多いとされています。

の仕方を知っている保育者ならば，その自閉症児とうまく関わることができるのでしょうか。

　目の前にいる子どもは，自閉症という枠で見てしまう前に，一人一人個性が違う，名前がある子どもなのです。多様な子どもがいることがあたりまえになっていく中で，あらためて保育とはどのようなことが大事なのかが見えてきます。そこで，以下に示す具体的な事例を通して，「多様な子ども」について考えてみましょう。

❶ 他都市から転園してきたＡ男の姿

① 前園からの申し送りから思い浮かぶ姿

　Ａ男は，4歳の10月に，他都市から転園してきました。前園からの申し送りには，次のような記述が並んでいました。

【前園での様子】
　自閉症という診断がでており，以下のような行動も見られ，常に監視が必要な状態で，保育者は大変だった。
・キーキー声を出す。
・人や床に唾をはく。
・気に入った女児への抱き付き，押す，引っ張ったりする。
・突発的行動が多い。
・すれ違いざまに突然人を押す。
・突然スコップで頭を叩く。
・棚のものをひっくり返す。
・部屋に砂をまく。

　皆さんが保育者だとしたら，このような子どもが自園に転園してくるとなったらどう思いますか。「大変そうだな」とか，「できるだけ自分のクラスでなければいいのに」と思うかもしれません。転園してきた子どもに，今まで落ち着いていたクラスが振り回されてしまうかもしれません。また暴力的な被害を受けた子どもがでた場合，保護者から苦情がくることも覚悟しなければならないかもしれません。申し送りだけを読むと，受け入れる側の担任や園の不安をますます高めていくことになったのです。

② 4歳で転園してきた（10月頃）時の様子

　A男は園に登園してきても，お母さんと一緒でないとクラスに入れませんでした。鞄やタオルの準備は自分でするのですが，いつもお母さんがそばにいました。服を着替えるのは苦手で，一斉活動にもほとんど参加せず，クラスにいることはほとんどありませんでした。車や電車ごっこ，砂場が好きなのですが，作って終わることがほとんどでした。また，嫌なことがあると，近くにいる子に砂をかけたり，強い言葉を言ってしまったり，物に当たる姿がよく見られました。自分のテリトリーに入られると激しく怒り，つばを吐くこともありました。また，日常的に「バカ」，「くそ」，「邪魔」といった発言が目立ちました。その一方で，まわりをよく見ていて，泣いている子がいたら保育者に教えにきてくれたり，年少児に優しく声をかけたりする場面も見られました。

③ 5歳に進級した当初の姿

　5歳に進級して，フリーの男性保育者がA男につくことになりました。A男は，いつもA男のそばにいて，A男の気持ちを受けとめて，遊びに付き合ってくれる男性保育者を信頼していて，登園してくると，「先生，今日は〇〇しよう！」と自分のやりたいことを保育者に伝え，遊び出すことができました。

　その一方で，自分の遊びのテリトリーにその保育者以外の子どもが立ち入ることを強く拒否します。突発的に手が出ることが非常に多く，そのことについて保育者が話をしようとすると，すぐに逃げてしまいます。いざ，話をするとなっても，反射的に「ごめんなさい」というだけで，何があっても泣くことは全くなく，怒ったり，開き直るなど，強がる姿しか見せませんでした。

❷ 年長の1学期，A男が変わっていく

① 車作り——A男の居場所が見つかる

　A男は，園の2階から3階に行く階段下がお気に入りでした（写真8-1）。そこは手すりに囲まれており，A男の居場所として，手すりの中には他の子どもを入れないというA男なりのこだわりがあって，A男にとって安心して過ごせる場所になっていました。

　男性保育者とA男は，そこで段ボールを使った車作りを始めます。

写真8-1　A男の居場所

写真8-2　A男の作った車は魅力的

それは，段ボールを両手でもって走るものでしたが，A男にはA男のこだわりがあり，車輪やハンドル，サイドミラー，ライトなどを，廃材等を使って段ボールに貼ったり，マジックなどで書いていきます。

　その様子を手すりの外からじっと見ていたのは，同じクラスの友達ではなく，A男より年下の3歳児や4歳児でした。A男はその子たちに「作ってあげようか」と声をかけます。すでにA男は何種類もの車を作っていたので，車を作るのが得意になっていました。A男に頼むと車を作ってくれるという話はたちまち3歳児，4歳児に伝わり，車ごっこが園全体に広がっていきました（写真8-2）。

　A男も一緒に車で走って遊ぶようになり，猛スピードで走る車が増えていきます。そこで保育者も入って子どもたちと話し合い，飛ばし過ぎるところには，横断歩道ができたり，信号機も作られました。するとA男は，率先してそのルールを守るのです。さらに車が壊れることが多くなってくると，A男は，修理屋さんになって，3歳児や4歳児が遊んで壊れた車を，修理する工場まで作っていきました。A男は，「A男の遊び，おもしろいから他の子も来るんだよ

ね」と保育者に言ってきました。自分の遊びが他の子につながって
いくことに，自信や楽しさを感じ始めていました。

② 水遊び──苦手なことにも挑戦しだす

　転園前から服を着替えるのが苦手なＡ男は，水に濡れることや汚
れることを極端に嫌っていました。水遊びを行うにも，慎重に道具
を使って，自分は濡れないように，汚れないように慎重な遊び方を
していました。ところが，そのＡ男が大きく変化する出来事が起
こったのです。

　車作りで自信を付けたＡ男は，段ボールに赤や黒の色を塗りたく
なりました。最初は汚れないように筆を使って色を塗っていたので
すが，どうしても手に色がついたり，他の子どもたちが両手を使っ
てダイナミックに色を塗る場面を目にすることもありました。この
ような経験を重ね，手が汚れても洗えばいいということがわかると，
絵具を使った活動にものびのび取り組むようになります。苦手だっ
た水遊びでも，「まぁ，いいか！　洋服が濡れても着替えればいい
しね」といって，ダイナミックに参加する姿が見られるようになり
ました。夏前にはとうとうプールにも入れるようになったのです。

③ 保育の中での変化

　この他にも，１学期の間にＡ男の姿に次のような変化がありまし
た。

- 登園後の準備，母が部屋に入らず，自分ひとりの力でやろうと
  する。
- 給食もひとりで準備し，席も自分で決めるようになっていった。
- 「手伝って」とは言うが，洋服も自分ひとりで着替える。
- 一斉活動に参加する。
- 集まりも部屋にいられる。
- 遊びを作るだけではなく，作ったものをイメージをふくらませ
  て，展開していく。また，友達を遊びの中で排除することが少
  なくなっていく（自分の遊びに自信をもっていく）。
- 友達の存在を認め，求めていこうとする姿がある。
- 友達の名前が本人の口からよく出てくるようになる。

第 8 章　多様な子どもと共に育つ保育

❸ 見えてきたＡ男が望んでいる世界

　2学期以降も，Ａ男は大きく変わっていきます。運動会のリレーでは，勝ちたいという思いが強すぎて，すぐに走路を外れショートカットしてしまうのですが，自分で意識してショートカットせずに走れた時に，クラスの友達から「ショートカットしなくてもすごく早かったね」と認められます。苦手な踊りでも，最初はどうしてもクラスの友達と一緒に参加することはできなかったのですが，常に友達が踊っているそばにいて，牛乳パックで作った携帯のカメラで踊っている様子を撮影していました。

　Ａ男が苦手だと感じている踊りに興味をもっていることは，いつもみんなが踊っているそばにいて，踊りの写真を撮影している姿からも明らかでした。そこで，担任がタイミングを見計らって，カメラと，踊りに使う旗を交換してみると，すでに踊りをほぼ覚えていたのか，Ａ男は自然とみんなと一緒に踊り出したのです。そのことで自信がついたのか，それからはどこかで誰かが踊っていると，必ず自分も参加するようになっていきました。

　転園してきてからの1年で，Ａ男は大きく変わりました。できないといっていたことが，友達との関わりの中で，自然にできるようになっていったのです。Ａ男にとって，ありのままの自分が認められる園であったことが，Ａ男のよさを引き出すことになったともいえます。

　11月のある時，ゆったりと砂場遊びをしている時に，Ａ男は友達に次のように語ります（写真8-3）。その言葉をたまたま保育者が聞くことができました。

「幼稚園に来ると，前はドキドキしたけど，今は楽しいんだ」

　Ａ男にとって，受け身的に「しなければならない」または「してはいけない」園生活は，どのように自分を出していいか，どのように自分を守っていいかがわからない不安だらけの生活だったのです。だから母親とは離れられないし，新たなことにも挑戦することもできなかったのです。

　ところが，自分の興味があった車作りを通して，主体的に「自分

135

写真8-3 大好きな友達と一緒に遊ぶ中で……

のしたいことをする中で友達にも認められる」楽しさがわかってきました。

多様な子どもを受け入れる保育の原理がここにあります。

3 多様な子どもと共に育つ保育の原理

少し長い事例でしたが，この事例を通して，あらためて多様な子どもと共に育つ保育では，どんなことが大事なのかを振り返ってみたいと思います。

Work 3

事例のA男は，転園後，特に年長になって大きく変わっていきました。A男が変わっていくためには，どのようなことが大事だったのでしょうか。みんなで話し合ってみてください。

❶ その子のよさを見つける

前園からの申し送りでは，A男の大変さだけがクローズアップされていました。「A男は大変な子」というイメージが前園からの情報でもよくわかりました。もちろん，申し送りで子どものことを伝える際には，保育の中で大変な部分をきちんと伝える必要があります。その一方で，「こんなところが育ってきた」とか，「こんなとこ

ろがＡ男のいいところ」といった肯定的な見方や関わり方の情報の方が，その子どもとの信頼関係を築いていくためにはとても貴重な情報といえます。転園したてのＡ男の様子を記録した中に，「車や電車ごっこ，砂場が好き」とか，「まわりをよく見ていて，泣いている子を教えてくれたり，年少児に優しく声をかけたりする場面もみられる」といった記述がありました。このような見方や気付きこそが，Ａ男が変わっていくきっかけになっていったともいえるのです。

❷ 信頼できる人を見つける

　Ａ男が変わるきっかけになったのは，やはりフリーの男性保育者との出会いがあったからだと思います。Ａ男にとって，幼稚園という場所は，やりたいことをすると叱られ，やりたくないことをしないと叱られてばかりの場所でした。特に人との関わりが苦手なＡ男に，どう人と関わっていいかをだれも教えてはくれません。自分を守ろうとして，自分の気持ちに正直に相手を強く押してしまうことも，また好きな相手に抱きついて仲良くなりたいと気持ちをあらわすことも，クラスの子どもたちや保育者からは，すべて危険で迷惑な行為と見られていたのです。

　Ａ男のことをわかろうとする男性保育者がそばにいてくれたことで，Ａ男は安心して自分を出してもいいと感じていきます。もちろん，そのことでＡ男の人との関わりがすぐに変わっていくわけではないのですが，母親以外に，園で安心できる人ができたことは大きな変化だったといえます。さらにＡ男が変わっていく過程では，担任を中心に，園の多くの保育者がＡ男を温かく見守っていったこともＡ男の成長を支えていったのです。

❸ 安心できる居場所作り

　信頼できる男性保育者ができたこともあって，Ａ男は園の中に安心して過ごせる場所を見つけることもできました。人との距離感がわからないＡ男にとって，手すりで囲まれた階段下は，自分のテリトリーを主張し，また他の子どもたちからも距離が保てるという意味でとても好都合の場所だったのです。

137

一般に配慮の必要な子どもは，自由気ままに動いてしまうと思いがちですが，園のどこかに安心できる場所を見つけようとしていることが多くあります。特に大勢の人がいる場所が苦手な子どもは，人の少ない職員室がお気に入りになるなど，自分の安心できる居場所を探しているのです。園の中に自分が安心できる場所があるかどうかで，園での安定感は大きく変わります。そこからどうその子の世界を広げていくことができるか，ここから保育が始まるともいえるのです。

❹ 遊びの大切さ

A男が大きく変わったターニング・ポイントは何といっても段ボールの車作りでした。自分のやりたいことが見つかり，それを禁止されないどころか，男性保育者が関わることで，より楽しく，より本物らしく作ることができました。A男が楽しく作る車はとても魅力的で，他学年の子どもたちからも羨望の目で見られていきます。たぶん，A男にとって，初めて他者から自分の存在を認められた瞬間だったのかもしれません。

人はだれしも他者から認められることで，自分を肯定的に受け入れることができてきます。このことは配慮の必要な子どもや，また外国籍の家庭の子どもであればなおさらのことです。自分の好きなことが見つけられる環境の多様さ，そしてそのことに夢中になって取り組める保育者の援助等が，子どもを大きく成長させていくのです。

❺ 葛藤を乗り越える経験

A男のように，何ごとに対しても不器用な子どもは，苦手なことや自分ではできそうもないことに対して，まずは拒否という態度をとることが多々あります。ところが，本心ではやってみたい，参加してみたいと思っていることもあるのです。

A男の表面的な声では，「やらない」とか「できない」という言葉が多かったのですが，水遊びや踊りの場面でもわかるように，やろうとする最初の一歩を踏み出すだけでも大変な葛藤があります。そのため保育者が根気強くA男の様子を見て付き合う中で，何かの

第8章　多様な子どもと共に育つ保育

タイミングで，みんなの活動に参加してくるきっかけを作るといった関わりも必要でした。そのような偶然が起こりやすい保育とは，子どもの興味や関心を大事にすることから始まっているのです。

❻「多様な子どもへの保育」は「特別な保育」なのか

　このようにA男の事例から，多様な子どもと共に育つ保育を考えてみると，多様な子どもへの保育という特別な保育があるわけではなく，幼稚園教育要領等に示されている保育の基本が問われているともいえます。

　自分が困っていることを受けとめてくれる信頼できる保育者がいること，一人一人の子どもが大事にされていること，その子の遊びや居場所が見つかるような環境があること，周囲の子どもたちも温かく受け止めてくれるような子ども同士の関係が育っていることなどが，A男の育ちを支えたのです。

　事例では，障害のある子どものことを取りあげましたが，ここで見えてきた保育の原理は，外国籍の子どもたちでも同じです。特別のことをするというより，人間としてあたりまえである関わりを少し意識して丁寧に関わることが，「多様な子ども」の保育なのです。

4　多様な子どもを受け入れる園の体制

❶ 保育者同士が支え合う関係

　多様な子どもを受け入れるには，多様な子どもを受け入れることを保育者全体で共通理解し，受け入れる体制をどのように整えていくかが問われます。障害のある子どもを受け入れることが大変だと思われてしまう大きな理由は，担任ひとりがその子どもの責任を負うというような場合に多く起こります。担任としてクラス全体を見ながら，個別に，みんなと一緒の行動ができない子どもにも関わらなければならないとなると，その負担は相当のものです。ある程度，多様な子どもが多様でいられる自由度を確保するためには，園の受

け入れ体制や，多様な子どもに対しての職員の共通理解がなければ，子どもの自由度を確保することは難しいといわざるを得ません。

　その一方で，多様な子どもを受け入れる際に，その子を担当する保育者がいればいいということでもありません。担当の保育者がいることで，クラスの子どもたちとの関係が築きにくいことが起こってくるからです。多様な子どもと共に育つとは，クラスの中で，その子の存在を周囲の子どもたちがどのように見て関わっているかがとても重要です。個別に関わる保育者がいることで，全くクラスの子どもたちと関わりがないならば，それは共に育ち合う保育とはいえないのです。

　子どもであっても，おとなであっても，多様さを受け入れることは，そう簡単なことではありません。多様な子どもを受け入れ，その子の気持ちをわかる友達ができてくる中で，いろいろな思いが交差します。そのような過程を経て，徐々にクラスの中に思いやりが育っていきます。また，保育者同士も「多様な子ども」を中心に，子どものことや保育を語り合う文化ができてくる中で，園全体が，子どもにとっても，保育者にとっても，居心地のよい，そして温かな雰囲気に変わっていくことができるのです。

❷ 保護者を支える

　多様な子どもと共に育つ保育を実現していく上で，欠かすことのできないことは，保護者への支援です。ここでいう保護者とは，当事者である子どもの保護者を支えることでもあれば，多様な子どもを取り巻く周囲の保護者のことも含まれています。多様な子ども，特に障害のある子どもをもつ保護者は，他児が次々と育っている姿を見て，自分の子どもがうまくいかないことが多いことに落ち込む場合が多くあります。また，自分の子どもが，みんなに迷惑をかけているのではないかと常に不安を感じ，他の保護者との交流を避ける保護者もいます。運動会のリレーなどでは，自分の子どものせいでクラスが負けたら申し訳ないと，運動会自体を休ませたいと訴えてくる保護者もいました。

　このような保護者の不安や心配を受けとめる園の体制が求められます。周囲の保護者からは，多様な子どもがいることで，自分の子どもがきちんと見てもらえないのではないかとか，場合によっては，

自分の子どもが攻撃の対象になっては困るといったような，多様な子どもの受け入れそのものを拒否するような意見がでてくる場合も考えられます。そのようなトラブルが起こらないように，園としての基本的な考え方を，事前に保護者に伝えておくことも多様な子どもを受け入れるためには必要なことです。たとえみんなと比較してできないことが多くても，その子が一生懸命取り組む姿を見て，自分の子どものことではないのですが，感激して涙する保護者もたくさんいます。共に育ち合うのは，子どもだけではなく保護者も同じなのです。

❸ 地域，関係機関との連携

多様な子どもを受け入れ保育を行っていく上で，地域や関係機関との連携も欠かすことができません。外国籍の家庭には，地域の中に親身に関わってくれる方がいて，園のことを丁寧に伝えてくれると安心して園での生活が送れる場合があります。また配慮の必要な子どもに対しては，市区町村や療育センターとの連携は欠かせません。最近では，虐待の疑いのある子どもや貧困家庭の子どもなど，さらに個別な支援が必要な家庭もでてきています。子どもの問題というより，家庭の問題が子どもの育ちに大きく影響を与えている場合も多くあります。状況に応じて，どのように地域や関係機関と連携していくのか，そのネットワークができてくればくるほど，多様な子どもと共に育つ保育が可能になっていくのです。

Book Guide

- 佐伯胖（編著）『「子どもがケアする世界」をケアする――保育における「二人称的アプローチ」入門』ミネルヴァ書房，2017年
  この本の中にも自閉症の子どもの事例がでてきます。障害児はもちろんのこと，すべての子どもにとって，第三者的にできないことを指摘するような関わりよりも，ワタシとアナタの関係の中で（二人称的に）その子の気持ちを受けとめようとする保育者の関わりがどれだけ大事かが書かれています。
- 野本茂夫（監修）『障害児保育入門――どの子にもうれしい保育をめざして』ミネルヴァ書房，2005年

幼稚園での研究会で取りあげられた事例をまとめた本です。様々な園で，多様な子どもを受け入れていった過程を事例として紹介しています。保育者の葛藤や成長，子どもの成長と共に，周囲の子どもの気持ちの変化なども見えてきます。

書籍ではないのですが，小学校の実践を映画化した『みんなの学校』（真鍋俊永（監督），東風，2014年）もお勧めです。

Exercise

1. 身内や知り合いに，障害のある子や関わりの難しい子が身近にいるかどうか聞いてみましょう。もし身近にいる場合は，そのような子どもの様子を少し観察して，子どもの気持ちを感じてみてください。またそのことをみんなで発表し合ってみましょう。
2. 外国籍の子どもと出会うことを想定して，特に文化の違う国（イスラム教などは食べ物での制限も厳しい等）の子育て事情を調べて，そのことを発表してみましょう。

第 9 章

保育の歴史に何を学ぶか

砂場に様々な道具や素材を持ち込んで遊ぶ子どもたち。でも，いつの時代から誰によって，保育において遊びや子ども理解が重要であることが主張されてきたのでしょうか。

子どもや保育についての考え方の歴史を紐解いてみると，私たちがあたりまえと思っている「子ども」についての考え方が認められ始めるのは，1700年代後半からです。ルソー，ペスタロッチ，フレーベルらにより，子どもは「小さなおとな」ではなく，子ども独自の世界があることが見出されました。その考えは，当時の考え方からすると，斬新で画期的なものでした。さらにその後，乳幼児期の教育や遊びに光が当たるようになっていきます。

　また，産業革命により，失業者が増大し，安価な労働力として婦人や子どもがかり出され，幼い子どもたちが街に放任される当時の社会状況の中で，子どもを保護し適切な教育を施す必要性が生まれたことも，集団保育施設が誕生していくこととは密接な関係があります。

　日本においては，保育実践を基盤とした理論構築を行った倉橋惣三による貢献は非常に大きいものがあります。倉橋が活躍した時代は，戦前・戦後直後の変革期でした。その時代において倉橋は，「保育の新と真」という言葉で，時代が変化する中で新たになっていく「新」と，変えてはいけない「真」があると主張しました。現在の日本の保育も，大きな変革期を迎えています。先覚者たちが歩んできた道のりや改革への取り組みをたどり，今，様々な場で展開されている具体的な保育の営みが，どのような根に支えられ，どのような流れの上に花開いたものであるかを理解することが，これからの保育の「新」と「真」を探求することにつながっていきます。保育の歴史をただ知識として詰め込むのではなく，今の実践に生きるものとして捉える必要があるのです。

第9章 保育の歴史に何を学ぶか

1 なぜ保育の歴史を学ぶのか

Work 1

保育を学ぶ上で，なぜ歴史を学ぶ必要があるのでしょうか？　その理由を考えて話し合ってみましょう。

　教育原理や保育原理の授業では，必ず教育の歴史や保育の歴史を学びます。また保育士試験や教員採用試験などにも教育史に関わる問題が必ず出題されると言ってもよいでしょう。しかしながら，保育を学ぶ皆さんの多くが，こういった保育の歴史を学ぶ授業を「退屈だ」「つまらない」「眠くなる」と感じているようです。それはなぜでしょう？

　第1に，これまでの教育史の内容が思想史，制度史に偏っており，興味がわかないということが考えられます。

　誰がどんなことを考え，広め，実践していたのか，学制頒布が明治何年でも別にどうでもいいことで，制度の名前や年号，人物の名前や著書などを覚えることが苦痛だという人もいるでしょう。確かに，教育史の内容は思想史，制度史を解説され，それを覚えるということに偏っており，受身的で退屈してしまうということもあったと思います。

　第2に，保育者になった時に役に立たないと考えているということです。実際に保育者となった時に，上にあげたような思想や制度の変遷は，保育に必要ない，役に立たないと考えているのではないでしょうか。これも一理あります。子どもたちと日々生活する中で，1876（明治9）年に日本で初めて幼稚園ができたという知識は必要ありませんし，「子ども」という概念がいつ発見されたのか，それが何世紀のことだろうが，関係ないといえばその通りです。

　ではなぜ，私たちは保育の歴史を学ぶ必要があるのでしょうか？

145

筆者は自分たちが，保育を行っていく上で，迷った時，つまずいた時，うまくいかなかった時，疑問が湧いた時，先達の思想や実践，現在に到るまでの保育制度の歴史に立ち戻ることが，私たちを助けてくれるのではないかと考えています。

保育の歴史に何を学ぶのか？　この章を読み終わった後，その答えが見つかるよう読み進めてみてください。

2　子ども主体の保育

Work 2

幼稚園教育要領，保育所保育指針，幼保連携型認定こども園教育・保育要領では，幼児の主体的な活動である「遊び」を重視することが謳われています。

しかしながら，子どもたちに決まった遊びをさせたり，決められた課題をこなしたりする保育が行われている場合も多くみられます。なぜだか考えてみましょう。

上の問いに答えるために，まず「学校」の成立について考えてみたいと思います。私たちがあたりまえに通っている「学校」はいつごろから，どのような理由で生まれたのでしょうか。

❶「子ども」の誕生

近代以前，子どもは〈小さなおとな〉と捉えられていたと言われています。現在のように「子ども-おとな」という概念はなく，生まれて間もない人たちは，〈小さなおとな〉として捉えられていたといわれています。当時の暮らしは，今のように自宅から会社に働きに行くというようなスタイルではありません。職業と私生活は大きく分かれてはおらず，子どもたちも多くの場合は，親の仕事を幼少期より見てまねて学び，手伝いながら，その技術を受け継いで仕事としていくのが一般的だったといえます。つまり，現在のように「子ども」という特別な時代を生きるというよりも，おとなとの生

活の中で徐々に必要な技能を習得し，一人前の働き手となっていったと言われています。

　現在の日本では，このような学びの形はほとんどなくなってしまったといえますが，一部，歌舞伎や能，狂言など伝統芸能の世界では似たような学びの姿を見ることもできます。筆者が観たビデオでは，狂言師の野村萬斎さんの息子さんが，3歳で狂言師としてデビューする際の稽古の様子が映し出されていました[1]。3歳の子どもには厳し過ぎると見える稽古の内容ですが，本人は「お父さんみたいになりたい」「お父さんと同じ舞台に立ちたい」という思いをもって稽古や舞台に励みます。非常に強い「意欲」「学ぶ動機」を見ることができます。教えるのは父親である萬斎さんと祖父である野村万作さんです。ここでの学びは，ひとりの子どもの稽古に2人の師匠がついていることになります。このような姿を見てみると，子どもは師匠にあこがれの思いをもち，師匠に近づこうとして稽古に励んでいることがわかります。その学び方は「見て―まねる」という方法です。

　私たちになじみ深い現在の学校ではこのような学びの姿は見られません。ひとりの先生が数十人の子どもを同時に指導するという今の学校と比較すると，ずいぶんと異なっているように思われます。

❷「学校」の成立

　産業革命が起こり，近代化の流れの中で，人びとは生産性や効率のよさが求められるようになります。そうなってくると，おとなたちの仕事の仕方も変わっていきます。おとなたちは，家ではなく工場に働きにいくようになり，子どもたちは，親の仕事を見ながらあこがれをもって親の仕事を見て，まねて，学ぶということができなくなります。

　子どもはおとなとは違う存在として位置付けられ，〈大人−子ども〉は異なる存在として位置付けられるようになります。これが近代の子ども観です。子ども期がおとなになる前の時代と位置付けられるようになると，その子どものための学びの施設が誕生します。それが「学校」です。子どもたちは，近代社会で効率よく生産性をあげられるおとなとなるために，新たな学びを求められることになります。近代の学校はそのための施設として発展します。

▶1　DVD『小さな狂言師』NHK エンタープライズ，2004年

▶2 柏木敦「学校って何？」小川博久・小笠原喜康（編著）『教育原理の探求』相川書房，1998年，p. 24.

▶3 同前掲 2，p. 24.

▶4 保育所については厳密には「学校」とは制度を異にしていますが，幼児においては集団の中での育ちを目的にしていること，保育内容が幼稚園と同様であることから，ここでは保育所も幼稚園と同様に考えてよいでしょう。

近代の学校は効率のよさを求められ，ひとりの教師が大勢の子どもたちを同時に教えることができる方法，「ベル＝ランカスター法」などが生み出されることになるのです。近代の学校では，「一定の『知識』を多数の者に対して平等に教えることを目的として成立したもの」といえます。柏木は学校について「それはあたかも知識の工場のごとく，多数の子どもが一斉に，同一の方向性をもって，同一の期間で，一定の知識を身に付けられるよう組まれたプログラム」であると述べています。

❸ 近代学校としての幼稚園（保育所）

このように見てみると，学校はそもそも子どもたちが学ぶ意欲をもちにくい，効率よく学ぶことを目的とした場であることがわかります。子ども一人一人の学ぶ意欲や興味関心を考慮していたら，一人の教師が数十人の子どもを教えることなどできないからです。

そのため近代の学校は子どもたちを序列化し，競わせることで学ぶ動機や意欲をもたせようとします。それは，前節で述べたように個性や子どもの興味関心ではなく，画一化し，同じような子どもを育てるシステムなのです。

幼稚園も学校のひとつです。上述のような学校制度の中で，幼児の興味関心や，学ぶ意欲を重視した教育を行おうとしているというところに，日本の幼稚園教育の難しさがあるといえるのではないでしょうか。担任の教師が一人で幼児が30人いて，一人一人の興味関心に沿った教育を行うことは容易ではありません。このように学校という制度の中でいかに幼児の興味関心に沿った学びを展開していくのかということを考えることの難しさを理解しておくことは大切なのだと思います。

3 子どもを中心とする保育を導いた思想家たち

では，近代の「子ども観」，「子ども」をおとなとは別の存在として捉えるようになったのはどのような思想家の影響を受けているのでしょうか。

148

第9章　保育の歴史に何を学ぶか

❶ ルソー──「子ども」期の発見と消極教育

ルソー, J. J. (Rousseau, J.J., 1712-1778) は，その著書『エミール』(1762) の冒頭で，「万物のつくる者の手をはなれるときすべてはよいものであるが，人間の手にうつるとすべてが悪くなる」と述べており，性善説に基づく教育を主張しています。また，「子どものうちに大人をもとめ，大人になるまえに子どもがどういうものであるかを考えない」「自然が示してくれる道を行くがいい」と，子どもを統制しておとなに近付けようとしたり，必要以上に介入したりすることを否定し，消極教育といわれる論を展開しました。これは，当時の教育の在り方を覆すものであり，革新的な考え方であったといえます。

そして，ルソーは「子ども」を〈小さなおとな〉としてではなく，おとなとは異なる存在である「子ども」として捉えることを論じました。ルソーは「子ども」という存在を発見し，「真の人間（おとな＝成人）を形成するためにこそ，まずは，それとは異なる存在である真の子ども（成童）を充全に育てなければならない」と主張しました。

つまり，私たちが自明のこととしてその存在を認識している「子ども」という存在を発見し，その「子ども」時代をどのように過ごすことが望ましいのかについて最初に考えた人がルソーであるといえます。私たちがあたりまえのように考えている「子ども」という存在や「教育」の考え方は，ルソーによって提唱された画期的な思想であったことがわかるでしょう。

❷ ペスタロッチ──「生活が陶冶する」

ルソーに影響を受けたペスタロッチ, J. H. A. (Pestalozzi, J. H. A., 1746-1827) は，スイスのノイホーフという地方で貧困の子どもたちを労働させながら教育するという実践を行い，1799年にシュタンツで再び孤児の救済に携わるようになります。思想家であったルソーとは異なり，ペスタロッチは自らが貧しい農民の子どもたちの教育や，孤児の救済について考え，実践家として活躍しました。現在の，教育，福祉の始まりともいえるでしょう。

➡ 5　ルソー，今野一雄 (訳)『エミール（上）』岩波書店，1994年，p. 23.

➡ 6　同前掲 5，p. 18.

➡ 7　同前掲 5，p. 42.

➡ 8　中野光・志村鏡一郎 (編)『教育思想史』有斐閣，1978年，p. 38.

有名な著書に『隠者の夕暮れ』（1780）や『リーンハルトとゲルトルート』（1781/1787）などがあり，『幼児教育の書簡』では，「われわれの改善した組織が幼児教育の段階にまで延長されない限り，われわれの仕事は半ば成就したものとはみなされるべきではない[9]」と述べ，幼児教育の重要性を考えていたことがわかります。また，その方法として子どもの興味，関心を喚起するために「模倣」を促す玩具を与えることなどを奨励しています。このように，子どもの興味，関心を重視する教育方法は，現在の保育につながっているといえます。

彼の考える幼児教育の目的は，知識の習得そのものではなく生活への適応にありました。「生活が陶冶する」という言葉は有名ですが，母親との愛や信頼関係を基盤とし，父親が生活に必要な知恵や技術を教えるということを論じています。生活の中で親が子どもを教育するという機能を失いつつあった当時の家庭生活において，ペスタロッチは，生活を学ぶことを教育の中心とし，「母性愛」こそが重要な意味をもつと考えていました。

ルソー，ペスタロッチとも，幼児期の教育における母親の重要性を論じており，それが女子教育にもつながっています。保育者という職業が女性中心に発展してきたことも，このようなかつての思想家や教育者の考え方が影響していることがわかります。これは後に述べるフレーベルにも共通しています。

❸ オーエン──性格形成学院

オーエン, R.（Owen, R., 1771-1858）は，20代で紡績工場の経営に携わり，1816年にはスコットランドのニューラナークの工場内に「性格形成学院」を設立し，1歳から成人までの教育の場を提供しました。その中には，1～3歳と4～5歳の2つに分けられた幼児学校も作られ，幼い子どもたちの教育が行われました。

オーエンは，性格は個人によって形成されるのではなく，習慣や情操により形成されるということを考えており，「性格形成学院」は，劣悪な環境に置かれた子どもたちの救済のための施設であると同時に，子どもたちが共同生活を行い，集団生活の中で連携し，親しみ合うことを通して理想とする人間を形成することを実践しました[10]。

---

[9] ペスタロッチー，皇至道（訳）「幼児教育の書簡」長田新（編）『ペスタロッチー全集』平凡社，1960年，p. 147.

[10] 小川博久『21世紀の保育原理』同文書院，2005年，p. 90.

第9章　保育の歴史に何を学ぶか

幼児学校においては戸外での活動や体育，声楽や楽器の演奏を奨励し，団体での規律を学ぶために，行進などを行いました。このように，集団での教育が行われ，その方法としては，具体的に認知できるような絵や模型，実物が教材として用いられ，わかりやすく興味をもつような方法が採用されていました。

このように，子どもたちが理想とする環境の中で実際に体験することを通しての教育を考えていたオーエンは，子どもを具体的な経験から切り離して効率よく知識を教授するという「ベル＝ランカスター法」のような近代教育の新しい制度を批判していたのです。オーエンの実践は，現在の保育所に通じるものがあり，また生涯学習として幼児から成人までの教育を考えていたということも特筆すべき点でしょう。[11]

➍ フレーベル──幼稚園の創始者

ドイツで牧師の息子として生まれたフレーベル，F. W. A.（Fröbel, F. W. A., 1782-1852）は，建築学などを学んでいましたが，1805年にフランクフルトの「模範学校」の教師となりました。その年ペスタロッチの実践を見学したフレーベルは，強い感銘を受けたといわれています。

その後，フレーベルは1816年に「一般ドイツ教育所」を開き最初の教育事業を手がけることになります。1837年にはブランケンブルクに「直観教授学園」を，さらには「幼児教育指導者養成所」「遊戯および作業教育所」（1839年）を開設し，1840年に「一般ドイツ幼稚園（Allgemeinen Deutschen Kindergarten）」を創設しました。これが，現在に続く幼稚園の始まりです。資金難からこの幼稚園は4年後に閉鎖し，別の地に移され，その後自らの教育を普及させるための活動を行いました。しかし，1851年フレーベル主義の幼稚園は政府より禁止され，彼の死後1860年までそれが続くこととなります。

フレーベルは，主著『人間の教育』の中で「すべてのもののなかに，永遠の法則が，宿り，働き，かつ支配している」と述べています。[12] そして，この法則を働かせているものが神であるとし，このように神的なものによって存在している幼児の本性を善と捉え，それを十分に現すことこそが教育と考えました。したがって，幼児の教育は強制的，命令的ではなく，受動的，消極的であるべきとし，ル

[11]　乙訓稔『西洋近代幼児教育思想史──コメニウスからフレーベル』東信堂，2005年，pp. 116-122.

[12]　フレーベル，荒井武（訳）『人間の教育（上）』岩波書店，1964年，p. 11.

151

➡13　同前掲12, p. 139.

➡14　「恩物（Gabe）」とは，「神からの贈り物」という意味であり，様々な色の毛糸で包まれた木の球，木で作られた球，立方体，円柱の集まり，また立方体を，いくつかの立方体や直方体，三角柱などに分割した積み木のようなものなどがあります。これらは単純な形でできており，徐々に形が細かくなっていっています。幼児がこの恩物を簡単なものから複雑なものへと遊ぶことを通して，精神的，身体的な発達を促すとされています。

➡15　フレーベル，荒井武（訳）『人間の教育（下）』岩波書店，1964年
　　岩崎次男ほか『フレーベル 人間の教育』有斐閣，1979年

ソー以降の消極教育の伝統を見ることができます。

　フレーベルの子ども観は，「子どもを大人として見るのではなく，子どものうちに大人となるものの源があると考える[13]」ものであり，幼児期の教育が最も重要であるとしています。そしてその方法として自己活動としての「遊び（Spile）」が重要であると考えました。なぜなら「遊び」こそ幼児の内面を自由に表現したものだからであり，幼児期における「人間の最も純粋な所産」であると考えていたからです。それを実現するために「幼稚園」を作り，教育者を養成し，それを引き出すための道具として「恩物（Gabe）[14]」を考案しました。

　現在の，幼稚園や保育所で重視している「遊びを中心とした保育」は遡ればフレーベルにたどり着くことがわかります。また，そのための環境構成が重要になりますが，環境のひとつである遊具やおもちゃといった子どもが遊ぶための物を考案したということもフレーベルの考案した恩物につながります。今ではあたりまえのように思われていることも当時としては画期的なことでした。

　このようにフレーベルの教育思想は，現在の幼稚園につながるものですが，彼自身は母親の啓蒙のために幼児教育の場を作ったという側面もみられます。産業革命により，それまでの伝統的な家庭生活が崩壊していく中で，フレーベルもまた十全な家庭教育を復興する場として幼児教育を考えていました[15]。

　現在の幼稚園や保育所は，どうでしょう？　保育時間の長時間化など家庭教育機能を低下させるというフレーベルの考えとは逆の方向に発展してきたという見方もできる反面，園の活動や保育を保護者にも理解してもらうような取り組みや，保護者を巻き込んでの保育活動など，当時の考え方とつながる部分も見られるのではないでしょうか。

❺ モンテッソーリ──モンテッソーリ・メソッド

　イタリアのモンテッソーリ，M.（Montessori, M., 1870-1952）はフレーベルの教育を科学的に前進させたと言われています。彼女は小児科の医師であり，障害のある子どもたちのための教育を視野に入れていました。1907年には「子どもの家」を創設し，「モンテッソーリ・メソッド」と呼ばれる幼児教育の方法を考案しました。こ

第9章　保育の歴史に何を学ぶか

れは、「教具」と呼ばれる道具を用いて、感覚機能を刺激し、実生活の訓練を通して、質量や数量、また言語表現などを養うことを目的としていました。また、彼女はそれらを画一的に多くの子どもたちにさせるのではなく、子どもの自主性を重視しました。そして、子ども自身の発達や能力に適した時期（敏感期）にそれらの訓練を行うことが重要であるとしました。[16]

　「モンテッソーリ・メソッド」は、現在でも多くの人びとに支持され、世界各国の幼児教育施設で実践されています。日本にも専門の指導者養成施設があり、そこで一定のトレーニングを受けることで資格を得ることができます。モンテッソーリの思想は、「個」を対象としており、私たちが幼稚園や保育所で重視している「集団の中で学ぶ」という視点はありません。そのため日本では欧米のように浸透していないともいえます。

▶16　モンテッソーリ、阿部真美子・白川蓉子（訳）『モンテッソーリ・メソッド』明治図書出版、1974年

4　日本における保育制度の移り変わり
——明治から戦時下

Work 3 🖋

　戦後直後から幼保一元化、一体化の議論がなされながら現在でも制度自体は一元化されていません。なぜ日本では一元化が実現しないのか、保育制度の歴史をたどって考えてみましょう。

❶ 幼稚園の始まり——東京女子師範学校附属幼稚園

　1872（明治5）年学制が頒布され、日本の近代教育の制度が始まりました。学制には「幼稚小学」という6歳未満児の教育についての記述がみられますが、実際に作られることはありませんでした。また「子守学校」（本章 p. 155参照）という幼児を連れて学ぶことのできる学校もできますが、幼児に対する教育が考えられることはありませんでした。日本の公教育としての幼児教育は、1876（明治9）年に東京女子師範学校附属幼稚園が設置されたことに始まります。

153

図9-1 二十遊嬉の図
▶出所：お茶の水女子大学附属幼稚園所蔵。

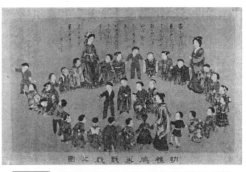

図9-2 遊戯の図（大阪市立愛珠幼稚園所蔵）
▶出所：文部省『幼稚園教育百年史』ひかりのくに，1979年，p. 62より引用。

図9-3 家鳩
▶出所：中村道子氏の採譜による。

▶17 1879（明治12）年に当時の東京女子師範学校監事であった関信三が『幼稚園法二十遊嬉』において，「遊具遊びと作業を『二十遊嬉』としてとりまとめて紹介しており」，そこからフレーベルの遊具と作業材料を一括して「恩物」と称され，その種類も20種類と捉えられるようになったといいます（湯川嘉津美『日本幼稚園成立史の研究』風間書房，2001年，pp. 172-173.）。

　保育者は保姆と呼ばれ，3歳からの3年間の幼児を保育しました。当時の幼稚園に通ってくる幼児は，華族や官吏，富豪の子どもたちであり，馬車で登園するために，馬をつなぐ場所や，お付きが待機する部屋なども用意されていたそうです。つまり，一部の上層階級の子どものための施設だったといえます。

　1日の保育時間は4時間，園児数は150人で年齢ごとに組を編成し，保姆1人の受けもつ幼児数は50人とされました。これらはすべて欧米の幼稚園にならって設定されました。特に，保育内容については，フレーベルの考案した恩物を操作する「二十遊嬉」と呼ばれるものが主なものでした。他に「唱歌」，「談話」，「遊戯・体操」などが設定され，20〜30分ごとに区切られて保育が行われていたといいます（図9-1参照）。保育内容は日本で子どもたちが慣れ親しんだ昔話や遊びではなく，外国から取り入れられた童話や翻訳された

18 文部省（編）『幼稚園教育百年史』ひかりのくに, 1979年, p. 56.

19 上笙一郎・山崎朋子『日本の幼稚園──幼児教育の歴史』筑摩書房, 1994年, p. 31.

20 同前掲19, p. 97.

21 倉橋惣三『子供賛歌』フレーベル館, 1965年, p. 133.

22 宍戸健夫「倉橋惣三」岡田正章ほか（編）『保育に生きた人々』風媒社, 1971年, pp. 188-189.

23 同前掲21, pp. 199-120.

24 倉橋惣三『幼稚園真締』フレーベル館, 2008年, p. 23.

25 同前掲19, p. 66.

歌が用いられ，子どもたちがそれまで慣れ親しんだ生活とはかけ離れた保育が行われていたようです[19]（図9-2，図9-3参照）。

❷ 大正期の幼児教育と倉橋惣三

大正期は，児童中心主義のいわゆる「新教育」へと教育界全体が大きく変化する時期であるといえます（大正自由主義教育）。これは，幼児教育においても例外ではなく，明治期の恩物中心の形式主義的な保育から児童中心の保育へと変革した時期でした。その中心にあったのが倉橋惣三です[20]。

倉橋は，東京帝国大学の学生時代から，幼稚園に通い，幼児たちからは「お兄ちゃんが来た」と慕われていたといいます。一方で，学生時代からペスタロッチやフレーベルの思想を学び，その思想に共感していました[21]。

倉橋は，幼稚園は中流以上の善良な家庭には無用であると言われていた時代に，「救済的意味を少しも含まない場合に於て，矢張り幼稚園の必要はある」と論じ，その論拠として幼児同士の「相互的生活」の重要性をと論じたといいます[22]。このように，倉橋は積極的な意味での幼稚園の必要性，そこでの子どもの教育や育ちに早くから意味を見出していた人物といえるでしょう。

1917（大正6）年に東京女子師範学校附属幼稚園の主事となった倉橋は，まず「創園以来の古いフレーベル二十恩物箱を棚から取り降ろして，第一，第二その他系列をまぜこぜにして竹かごの中へ入れた。（中略）すなわち恩物を積み木玩具とした」と同時にフレーベルの肖像画を遊嬉室の正面から職員室へと移動させたとも記しています[23]。倉橋は，この象徴的な出来事に示されるように，それまでの形式主義的な保育を幼児中心の保育へと転換させました。また，「生活を生活で生活へ」と唱え，幼児自身はあくまで生活をしているそのままの中で教育としての目的をもつことこそが「幼稚園の真締」であると述べています[24]。そういった意味では「保育案」も重要であり（「誘導保育案」），子どもの自由は保障しつつも保育における計画の重要性も論じています[25]。

このように倉橋は，幼児の自発的な生活を重視し，遊びを中心としながら，それらが保育者によって教育的に高められていく中で，幼児が様々なことを習得していく「誘導保育論」を展開しました。

26 同前掲24, p. 92.

また,「自由遊び」についても誘導保育案と区別されるものではなく, 保育活動の一部として捉えるということも論じています。[26] このように倉橋の展開した保育論は現在の日本の保育実践の元となっているものといえます。

❸ 幼稚園の普及と法整備

　幼稚園の普及はなかなか進まず, また制度的な整備も小学校等と比べると遅かったといえます。1899（明治32）年に「幼稚園保育及設備規定」が出され, これを受け, 翌1900（明治33）年「小学校令施行規則」では, 幼稚園について詳細な規定がなされ, ようやく幼児の年齢, 保姆1人当たりの幼児数, 保育項目などが規定されました。たとえば, 幼稚園の目的は, 満3歳から尋常小学校入学までの幼児を保育し,「心身を健全に発達させ善良な習慣を身に付けて家庭教育を補うことを要する」ことと明記されました。また, 保姆1人の保育する幼児数は40人以下, 保育項目は「遊嬉, 唱歌, 談話, 手技」とし, さらにその内容も記されるなど具体的な内容が示されました。

　1926（大正15）年には, 初めて幼稚園独自の「幼稚園令」が出されます。目的等は1900年の小学校令施行規則を踏襲する形で示されましたが, 保育項目は「遊戯, 唱歌, 観察, 談話, 手技等」となり, 現在につながるような「自由遊び」や「集団遊び」, 童謡, 飼育栽培や絵本, お話, 製作など, 幼児にあった内容の保育が行われるようになりました。また, 保姆の検定も厳密化され, その科目も教育（教育, 児童心理）, 保育（育児法, 保育法, 保育項目に関する事項の実際）などの他, 様々な教養が求められるようになり（国語, 算術, 歴史, 地理, 理科, 図画, 手工, 音楽, 体操, 裁縫）, 現在の保育者養成にも通じているといえます。

❹ 戦時下の幼稚園教育

　太平洋戦争が始まると, 小学校以上のように制度上の極端な変化はありませんでしたが, 日本全体が軍国主義に傾いていく中で, 幼稚園も様々な影響を受けました。当時の保育者によると, 子どもたちの間では「兵隊さんごっこ」などの遊びや, 戦争に関連する訓話

第9章 保育の歴史に何を学ぶか

などがされたようです。また，戦禍が激しくなると，都市部の多くの幼稚園が休園を余儀なくされたり，「戦時託児所」と名前を変えて保育を行ったりすることとなりました。他にも，戦禍を逃れ，集団疎開をする園もありました。[27]

27 同前掲19, pp. 204-262.

❺ 保育所保育の歴史

明治政府が近代教育制度を整備したものの，初めのうちは就学率がなかなかあがらないため，1870〜80年代にかけて，妹や弟を連れて学校に来られる「子守学校」を設けました。当時の学齢期の子どもたちは，妹や弟の世話をすることが家庭における役割になっていたからです。しかし，保姆などがいるわけではなく，あくまで学齢期の子どもたちの就学のための施設であり，子どもたちが交代で面倒を見ていたといいます。

現在の保育所につながる施設が初めて作られたのは，1890（明治23）年に赤沢鍾美，仲夫妻が作った「新潟静修学校附設保育所」と言われています。もともと鍾美が開いていた私塾に妹弟の面倒をみざるを得ない生徒たちが多く，それを妻の仲が世話をするようになり，その枠を拡大していきました。[28] 当初は保育料もとらず，困っている人を助けるという目的で行われていました。また，野口幽香，森島峰によって開設された二葉幼稚園は，1900（明治33）年東京の麹町で貧しい子どもたちの救済のために作られました。それまで野放しにされていた子どもたちに，遊具や絵本を与え，その遊び方を教えながら保育を行っていったといいます。[29] ここでは，単に子どもを預かるだけでなく，その保育内容も考えて保育が行われていました。

28 同前掲19, pp. 46-58.

29 同前掲19, pp. 84-110.

このように，保育所は，地域の篤志家たちが，貧しく子どもの面倒をみることができない親たちに変わって保育したということが始まりです。公立の保育所ができるのは，大正になってからであり，国として「保育に欠ける」子どもの保育に取り組むようになるのはだいぶ後になってからのことといえるでしょう。

また，大正末期から昭和初期にかけては，オーエンが試みたような労働者の子どもたちの人格形成の場としての託児施設も作られました。貧しい人びとの生活改善と向上，婦人の解放等を目指すものであるとともに，子どもたちの生活訓練や子どもの自治が目標とさ

れました。特に，東大セツルメントは，戦後の保育にも大きな影響を与える「保育問題研究会」にもつながり，そこでは浦辺史や城戸幡太郎らが活躍しました。

城戸は倉橋と並んで戦前の保育を牽引した人物ですが，倉橋の児童中心主義を批判し，集団で生活する中で，子どもたちが自分たちの問題を解決し，その中で社会の在り方を学んでいくという「集団保育」の考え方を示しました。

幼稚園は明治政府が近代国家を推し進めるため，また近代国家成立をアピールするための宣伝としての役割ももって誕生したとも考えられます。一方保育所は困っている人を助けるために作られたものです。このような歴史的背景を見てみると，両者の作られた経緯や目的の違いが明確になり，一元化を妨げている一因が推察されます。現在では，認定こども園が作られ，また3歳以上児は基本的には共通の保育内容で保育が行われており，実質的には一体化が推進されているといえますが，制度上の一元化の目途はいまだたっていません。私たちが，歴史的な背景をたどることを通して，現在の状況を生み出している要因を探りながらも，今後の幼稚園と保育所の在り方や，乳幼児にとっての望ましい環境について考えていかなければなりません。

5 戦後の幼児教育制度と保育実践

❶ 戦後の幼稚園

戦後の日本はアメリカの占領下に置かれ，民主的な教育が目指されることとなります。当時，幼稚園と保育所の一元化や，幼稚園を義務化するという動きもありましたが，1947（昭和22）年に学校教育法，児童福祉法が制定され，幼稚園と保育所は学校，児童福祉施設と別々の役割をもった施設として制度化されました。

そのような中で，1948（昭和23）年には文部省より「保育要領」が「幼児教育の手引き」として出され，幼稚園のみならず，保育所や家庭も含めての保育の在り方が具体的に示されました。ここでは，

第9章　保育の歴史に何を学ぶか

➡30　文部省「保育要領
──幼児教育の手引き」
1948年

➡31　田甫綾野「戦後幼稚
園教育における教師の専門
家意識の形成」日本女子大
学大学院博士論文, 2008年

➡32　山村きよ「回想教育
要領の現場での受けとめ
方」岡田正章ほか（編）『戦
後保育史』フレーベル館,
1980年, p. 145.

➡33　同前掲32, p. 30.

「幼稚園における幼児の生活は自由な遊びを主とするから, 1日を特定の作業や活動の時間に細かく分けて日課を決めることは望ましくない。1日を自由に過ごして, 思うままに楽しく活動できることが望ましい」➡30と記されています。また, 幼稚園の日課として「自由遊び」という項目が出てくるなど, 現在の保育に通じる考え方が示されています。当時の保育者たちは, 「自由な雰囲気がでてきた」と当時を回想していますが, その内容は現在私たちが考えるような, 幼児の主体的な遊びということとは少し違っていたようです。➡31

　1956（昭和31）年には「幼稚園教育要領」が出され, 保育者が活動のねらいをもち, それを達成することが求められるようになったり, 指導計画の意味が示されたりするようになります。また, 記録をとることや, それを通して「反省すること」などが求められるようになり, 保育者の専門性がさらに求められるようになりました。しかし, 保育の内容が6領域（健康, 社会, 自然, 言語, 音楽リズム, 絵画制作）に分けられたことで, それを教科と取り違えて教師中心の保育が行われたとも言われています。➡32実際に当時の保育者に聞いてみると, 「主体的な活動を心がけた」, 「幼児それぞれの活動をねらいに集約させていくようにした」, 「設定活動を行った」など, 保育者によって異なる解釈をされていたことがわかります。➡33

　1964（昭和39）年の改訂では, 文部省告示となり, 法的拘束力をもつようになりました。続く1989（平成元）年の改訂では, 幼児の主体的な生活を保障するための遊びを中心とした保育の重要性が示され, 「環境を通して行う」という基本的な姿勢が示されました。基本的には現在の幼稚園教育要領まで, この流れが受け継がれているといえますが, 「遊び中心」の保育が「放任」と誤解されたことから, 1998（平成10）年の改訂では教師の役割がより明確に示されることとなったり, 幼稚園の機能が拡大されたりしました。また, 2017（平成29）年の改訂では「幼児期の終わりまでに育ってほしい姿」という具体的な子どもの姿が示されるなど, 時代とともに, その時に幼稚園に求められる様々な内容が盛り込まれています。1989（平成元）年からは約10年ごとに改訂されていますが, それだけ, 幼稚園に求められる役割が日々変化しているということがいえるでしょう。しかしながら, 基本的な幼児期に求められる子どもの学びという点では, 戦後大きく変わることはないといえるのではないでしょうか。

159

❷ 戦後の保育所

　一方，保育所は，1947（昭和22）年の児童福祉法の制定により，児童福祉施設として初めて法的な根拠が与えられた施設となり，「保育に欠ける」児童は保育を受ける権利が保障されることになりました。1950（昭和25）年には「保育所運営要領」が示され，保育所運営に関わる様々な具体的な内容が示されました。幼児の保育内容としては「自由遊び」という考え方が強調され，「保育要領」の影響を受けていると考えられます。しかし，保育者の指導の下での絵画制作なども自由遊びに含まれるなど，やや拡大解釈されていた面もあり，「十分保育に活用されなかった」とも回想されています。1952（昭和27）年には保育所を含めた児童福祉施設を対象とした「保育指針」が示され，また1954（昭和29）年には「保育の理論と実際」が刊行され，保育の目的や児童理解，指導の在り方や保育内容についても示されました。1965（昭和40）年には「保育所保育指針」が制定され，1990（平成2）年，2000（平成12）年と改訂を重ね，2008（平成20）年の改定から厚生労働大臣の告示となりました。

❸ 戦後から昭和期の保育

　戦後は幼稚園，保育所とも保育者たちが自ら保育を探求したり，研究したりすることが盛んに行われるようになります。幼稚園においては，学校教育法で「学校」の中に位置付けられたことにより，小学校教育を意識した教育が行われることにもなったようです。筆者の行った研究ではその意識が，一方では「幼稚園らしさ」を出すような実践を目指し，一方では小学校に倣った実践が行われていたことがわかりました。両者とも「学校」としての幼稚園を意識し，幼稚園の意義を見出すことが大きな目的となっていたようです。当時の保育者たちはそれだけ幼稚園教育の専門性を意識し，実践していたことがわかります。

　思想的にもデューイなどアメリカの新教育運動に共鳴し，子どもの経験を重視する考え方や，ソビエトの集団主義の影響を受け，子どもたちが話し合いという行為を通して，自分たちの生活を作りあげていくなど，様々な保育実践が展開されたのも1970年前後（昭和

➡34　2015年の児童福祉法改正により，現在では「保育を必要とする」となりました。

➡35　根岸草笛「回想保育所運営要領や保育指針の現場における受けとめ方」岡田正章ほか（編）『戦後保育史』フレーベル館，1980年，p. 240.

➡36　同前掲31

40〜50年代）のことです。

このような中で，様々な教材も取り入れられるようになりました。視聴覚教育の分野では，紙芝居や絵本なども積極的に取り入れられるようになります。お話はもちろんのこと，絵を見て物の性質を客観的に知るといったようなことも重視されました。視聴覚教材というと，現在ではテレビやインターネットなどと考えがちですが，当時は「絵」が重要な教材となっていたようです。

❹ 幼児教育の歴史とこれから

1989（平成元）年の幼稚園教育要領改訂を機に，日本の幼児教育は幼児の主体性を重視し，遊びを中心とすることとなりました。しかし，一方では，教師主導の保育もまだまだ行われています。そこでは，保護者の要望や目に見える形での子どもの成果などが求められているといえるでしょう。

私たちは何が子どもにとってふさわしいのか，何を大切にするべきなのか常に問われながら子どもと向き合い，保育をしていかなければならないのだと思います。自分が信じて行っていることが独りよがりではないのか，本当に子どもにとってふさわしいことなのか，不安になることもあるでしょう。そのような時に，保育の歴史で学んだことは，自分の考えを正しいものだと後押ししてくれたり，自制を促してくれたりするひとつの指標になるのだと思います。

それは，歴史を鵜呑みにするということではありません。歴史を客観的に捉え，その中で何が正しいのか，どうしていったらよいのか自分なりに考えていくことが重要なのだと思います。

Book Guide

- 倉橋惣三『幼稚園真諦』フレーベル館，2008年
  倉橋惣三の保育理論を具体的に知ることができます。講演をもとに整理されているので，わかりやすい文章で，理解しやすいと思います。
- 岡田正章ほか（編）『戦後保育史』フレーベル館，1980年
  日本の戦後の保育実践について，概観することができます。制度の歴史だけではなく，実践の歴史がわかるので保育の歴史に興味をもちやすく，またその実践から学べることも多いと思い

ます。

・上笙一郎・山崎朋子『日本の幼稚園——幼児教育の歴史』筑摩書房，1994年

　日本の幼稚園，保育所の歴史について，具体的に理解することができる本です。人物を中心に保育実践についても具体的な記述があるので興味深く読み進めることができると思います。

Exercise

1. 興味をもった思想家について詳しく調べてみましょう。また同じ人物について調べた人と，調べたことを発表し合ってみましょう。

2. 自分の祖母や近所の高齢の女性に，子どもの時にどのような教育やしつけを受けたか，また自身がどのように子育てしたかについてインタビューをしてみましょう。時代によって子どもの捉え方や子育ての方法に違いがあるのか考察してみましょう。

第 10 章
保育者に求められるもの

作った作品を笑顔で見つめる子どもと保育者。この子どもにとって保育者ってどんな人だと思いますか?

自分が一生懸命作って，できあがった達成感を共に喜び，味わって
くれる人。できあがるまでにいろいろと試行錯誤した際，共に考え，
悩んでくれた人。上手くいかなかった時には，一緒に悲しんでくれた
人。そして，励まし，応援してくれた人。そもそも，その子が作り始
めたのは，保育者が作っていたのを見たり，一緒に遊ぶ中で，「どう
やったら，作れる？」と聞いたことがきっかけだったかもしれません。
つまり，一緒に遊び，教えてくれる人。
　　そんなふうに目の前の子どもの身になりながら，目の前の子どもが
見ている世界を共に見て，共に感じながら，関わっていくことが保育
者には求められます。なぜなら，子どもは，自分の思いを自分なりに
表現し，それを保育者に温かく受けとめられることによって主体性を
育んでいくからです。その関係に支えられながら，子どもは生活や遊
びを通して，様々な人や物，出来事と出会い，また自分の思いを表現
する一方で，共に生活している他児や保育者のやっていることに引き
込まれたり，響き合ったりしながら，自分の興味・関心の世界をさら
に広げ，育ち合っていきます。
　　しかし，子どもの主体性を尊重する保育者は，必ずしも「受け身」
とは限りません。保育者の物事に対して感じる「愛おしさ」が，子ど
もや周囲に広がり，さらに保育者は，その中での子どもが見せる姿に
寄り添い，環境を準備したり，計画を作り直したりしていきます。そ
んな主体的で対話的な保育者の姿が子どもの主体的で対話的な姿を支
えているのです。

第10章　保育者に求められるもの

1　保育者になるということ

❶ 保育者ってどんな人？

Work 1 🖉

　あなたが「素敵だな」「魅力的だな」と思う保育者は，どのような保育者でしょうか。どのように子どもたちと関わっている姿がイメージとして浮かびますか？　また，子どもたちが登園してきた場面，遊んでいる場面，子どもたちが集まっている場面，昼食の場面，降園の場面，子どもたちが園にいない時の場面など，具体的な場面を思い浮かべて，保育者が保育の場でどのようなことをしているかも考えてみましょう。

　もしグループで作業ができるなら，付箋紙1枚にひとつずつ，様々な自分の思い浮かべた保育者の具体的な行為を書き出した上で，似ているもの同士整理してみましょう。

　皆さんが「素敵だな」と思う保育者は，どのような人がイメージされたでしょうか。「子どもが好き」「子どもの気持ちがよくわかる」「子どもに寄り添うことができる」など，子どもと関わることに視点を置いた言葉が並んだでしょうか。「いつも笑顔」「優しい」など，保育者の特性，性格などが浮かんだ場合もあるかもしれません。

　また，保育者がしていること，仕事としては何があげられたでしょうか。「子どもたちに絵本を読んであげている」「ピアノを弾きながら，子どもたちと歌を歌っている」「子どもたちと一緒に遊んでいる」など，子どもと共に過ごしている様子がたくさんあがってきたかもしれませんね。

　保育者は幼稚園・保育所・認定こども園などの場で，本当に様々な「子どもと関わる仕事」をしていることは確かなようです。

165

❷ 保育者の役割とは[1]

　では実際に，現代の保育者にはどんなことが求められているのでしょうか。幼稚園教育要領に述べられている保育者の役割を手がかりとしてみましょう。[2]

　　　幼児の主体的な活動を促すためには，教師が多様な関わりをもつことが重要であることを踏まえ，教師は，理解者，共同作業者など様々な役割を果たし，幼児の発達に必要な豊かな体験が得られるよう，活動の場面に応じて，適切な指導を行うようにすること。

　まずは子どもたちが主体的に活動できるように，保育者は，子どものことを理解し，一緒に活動することが求められています。その意味では，先ほど思い浮かべた保育者が子どもと関わっている様子は，保育者の役割としてとても大きなものです。ただ，ひょっとしたら，豊かな体験が得られるように「適切な指導を行う」ということは，先ほどの Work 1 ではあまりあがってこなかったかもしれません。その詳細はさらに，以下のように記されています。[3]

　　　教師は，幼児の主体的な活動が確保されるよう幼児一人一人の行動の理解と予想に基づき，計画的に環境を構成しなければならない。この場合において，教師は，幼児と人やものとの関わりが重要であることを踏まえ，教材を工夫し，物的・空間的環境を構成しなければならない。また，幼児一人一人の活動の場面に応じて，様々な役割を果たし，その活動を豊かにしなければならない。

　この部分を読み進めると，直接，子どもと関わるだけではなく，子どもの主体的な活動を予想しながら，主体的な活動が可能になる環境を計画的に構成するということが求められていることがわかります。保育者の役割は，直接子どもと関わるだけではなく，計画をし，環境を作るといった，子どもが目の前にいないところでのことも含まれているのです。

---

[1]　ここでは保育者の役割として幼稚園教育要領に述べられている教師の役割を中心に考えました。保育所保育指針，幼保連携型認定こども園教育・保育要領でも保育者としての役割が書かれているので参考にしてください。

[2]　文部科学省「幼稚園教育要領」2017年（第1章総則　第4　指導計画の作成と幼児理解に基づいた評価　3　指導計画の作成上の留意事項（7））

[3]　文部科学省「幼稚園教育要領」2017年（第1章総則　第1　幼稚園教育の基本）

第10章　保育者に求められるもの

▶4　中央教育審議会「これからの学校教育を担う教員の資質能力の向上について──学び合い，高め合う教員育成コミュニティの構築に向けて（答申）」2015年

　現代の保育者に求められていることはさらにあります。2015年12月の中教審答申（第三次答申）による「これからの教員に求められる資質能力」を基盤として「これからの幼稚園教諭に求められる資質能力」を考えると，「幼稚園教諭として不易とされる資質能力」「新たな課題に対応できる力」「組織的・協働的に諸問題を解決する力」となるとされています。

　「幼稚園教諭として不易とされる資質能力」とは，幼稚園教育要領に示す5領域の教育内容に関する専門知識，5領域に示す教育内容を指導するために必要な力，すなわち，幼児を理解する力，指導計画を構想し実践していく力，様々な教材を必要に応じて工夫する力となっています。さらには，家庭と連携して幼児一人一人の成長を支えることも必要であり，保護者との関係を構築する力，小学校教育との円滑な接続のために必要な力，特別支援が必要な幼児への指導を実践していくために必要な力などが求められています。

　「新たな課題に対応できる力」とは，自律的に学ぶ姿勢をもち，時代の変化や自らのキャリアステージに応じて求められる資質能力を生涯にわたって高めていくことのできる力や，情報を適切に収集し，選択し，活用する能力や知識を有機的に結び付け構造化する力，さらには，ICTの活用，発達障害を含む特別な支援を必要とする児童生徒等への対応などの新たな課題に対応できる力なども求められています。

　「組織的・協働的に諸問題を解決する力」では，これからの学校教員は，「チーム学校」という考えのもとで，多様な専門性をもつ人材と効果的に連携・分担し，組織的・協働的に諸課題の解決に取り組む力が必要であるとされています。得意分野を活かして同僚と協働することはもちろん，保護者との関係の構築，地域の子育て支援に関わる機関や専門機関等との異なる専門家との連携も求められているのです。

　こうしてみると，本当にたくさんのこと，たくさんの「力」を身に付けること，できることが，現代の保育者の役割として求められているようです。けれども，こんなにたくさんの「力」を身に付けることが，果たして可能なのか不安になってきますね。そして，そもそも「素敵な保育者」とは，こういう「力」を身に付け，完璧にこなすことができる保育者なのでしょうか。

167

❸ 保育者としての力を身につける

　皆さんが「素敵だ」と感じるような保育者になりたい時，これまでにあげてきたような様々なことをひとつずつ一生懸命努力し身に付けねばならないのでしょうか。もちろん，子どもたちと絵本を楽しみたいと思い，様々な絵本を読んだり，音楽を共に楽しみたいと，歌や楽器を練習したりすることは素敵なことですし，是非ご自身が楽しんでおいてください。けれども，ただ，そうして保育者として必要そうな個々の能力をそれぞれはぐくむだけでは，保育者として育つことは難しいように感じます。次の逸話を読んでみてください。

➡5　佐伯胖『「学び」の構造』東洋館出版社，1975年，pp. 98-99.

風邪ひかせのパラドックス □5

　ある，とんでもない医者が，ひとりの全く健康な人に「風邪をひかしてやろう」と思ったとしよう。彼はこう考えた。「風邪」というのは，（一）熱があり，（二）頭痛がし，（三）からだがだるい，という三つの特徴がある。したがってこの三つの特徴をもたせれば，この「カゼひかせ」という人類最大のねがい，前人未到の偉業をなしとげられるものである，と考えた。

　そこでまず，医者はその患者（となるべき人物）に「熱」をもたせるために，あらゆることを試みたが，くりかえし失敗した末，ついに発見したのは，インド直輸入の「純粋な」カレー粉に，日本古来の伝統的「ワサビ」をまぜあわせ，それを患者（となるべき人）の全身にぬりたぐることであり，これによって「四十度の熱」を発熱させることに成功した。

　頭痛をもたせるのにはそれほどの苦労はなかった。彼は「自分の豊富な経験」に照らし，これならばまちがいない，と確信した一つの方法，頭を一パツ，ガンとぶちかますこと，を実行したにすぎない。「だるさ」の問題も簡単にかたづいた。からだじゅうにナマリの板をしばりつけて一万メートルほど走らせればよかった。

　医者は患者（となったハズの人）に「感想」を求めた。「熱はありますか？」「ハイ，あります」「頭は痛くないですか？」「たまらなく痛いです。」「からだはだるくないですか？」「とても立っていられないほどだるいです。」ついに医者は成功したのである。

第 10 章　保育者に求められるもの

　佐伯は「道徳的心情」を教えるということの難しさを伝える際に，この寓話を使っています。保育者に求められるもの，保育者に求められる「力」はもちろん数限りなくあるのですが，それを学んでいく際に，一つ一つの「力」を身につけ「ねばならない」と取り組む時，この風邪ひかせのパラドックスに見られるように，本当に素敵な保育者となることからは遠ざかってしまうように思えてなりません。

　ではいったい保育者となるためには，どのように学んでいくとよいのでしょうか。

2 「子どもの声を聴く」ことから

　ある保育者が幼稚園の先生になって 2 年目に出会った出来事の語りを見てみましょう。

Episode 1　子どもが楽しむ虫の世界

　保育者になって 2 年目の時，担任した年長のクラスの子どもたちは，生き物がとても好きでした。でも，私自身は学生時代まで本当に虫が苦手だったのです。

　ところが，その年長の子どもたちと一緒に過ごしていると，日々の生活で虫にふれることがまずは嫌だと思わなくなりました。子どもたちは，毎日園庭で虫探しに没頭していました。また，捕まえた虫を飼うにはどうしたらよいか熱心に調べ，可愛がっていました。子どもたちと一緒に虫を探し，飼い方などを調べているうちに，虫ってこんなにおもしろいのだと思っている自分に気付いたのです。

　そのように，子どもたちと共に虫に夢中になって過ごすうちに，運動会が近づいてきました。運動会でのテーマをどのように進めようかと思った時にも，子どもたちが今，興味をもっている虫にヒントをもらい，子どもたちと相談しながら進めていくことができました。運動会のような行事も，保育者の私の力で進めるのではなく，やはり子どもの力で進んでいくのだと感じ，子どもが興味をもっているところ，子どもから保育が始まると実感したのです。

　皆さんの中にも，この Episode 1 を語った保育者のように虫が苦手，という人もいるかもしれません。そのように苦手なこと，嫌いなことを，いくら素敵な保育者になるためとはいえ，「好きにならねばならない」と努力することは，本当に苦しく難しいことだと思います。けれども，この Episode 1 を読んだ時，この保育者は，

169

「虫を好きにならねば」と努力しているでしょうか。そうではありませんね。この Episode 1 で何が生じているかをひも解きながら，じっくり考えてみましょう。

❶ 子どもがケアする世界

　まずは，この Episode 1 に出てくる子どもたちのことを思い浮かべてみましょう。この保育者の担任クラスの年長の子どもたちは，とても虫が好きなようです。毎日園庭で夢中になって虫探しをしています。単に虫を捕まえておしまいではなく，その虫をどうしたらお世話できるか一生懸命調べて関わっています。そこには，子どもたちと虫との豊かな関わり合いがあることが想像できます。

　虫探しをするには，園庭のどんなところにどんな虫がいるのか，試行錯誤しながら探していることでしょう。より数が少ない，カマキリのようなかっこいい虫との出会いを求めていることもあれば，たくさんいるアリがどのように食べ物を運んで行ったり，巣に入っていったりするかをじっと眺めていることもあることが想像できます。また，ようやく見つけたその虫を飼うには，その虫が何という虫で，どんなところが心地よく，どんなものを食べるのか調べながら，その住処や餌を用意することでしょう。

　子どもたちは，「この虫はこんなところが好きかな」と働きかけ，虫がどんな様子かに見入り，その虫がどのような様子であるかを受け入れて，またさらに働きかけることを，そこで虫が居心地よさそうになるまで，あれこれ関わり続けることでしょう。

　ここに見られるような子どもと虫が関わり合う様子は，あたかも子どもと虫が対話をしているかのようです。このようなありようを，「子どもがケアする世界」と捉えることができます。子ども，ケアというキーワードが出てくると，おとなが子どもをケアする，世話をするというように一方向の関わりとして捉えられることが多くあります。けれども，ケアという言葉には，その対象に専心する，すなわち心を砕くことや気づかうこと，配慮することも含まれています。そのようにケアを捉えた時，ここでの子どもたちの虫との関わり合いは，まさに「子どもがケアする世界」として浮かびあがってきます。

この「子どもがケアする世界」は，赤ちゃんの時から見ることができます。赤ちゃんが遊んでいる場面を思い浮かべてみてください。たとえば，9か月の赤ちゃんが空き缶に出会いました。赤ちゃんは，空き缶という対象に対して，どのようにふるまうでしょうか。赤ちゃんは，きっとそれぞれに異なった方法で缶に働きかけるでしょう。じっと見る赤ちゃんもいれば，手に取り手放す赤ちゃんも，手に取りなめてみる赤ちゃんもいるでしょう。たとえばある赤ちゃんが缶を手に取り手放すと，缶はその働きかけを受けて，落ちる，音がする，動くという変化を起こします。この変化を受け入れ，赤ちゃんはさらに新たな変化，缶の状態をよりよくしようと缶へと働きかけます。缶の手放し方を少し変えて，手首をつかってみたり，落とす位置を変えたりしてみたりするでしょう。そうするとさらに缶はそれに応えて，よりよい変化としての「音」や「動き」という様相の変化を起こします。そのような想定外の新しいよさを赤ちゃんは受け入れて，さらに働きかけるというかたちに試行錯誤しながら探究のプロセスが続いていきます。

「子どもがケアする世界」，子どもと対象との豊かな関わり合う対話の世界からわかることは，子どもたちが対象であるモノのよりよい変化に見入り，聴き入り，受け入れることで，自分たちの新たな働きかけが引き出され，対象との関わりが深まっていくということです。それはまさに対象の世界を探求し，学ぶことなのです。

❷「子どもがケアする世界」をケアする

このような「子どもがケアする世界」，子どもがモノとの対話から学びを深めていくプロセスを，保育者はどのように支えているのでしょうか。それが「子どもがケアする世界」をケアすることであり，子どもの学びを支えていることになるはずです。

Episode 1の保育者のことに視点を動かしてみましょう。この保育者は，子どもたちがケアする世界，虫に夢中になり対話している世界を，まずは「共に」していきました。子どもたちが何をおもしろがっているのかな，と思って関わる中で，子どもたちと一緒に虫を探し，虫のことを調べ，世話をしていったのです。そして，子どもたちがおもしろがっている世界を，保育者もまたおもしろく思うようになり，虫について様々な学びを深めていきました。

つまり，子どもたちと保育者が「共に」虫に夢中になったことが様々な活動につながっていきました。たとえば，運動会も保育者が一方的に「虫をテーマにしましょう」と決めて，行ったわけではありません。

虫の好きな子どもたちは，虫をとり，可愛がるだけではなく，ふだんの遊びの中で，自分がなりたい虫になりきって遊んでいる様子がありました。虫に興味がなかった子どもたちも，虫カゴの虫を見せてもらって興味を抱いたり，虫を手にする姿にあこがれたりして，虫とりを始めたり，虫の世界をイメージしてごっこ遊びを始めたりしました。自然に子どもたちそれぞれのありようで虫に興味を抱き，虫を描いてみたり，虫になってみて遊ぶことを重ねていくうちに，クラスのみんなそれぞれの心の中に，虫が届いていきました。

そして，「みんなで虫になって虫の国に行こう」と空想の世界のお話作りも始まりました。そのようなプロセスの結果として，運動会当日は，「むしだんすぱーてぃ」としてそれぞれの子どもがなりたい虫になって，虫の国でダンスパーティーをしたり，「ばったのいちにち」では，みんなでバッタになってジャンプし，餌を探し求め発見し食べて卵を産む競技をしたのです。

このように見てくると，まず保育者が子どもの遊びや活動の豊かさ，「子どもがケアする世界」に気付くことが大切なきっかけでした。その手がかりは子どもの興味のありよう，子どもたちの「声」に聴き入ることがとても大切です。そして，その子どもの遊びや活動のありようを保育者自身も共におもしろがることで，保育者自身の学びも広がり始めます。すると，そこから子どもと保育者との遊びや活動のさらなる探究が始まり，子どもからさらなるアイデアが生まれてきます。ある子どもと保育者との探究により見えてきた活動や遊びのおもしろさ，興味深さに他の子どももひき付けられ，参加していくことも生じます。「子どもがケアする世界」をケアすることは，保育者が一方向に働きかける営みでは決してなく，保育者が子どもと共に同じものを見て，共に探求していく営みなのです。

❸ 学ぶ世界の広がり

この保育の場での学びのありようを，第3章でも紹介された「学びのドーナツ」で考えてみましょう。「学びのドーナツ」とは，一

➡6 子どもの声とは，いわゆる発話，話し言葉だけではありません。子どもが夢中になっていることは，その視線や身体の姿勢など本当に様々な行為が示しています。

人称の学び手であるⅠ（私）が，三人称的他者世界であるThey世界（現実の社会，文化的実践の世界）の認識を広げ，深めていく時に，必然的に（YOU的世界である）二人称的世界，共感的に関わる他者との関わりを経由するとしたものです。たとえば，赤ちゃんは，母親というYOUと出会い，二人称的世界での関わり合いを通して，現実の社会や，より「よい」ものを生み出していく文化的実践に参加していきます。また実はその二人称的関わり合いを通して，赤ちゃんはⅠ（私）についての認識も深めていきます。

　学びのドーナツ論では，YOU的世界とは人との関わりだけでなく，モノとの関わりも含みます。今回のエピソードで言えば，まずは子どもたちと虫との出会い，二人称的な関わり合いがありました。子どもたちは，虫という存在と親しく関わり合う中で，「虫」という存在を探求し，より深く感じ，知っていったのです。また，そのように「虫」に詳しい自分というⅠ（私）の世界も同時に深まっていっています。

　この「学びのドーナツ」は，保育者をⅠ（私）と見て考えることも可能です。このEpisode 1の先生は，虫が好きな子どもたちと二人称的に関わり合うことを通して，虫の世界を自らも楽しむようになっていきました。保育者も子どもたちと二人称的に関わることで新たな自分に出会ったのです。そして，もちろん子どもたちそれぞれをもよりよく知っていき，保育での活動が深まっていきました。運動会の場面は，二人称的関わり合いを通して，外界のモノゴトなどへの三人称的な文化的実践の「よさ」の発見と創造をも深めていくプロセスであったと思います。

　つまり一人称的世界である自分自身をよりよく知ることも，三人称的世界である様々なモノゴトをよりよく知ることも，二人称的関わり合いを通して深まる可能性を「学びのドーナツ論」からは読み取ることができます。保育者は子どもたちと共におもしろがり，二人称的に関わり合うことを通して，保育者として学び育っていくのです。

3 保育者として共に学ぶ

❶ 保育者が共に考えること

保育者としての学びと育ちについて，さらに視点を広げて考えて
みたいと思います。次の Episode 2 を読んでみてください。

Episode 2　　赤ちゃんの探求する世界

　　0歳児クラスを担任しているN先生たちは，子どもたちとモノとの出会いに注目しました。その注目
のきっかけは，0歳児クラスの子どもたちの日常の姿を丁寧に見てみると，毎日床の材質の違うところ
を触り，その素材を確かめるようにしている子もいれば，カーテンがふわっとなると指さす子もいたり，
子どもたちがおとなとは異なるモノとの出会いをしていることに気付いたことでした。おとなの目には
あたりまえに床，カーテンとだけうつる世界ですが，赤ちゃんたちにとってみると世界は不思議にあふ
れているようなのです。

　　このことに気付き，一緒に過ごしている赤ちゃんにとって不思議にあふれている世界を保育者である
自分たちも共有したいと，今の赤ちゃんたちの豊かな感性を保育者の間で話し合ってみました。それぞ
れの子どもの動き，表情，表現，行動のプロセスを様々に語りました。ただ語るだけではなく，その園
では，従来より利用していたウェブと呼んでいるキーワードをつなげていく方式で可視化もしていきま
した（図10-1を参照してください）。たとえば，音という言葉を考える時，まず，紙の真ん中に音と書
き，その文字のまわりを線で丸く囲みます。そして，その時赤ちゃんたちが気付いている音をそこから
線でつないで書いてやはり丸く囲みます。この時は，扉の開閉音，くしゃみ，歌，声（高い，低い），
スプーンで机を叩くなどが，参加している保育者それぞれから次々出され，つながりました。また，同
時に，同じ紙の別の位置から，感触というキーワードからつなげたり，温度というキーワードからつな
げたりと，様々な角度から，子どもたちの経験の世界を書き出していきました。そのようにしてみるこ
とによって，赤ちゃんたちそれぞれの多様な関心，たとえば，音，感触，風，温度，鏡，行為，棚など
が見えてきました。

　　そしてそのように見えてきたことに基づいて，新たな環境，アプローチを探っていきました。つまり，
赤ちゃんたちが今感じていることを丁寧に見てとりながら，その赤ちゃんたちの今の関心をもとに，さ
らにつながり，広がるような，五感を使った豊かな体験ができるような環境を考えてみたのです。そし
て，その環境での子どもたちの姿を見て，またふりかえり，広げるということで，子どもたちと共に，
保育者もどんどん世界が広がっていきました。

第10章　保育者に求められるもの

➡7　岩田恵子「『観察する記述』から『感じとる記述』へ——二人称的記述から見えてくる赤ちゃんがケアする世界」佐伯胖（編著）『「子どもがケアする世界」をケアする——保育における「二人称的アプローチ」入門』ミネルヴァ書房, 2017年, pp. 79-126.

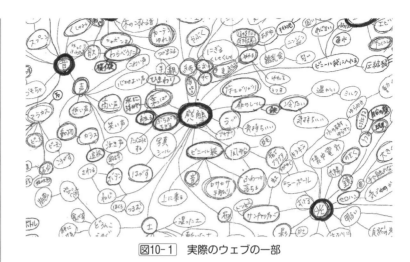

図10-1　実際のウェブの一部

　このEpisode 2からは，保育園の0歳児クラスの赤ちゃんたちと保育者の探究の場が広がり日常が豊かになっていく様子が見られます。赤ちゃんたちの様々な「声」，たとえば視線の行く先，触れている感覚，聴こえている音など五感を通した様々な赤ちゃんたちの気付き，発見に驚きをもって聴き入る保育者の探究の様子がわかります。子どもの「声」に聴き入る最初の一歩は，もちろん子どもたちとの関わり合いなのですが，このEpisode 2に見るように，子どもの「声」や子どもの発見のありようを，保育者同士が語り合うと協働的に発見を深めていく営みが生まれてきます。

　さらにこの場では，赤ちゃんが「おもしろがっている」世界を保育者が様々に発見するだけではなく，その発見から，さらに「おもしろい」ことを保育者も「共に」生み出そうという次の保育の場のありよう，いわゆる環境構成や次の保育の計画が，この対話から自然に生まれてきています。保育の場における学びの広がり，深まりはこうして，「子どもがケアする世界」を保育者が「共に」ケアすることで生まれてくるのです。

❷「子どもがケアする世界」をケアすることの大切さ

　このEpisode 2では，保育者が「おもしろさ」「楽しさ」を子どもと共に感じ，関わり合いが深まっています。保育の中では，もう一方で「困ったこと」「辛いこと」などについても，子どもの声に聴き入り，受け入れ，共に考えていくことが大切になります。

175

Work 2 ✏

　みんなが集まる時間になり，他の子どもたちが輪に並べてある椅子にそれぞれ座っているのに，ある子はなかなか椅子に座ろうとしません。皆さんは，このような場面を思い浮かべるとどのように感じますか。そして，その子とどのように関わりますか。まずは自分が感じることを手元の紙にメモしてみた後に，そのメモをもとにグループでも話し合ってみましょう。

　皆さんがこの Work 2 に取り組んで，最初に思い浮かんだのはどんなことだったでしょうか。「お集まりの時間なのに座ってくれないと困るな」「なんて声をかけようかな」など，自分自身が困ったり，難しいと感じたことが浮かんできたのではないでしょうか。

　こんな場面を見かけたことがあります。お片付けの時間になったのですが，その時，ある子がちょうど一生懸命紙を細く丸めて剣を作ろうと何度もチャレンジし，ようやく気にいるように細くできたところでした。彼に「おかたづけ」の声は聞こえていたのですが，ようやくできた剣を見せたくて仕方がない様子でした。ところが，先生に見せても，「ロッカーにしまってらっしゃい」と言われてしまいます。その子は諦めきれず，また他の先生に見せるのですが，同じように片付けを指示されてしまいました。それでもあきらめきれないその子は，剣をズボンのポケットにさして，お集まりに参加しました。それも先生に注意され，とうとうお集まりに参加するのも嫌がり泣き出してしまいました。

　この出来事の後，その園の先生方は「いつも彼は集まれなくて，クラスがまとまらないんです。一緒に話し合いもできません。いったい，どうしたらよいのでしょう」と話されました。私は，彼がようやくできた剣を先生に見せたくて，そして，それで遊びたくて仕方がなかったのではないか，と彼が困っていたことを私なりに伝えてみました。そして，彼の思いを共にしてみると，ようやくできたことを共に喜び，今すぐではなくとも後で続きができるように，遊びの時間や場所を考えていくことができるのではないかと提案してみました。そのようなことをきっかけに，子どもの声を聴きながら「遊びが続く」「子どもたちの楽しみや興味がつながる」ことを園の先生方が一緒に試行錯誤しながら，半年ほど過ぎた時，担任の先生の彼への見方はすっかり変わっていました。彼は様々な遊びのアイデアを生み出し，遊びをつなげていくキーパーソンとなっていたの

です。私にとっても子どもの声，訴えを聴くことの大切さをあらた
めて感じた出来事でした。

　保育の場面で「困った，どうしよう」と思う場面はたくさんあり
ます。けれども，その場面で一番困っているのは子どもなのだと思
います。その子どもの声，訴えに聴き入り，保育者も共に考えて
いった時，保育のありよう自体が変わっていきます。

❸ 対話を支える多様な仕組み

　このように保育者が子どもについて，保育について，共に考え，
学び合うことは，どのような組織，仕組みの中で行われているので
しょうか。Episode 2 をもとにいくつかの工夫を振り返ってみま
しょう。

　1つ目にあげられることは，子どものことについて保育者同士が
語り合っていること，対話していることです。語り合い，対話は，
一方向的な助言でありません。お互いに異なる意見を受け入れ合い
ながら，共に未知なもの，わからないものについて考えていくもの
です。Episode 2 では，「赤ちゃんたちが楽しんでいる世界は何だろ
う？」と保育者があれこれ自分の経験を出し合い，話が広がり深
まっていきました。そのような対話の場が時間的，空間的に保障さ
れていること，経験年数などにかかわらず，自由に自分の感じたこ
と，意見が言える関係があることが大切なのだと思います。

　2つ目にあげられるのは，子どもの声や訴えが見えやすいように
可視化する仕組みがあることです。Episode 2 では，ウェブをつ
かって，赤ちゃんたちがどのようなことに関心があるかを発見して
いきました。最近，保育の場を写真に撮り，子どもの思いや学びを
一言添えるかたちのドキュメンテーションやポートフォリオが作成
されているのも，子どもたちの遊びや活動が見えやすくなり，子ど
もと保育者双方の学びをより広げ深めていく試みです。保護者が子
どもを理解することにも欠かせません。

177

4 省察的実践家としての保育者

　第3章でも紹介されたショーン，D. A.（Schön, D. A.）は，様々な専門職の事例を考察し，「技術的合理性」，すなわち体系的な知識や法則を適用して問題を解決するような専門職の在り方の限界を指摘しました。保育もその典型ですが，多くの専門職は，多様なことが起こり得る不安定な実践の中で，その状況と対話しながら問題を解決しています。その場の状況とは切り離されている知識や法則を当てはめれば解決できるということは，現場では，ほとんどありません。本章第1節で考えたように，ただ知識としてたくさんの力を身に付けたら素敵な保育者になれるわけではないのです。では，そのような多様で不安定な状況，実践の中で本当に生かされる知とはどのようなもので，どのように実践はよりよくなっていくのでしょうか。保育者に求められるものを考えるに当たり，最後にこのショーンの考え方をご紹介したいと思います。

　実践の中の知とはどのようなものでしょうか。それは状況と対話しながら生まれてきます。保育の場面で，何か困ったことが起きた時を考えてみましょう。その困ったことは，こうすればこうなるといったように，何らかの専門的知識を当てはめてすぐに解決するのではなく，むしろ，こうかもしれない，ああかもしれないと，あれこれ考えをめぐらせながら，何とか切り抜け，展開していきます。このような実践者が行為する中で知っていること，思いめぐらせていること，感じていることなどについて，あらためて吟味することを，ショーンは「行為の中の省察（reflection-in-action）」と名付けています。保育がスムーズにいっている時は，今までもっていた知識や理論を当てはめてうまくいっているので，そのことについてあらためて考えようと思いません。何か違和感があったり，行き詰まってしまった時，想定外のことに出会った時，新たな説明をしようと，別の理論や新たな理論の作り直しが生まれるのです。そしてそのように新たな意味を探したり，作り出したりしていくことで，保育がより広がり，深まっていきます。

　このような「行為の中の省察」は，まさに状況との対話です。保

育者ひとりで成し遂げていくものではなく，子どもたちと共に対象に関わる時，他の保育者と共に子どもについて思いをめぐらせる時，新たな展開，新たな知が生まれるということを，本章では考えてきました。保育者という仕事は，おもしろさ，喜び，苦しみ，悲しみ，驚き，と様々な情感を他者と共に感じ合うことが基盤なのではないでしょうか。

Book Guide

- 佐伯胖（編著）『「子どもがケアする世界」をケアする──保育における「二人称的アプローチ」入門』ミネルヴァ書房，2017年
「子どもがケアする世界」に保育者がどのように関わるかについて，本章でも少し紹介したことをより発展的に解説しています。「二人称的アプローチ」についても，是非学んでみてください。
- 吉村真理子『保育者の「出番」を考える──今，求められる保育者の役割』フレーベル館，2001年
保育の世界を演劇の世界になぞらえて，保育という舞台の幕があがるまでに，舞台の上で，幕が下りたあとで，という様々な場面における保育者の「出番」が描かれています。保育者の役割の多様性を実践例から理解することができます。

Exercise

1. 電車の中や公園など，子どもと出会う機会を活かし，その子どもの姿を他の人に伝えることができるように記述してみましょう。記述する際には，子どもの視線や表情にも注目し，子どもが感じている世界を意識してみましょう。また，その子どもに自分が直接関わるとしたら，どのように共感的に関われるかも考えてみましょう。
2. 自分自身が保育者になりたいと考えるようになったプロセスを記述してみましょう。また，どんな保育者になりたいと思うかを考えてみましょう。さらに，自分が今「おもしろい」と思っていることを，乳幼児期の子どもたちと共に楽しむことができるかどうかも検討してみましょう。

第11章

現代の子育てと子育て支援

園にお迎えに来たお母さんの優しい笑顔。このような子どもに向ける保護者のまなざしやほほえみを支えているものは何でしょうか？　様々な親子の関わりの背後にあるものを探ってみましょう。

核家族化や地域コミュニティの変容にともない，子育てを取り巻く環境は大きく変化しています。かつての日本の社会には，家庭や地域において，子育てについて気軽に相談したり，困った時には子どもを預けたりすることのできる関係が身近に存在していましたし，子どもだけで遊ぶことのできる遊び場（原っぱや路地裏など）が地域にたくさんありました。そのような環境の中で，人びとは子育てに関わる経験や，子どもたちの多様な育ちのありようを見聞きする機会を得ることができていました。しかし，子どもや子育て家庭を取り巻く環境が大きく変化している現代では，子どもと関わった経験もなく，身近に相談できる相手もいない中で，孤独感を抱えながら子育てに奮闘している保護者も少なくありません。そうした子育ての孤立化は，保護者に子育ての中で感じる不安を増幅させたり，子育てに対する負担感や閉塞感にもつながっているようです。

　そんな時代だからこそ，保護者にとって，保育者は，子どもの育ちを共に喜び，味わってくれる大切なパートナーであり，悩みを打ち明けられる相談相手でもあります。また，保育所や幼稚園に入園する前の家庭で子育てをしている親子にとっても，そのような支えになってくれる存在と出会い，同じような子育て中の仲間と出会うための場や支援が求められます。多くの保護者が子どもの愛おしさや子育ての楽しさを味わい，それを共有できる輪が，子どもを真ん中に地域全体に広がっていくことが，子どもと社会の豊かな未来につながっていくのではないでしょうか。そのために求められる子育て支援の在り方について，あらためて丁寧に考えていきたいと思います。

第11章　現代の子育てと子育て支援

1　子育て支援の必要性

皆さんは「子育てが孤立している」という言葉を聞いたことがあるでしょうか。昔も今も子どもの誕生の喜びや子どもの可愛らしさは変わりませんが，子育てが「楽しい」という親たちの声よりも「孤立」「孤独」という声が多く聞かれるようになっています。まず，次の3人の母親たちのエピソードを読んでみましょう。

Episode 1　ずっと気が張っていた毎日

　出産前までは子どもが産まれるのが楽しみで，日中一人でも苦になりませんでした。産後赤ちゃんのお世話で，誰とも日中話さず，少しお散歩に子どもと出ても公園には話す人もいなくて，「今日も誰とも話せなかった」と家に帰る日が続きました。産後5か月くらいの時に，ずっと溜めていたものが限界にきて，夫に「もう無理」と泣きながら打ち明けました。今思えば一人になる時間もなく，ずっと気が張っていたんだと思います。子どもが成長するにつれて出かける場所も増え，少しずつ地域の子どもを連れて行ける子育て支援の場所や子育てサロン，ベビーマッサージ教室に通うようになってから子育ての話ができる友達ができ始めました。子育ての話が気軽にできる人ができたこと，日中に義父母が数時間子どもを預かってくれるようになったことで，少しずつ元気を取り戻すことができるようになったんです。

Episode 2　誰かが一緒にいてくれる安心感

　産後泊まりで手伝いに来てくれていた母親が帰った日からが大変でした。夜眠る以外は基本抱っこしていないと泣く子でした。30分授乳して，子どもが30分寝て自分もウトウトして。寝た子どもを抱っこしたままご飯も作れず，夫が帰ってくるまで微動だにせずテレビも見ず時計だけを見て，無音の部屋の中でじっと座って待っていました。ベビーシッターさんをお願いして子どもを抱っこしてもらえるようになってから，気持ちが解放されて元気になっていきました。「赤ちゃん，今おならしたね。オムツ替えようか」などちょっとしたことでも話せる人がいてくれたことがものすごい安心感でした。誰とも話さずに子育てしていると疲れてしまうことも，誰かがそばにいて手伝ってもらえると楽しくなり，笑いになったりするんです。

183

Episode 3　虐待は他人事ではない

　子どもが生まれるまで仕事をしていたAさんは，ご主人の帰りが遅く子どもと2人きりで日中を過ごすことが増えていきました。そして，経済的には安定しているものの，自分だけの時間をもつことはできない状況にありました。

　「頼れる親は地方にいて，夫はとても仕事が遅いので自分の時間はありません。虐待するニュースを見ると，子どもを産む前はなんで自分の可愛い子を叩いたりするんだろう，自分なら絶対にしないと思ってたけど，子育てに精一杯になって精神的に余裕がなくなってしまって，そういうことをする人の気持ちがわかるようになった。他人事じゃないなって」。

➡1　産前産後のサービスとしてヘルパー派遣などを行っている地域もあり，横浜市では1回2時間以内，1日2回まで計20回ヘルパー派遣を利用できます。また，世帯年収によって利用料が安くなる減免もあります。

➡2　大豆生田啓友『支え合い，育ち合いの子育て支援——保育所・幼稚園・ひろば型支援施設における子育て支援実践論』関東学院大学出版会，2006年，p. 43.

➡3　橋本真紀・山縣文治（編）『よくわかる家庭支援論（第2版）』ミネルヴァ書房，2015年，pp. 8-9.

　これらのエピソードからわかるように，実際に子どもを産み，子育てをしてみると「子育てがつらい」「こんなはずじゃなかった」と思う母親たちがいます。この3組の家庭には夫もいて，経済面が特に困っている環境ではありません。それでもこのような声が出てくるのです。つまり，「子育ての孤立や孤独」は今やどの家庭でもいつでも起こり得る状況にある時代なのです。だからこそ今，子育て支援の充実が必要となっているのです。

　そもそも，「子育て支援」とは，どういった目的で誰がどのように行うものなのでしょうか。まず「子育て支援」の考え方について見ていきましょう。

　大豆生田[2]は，「子育て支援とは，子育てという営みあるいは養育機能に対して，私的・社会的・公的機関が支援的に関わることにより，安心して子どもを産み育てる環境をつくると共に，子どもの健やかな育ちを促すことを目的とする営みである」として，「子育ち支援」「親育ち支援」，そして「子育ての支え合いを生み出す『まち育ち支援』」としての意味を含んでいるとしました。

　また，家庭支援とは，山縣[3]は「子どもへの適切な関心を高める」「子どもと親がともに育ち合う関係を育てる」「一人ひとりの生きる力を培う」「地域とつながり地域の一員となる力を育む」「まちをつくっていく基礎を固める」の5点を理念としてまとめています。

　一方，公的なものによると，子ども・子育て支援法（第7条第1項）という法律の中では，「子ども・子育て支援」について「全ての子どもの健やかな成長のために適切な環境が等しく確保されるよう，国若しくは地方公共団体又は地域における子育ての支援を行う者が実施する子ども及び子どもの保護者に対する支援」としていま

第11章 現代の子育てと子育て支援

す。

また，2018年4月施行の保育所保育指針においては，「保護者支援」からさらに広い視点をもった「子育て支援」という文言に代わり，「保育所における保護者に対する子育て支援は，すべての子どもの健やかな育ちを実現することができるよう，……（中略）……，子どもの育ちを家庭と連携して支援していくとともに，保護者及び地域が有する子育てを自ら実践する力の向上に資するよう」に行うことが示されています。[4]

このように，現代の「子育て支援」とは，子どもの安全な育ちを守り，親が安心して子どもを産み育てることができるように，「地域や機関，社会が子育て家庭を支援していくこと」といえます。

では，こういった子育て支援がどうして必要とされているのか，もう少し具体的に考えるために，次のワークをやってみましょう。

➡4 保育所・幼稚園・認定こども園に通う子育て家庭と，地域の子育て家庭双方に対して，保育者の専門性と保育・教育機関の特性を活かした子育て支援の必要性が確認され，2017年に改定（訂）された保育所保育指針と幼稚園教育要領，幼保連携型認定こども園教育・保育要領のすべてに，子育て支援の重要性が明記されています。

Work 1 ✏

　無料で気軽に遊びに行くことができる地域の子育て支援の場所に，2歳のまさやくんと母親が，多い時で週4回くらい通ってきます。母親はまわりの人と話すこともありますが，子どもと遊ぶことよりも携帯ばかり見ています。
　さて，まさやくんの母親はなぜ携帯ばかり見ていると思いますか。あなたが支援者ならどのように母親に声をかけるでしょうか。

もし，このまさやくんの母親に，一言「携帯ばかり見ないで，お子さんを見てあげてくださいね」と言ったらどうでしょう。もしかしたら次の日からこの場所に来なくなるかもしれません。この母親が，「まわりの人と打ち解けられずに，つい携帯を触ってしまっているのだとしたら」，「少しでも子どもと離れてひとりになる時間が必要なくらい子育てに疲れていたとしたら」，この「携帯ばかりを見ている」姿は何らかのSOSである可能性もあるかもしれません。

表面上の親の行動を見て，親の行動の背景にある事情や状況に思いをめぐらさずに声をかけることは，なぜ子育て支援の場にやってきたのかということを見落としてしまう可能性があります。

このように子育てには，我が子を育てるという何にも代えがたい

185

喜びがある一方で，社会の変化などにより，様々な家庭の生活背景が生じたことによって，家族の力だけでは支えきれない悩みや苦しみをひとりで抱えてしまうことも多くあります。だからこそ，子育て支援の必要性はますます高まっているのです。では，子育て支援が求められる背景について，次の節で考えていきましょう。

2　子育て支援が求められる背景

　日本では，長い間「子育て」は一緒に住んでいる他の家族や近くに住んでいる親戚，または隣近所の地域の人びとに支えられながら行われてきました。隣近所で子どもを預け合うことも多かったようです。しかし，経済の発展と共に，都市化や核家族化が進み，親族や地域の人びととのつながりも次々と少なくなっていきました。そして，幼い子どものいる家庭は地域から孤立し，子育ての難しさや孤立感を抱える母親が増え，子育て支援の必要性が増したのです。

　以下では，子育て支援が求められる背景についてもう少し細かく見ていきます。

❶ 女性の働き方の変化

　先に見たような大きな社会構造の変化と共に，「男性は仕事，女性は育児と家事」という性別役割分業が定着していた時代から，現代では母親である女性の生き方が多様になりました。女性の進学率，就業率の上昇により，母となる生き方以外の生き方への選択肢が増え，育児以外の充実感，達成感を女性に実感させることも多くなり，女性の心を変化させました。それにより女性の非婚化・晩婚化なども進みました。「子どもを産み育てる」「家庭を守る」という女性像から，女性像は多様化し，大きく変化したのです。

　大日向が，「育児は女性が最も適しているとする母性観によって，母親たちが社会から閉ざされた狭い環境に置かれている」と指摘しているように，いまだに育児は女性がするべきものだという認識が社会には残っています。

　こういった背景の中で，子育てや仕事との両立に戸惑い疲弊する

➡5　大日向雅美『母性愛神話の罠（増補）』日本評論社，2015年，p. 188.

第11章　現代の子育てと子育て支援

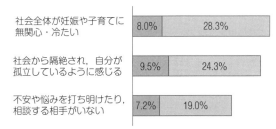

図11-1　子育ての負担感・孤独感

→注：財団法人子ども未来財団「子育て中の親の外出に関するアンケート調査」2011年。
→出所：内閣府「我が国の少子化の現状について」2014年，p. 11. より引用。

人が増えてきており，それが育児不安[→6]として出てきているのです。

❷ 地域と子育て家庭を取り巻く環境の変化

　女性や家庭だけでなく，地域も変化しています。

　冒頭でも述べたように，二世帯以上にわたるような大家族で暮らす家庭は減っており，隣近所などとの地域の関わりも希薄になってきています。

　さらにきょうだいの数も減ってきたこともあり，幼少期に小さな子どもと遊んだり関わる経験も少なくなってきています。多くの異年齢の人との交流を経験しないまま親となり，地域のつながりの弱体化によって，地域や家庭に子どもの面倒を気軽にお願いできる人や相談できる人が少ないという現状が加わると，「子どもがけがしないか心配」「ケンカしないか」「子どもに何を教えたらよいのか」といった，多くの不安が子育て中に出てきてもひとりで抱えてしまうのです（図11-1）[→7]。

[→6] 牧野カツコ「乳幼児を持つ母親の生活と〈育児不安〉」『家庭教育研究所紀要』1982年，pp. 42-55.
山根真里「育児不安と家族の危機」清水新二（編）『家族問題——危機と存続』ミネルヴァ書房，2000年，p. 29.

[→7] 子育てで負担に思うことは，①「自分の自由な時間が持てない」，②「子育てによる身体の疲れが多い」，③「目が離せないので気が休まらない」などがあげられています（内閣府『平成16年版少子化社会白書』ぎょうせい，2004年，p. 44.）。

3 子育て支援施策と子育て支援の場

❶ 子育て支援施策の変遷

　ここまで，子育て支援が必要とされている現状，子育て支援の目的と考え方，そして子育て支援が求められる背景について見てきました。ここでは，国としてどのように子育てに向き合い施策を展開してきたかについて，その変遷を見てみます。

　国の子育て支援施策は，少子化対策として始まりました。少子化というのは生まれてくる子どもの数が減っていくことをいいますが，いったい子どもの数が減るとどのような問題が起こってくるのでしょうか。簡単にまとめると，将来の日本の経済を支える労働層の人口（労働人口）が減ることになります。言い換えると，国の経済活動を支えている税の収入が少なくなることになります。一方で，子どもの数は減っても高齢者の数は増えていき（少子高齢化），年金や医療費などいわゆる社会保障に必要なお金は増え続けていくことになります。税の収入が減るとこのような社会保障等に使えるお金が少なくなっていくのです。こうなると，国として経済面で国民の生活を守ることが難しくなるという危機的な状況になってしまうのです。

　そのような状況が続く中で，国は様々な少子化対策を行ってきましたが，少子化は止まりませんでした（図11-2）。

　そこで，2010年には，少子化対策，次世代育成，男女のワーク・ライフ・バランスだけでなく，子育ての孤立の解消にも焦点を当てた，「子ども・子育てビジョン」が発表されました。ここでは，重点的な理念が「少子化対策」から，親の就業の有無にかかわらず，すべての子育て家庭と子育てを支援していくための「子ども・子育て支援」へと変化しました。

　そして，2012年に成立した子ども・子育て関連３法に基づき「子ども・子育て支援新制度」が新たに2015年から施行されました。この制度は，「保護者が子育てについての第一義的責任を有する」と

➡8　社会保障とは，病気やけが，出産，障害，死亡，失業などの生活上の問題について，国民の生活の安定や国民の健康の確保をするために，国または社会が所得を保障し，医療や介護などの社会的サービスを給付する制度のことです。

第 11 章　現代の子育てと子育て支援

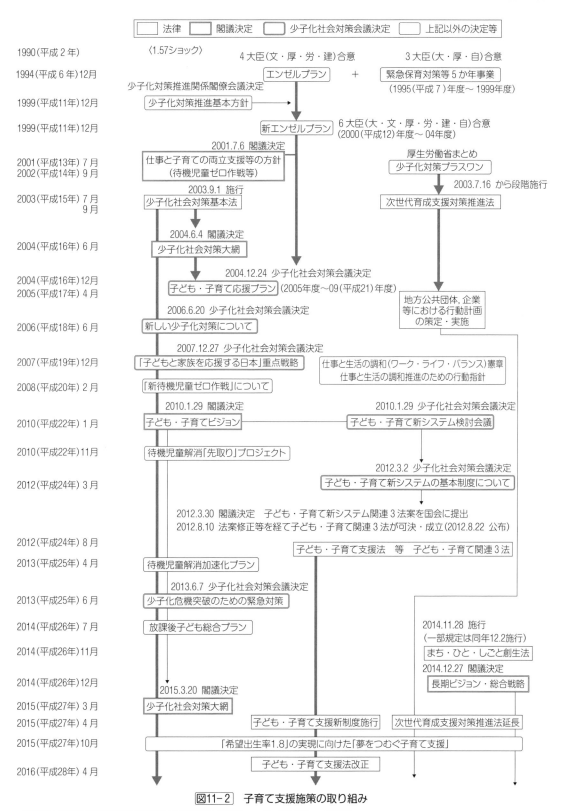

図11-2　子育て支援施策の取り組み

出所：内閣府「平成28年版少子化社会対策白書」2016年, p. 42. より引用, 一部加筆。

いう基本的な認識のもと，基本的な方向性として，保育所・幼稚園・認定こども園・小規模保育などが共通の財政支援によって，より地域の実情に応じた子育て支援を実施することが可能になりました。そしてそれぞれの市区町村で「子ども・子育て会議」が設置され，子育て当事者や子育て支援当事者の意向を反映させながら，より地域の特性を活かした支援に向け，地域が自分たちの子育て支援の力を育てていくことに意識が向くような内容になりました。

➡9　柏女霊峰『これからの子ども・子育て支援を考える──共生社会の創出をめざして』ミネルヴァ書房，2017年，p. 29.

　子ども・子育て支援新制度導入の背景として，柏女（2017）は，[9]①待機児童対策，②地域の子どもを親の事情で分断しない（幼保一体化），③幼児期の教育の振興，④全世代型社会保障の実現，の4点に整理しています。

　このように施策は変遷し続け，少子化対策から，待機児童問題解消，保育所拡充，認定こども園，放課後児童対策などへと進み，2016年の母子保健法の改正によって母子保健包括支援センター（子育て世代包括支援センター）が設置されました。そして，少子化の要因となっているもの全体を支援し，「子どもを産みたい」「安心して子育てができる」社会になるために，妊娠期から子育てまで切れ目のない支援を目指すこととなりました。

❷ 子育て支援の場

　このような施策を元に，保育所・幼稚園・認定こども園をはじめ，区役所や母子保健センター，市区町村保健センター，病院・産院などの医療施設や児童相談所などで子育て支援が行われています。地域ではNPO法人や自治体が運営する地域子育て支援センター，つどいの広場，子育てサロン，子育てサークルなどにおいて，保育士だけでなく，専門職以外の子育て経験のあるスタッフをはじめ，民生委員・児童委員・主任児童委員，地域のボランティアなど様々な人が関わっています。この他にも企業や様々な場所でたくさんの人が子育て支援に携わっています。

第11章　現代の子育てと子育て支援

4　子育て支援の具体的展開

　ここまで国の施策における子育て支援の施策と，場所・サービスについて見てきました。

　それでは，支援者となる保育者として，どのように子育て支援を考え，行っていけばよいのか，保育所・幼稚園・認定こども園に通う保護者への子育て支援と，地域の保護者への子育て支援とに分けて考えていきたいと思います。

❶ 保育所・幼稚園・認定こども園に通う保護者への子育て支援

　仕事が忙しく子育てに時間がとれず，日々の生活で精一杯の親や，子育てに向き合う時間が十分にあっても子育ての悩みがある親など，子育て家庭にとって，身近な場所にあり，専門性のある職員や子どもに適した環境が揃っている保育所・幼稚園・認定こども園の役割は非常に重要なものとなりました。

　保育所や幼稚園，認定こども園を利用している子育て家庭への支援には，保護者と子どもの成長を共に喜び悩みを共有し，協力・連携して日々具体的な支援をしていくことが求められます。

　日常的な子育て支援としては，個別面談に加え，普段の送り迎えや，クラスだより・連絡帳などで子どもの成長を伝え合い，発信しながら行われます。

　次の Episode 4 は，子どもだけでなく，保護者も共に支援していくことで親子の育ちが守られていったケースです。

Episode 4　　　　イライラしているTちゃん

　保育園に通うTちゃんは0歳児のクラスにいる時から，お友達を噛んだり叩いたりしていました。幼児クラスになってもケンカやトラブルが絶えませんでした。お母さんと何度も話すうちに，お母さんの仕事が忙しく，保育園のお迎え後も職場に連れていっていたため，Tちゃんの睡眠時間が足りないこと，眠いので朝ご飯が進まず空腹や疲れでイライラしやすいことがわかりました。Tちゃんの行動を注意す

191

ることよりも，お母さんとＴちゃんの置かれている状況を理解し職員全体でお迎え時に声かけ，話を聞くなどしながらお母さんの精神面を支えることにしました。少しでも睡眠時間や生活リズムを改善していけるようにお母さんにも協力してもらうと，親子に笑顔が見られる日が出てきたのです。

Episode 4 のように，アドバイスや願いを押し付けるのではなく，お母さんや子どもの状況を理解し受けとめ，親が子育てを学んでいけるように一緒に悩みの解決に向けて考えていく姿勢が求められています。

また，他の子どもに触れる機会も少なく，育てる子どもの数も少ない場合，自分の子どもの姿ばかりに目がいき，「うちの子はひとりで遊んでばかりいるようだけど，友達と遊べているのだろうか」「ケンカになってもやられっぱなしで心配」など，保護者の不安や戸惑いが尽きません。それに対して保育者の専門性は，「今の目の前の子どもの姿」だけでなく，先を見通した子どもの姿や，クラス全体での姿，子どもの特性を捉えた発達や成長を冷静に把握できるところにあり，会話や文章一つ一つが大きな支援につながります。

また最近では，普段の保育を保護者に見に来てもらう日を設けた「保育参観」から，実際に保育に参加し子どもたちと遊んでもらう「保育参加」を行う園も増えています。これは，言葉で伝えるよりも実際に子どもたちと関わってもらい，自分の子どもだけではない子どもの可愛らしさや難しさ，おもしろさを感じてもらうことを目的にしているものです。他にも，懇談会や「保育参加」からさらに一歩進んだ「参画」として，親自身が企画し楽しみ交流していく「おやじの会」「ママサークル」などがあります。自分の幼少期にできなかった大胆な遊びや感性を呼び覚ます遊びを体験することで，親子の交流も生まれることもあります。

このようなことを通じて，自分の子どものことばかり気になっていた保護者も，「できる」「できない」という観点で子どもを見るのではなく，視野を広げることができ，親が子育てを通して自分自身も親になっていくことを楽しむことができるようになります。

このように保育に関心をもち，子どもたちの姿への理解を深めてもらい，保育者と保護者が一緒に子育てをしていくパートナーとして対等な信頼関係を築いていくことが非常に重要です。

➡10　クラス担任が保護者たちとクラスの保育の姿や家庭での姿を話し合い，親同士の交流を深めるものです。

第 11 章　現代の子育てと子育て支援

❷ 地域の保護者への子育て支援

　地域の保護者に対しては，大きく分けて幼稚園・保育所・認定こども園が行う子育て支援と，各地域が行う子育て支援の 2 つが考えられます。ここではこの 2 つの視点から，地域の保護者への子育て支援を見ていきたいと思います。

① 保育所・幼稚園・認定こども園が行う子育て支援

　地域の保護者に対しては，園庭の開放日を設け，保育者がクラスの子どもたちを園庭で遊ばせながら地域の親子を受け入れ，同じ月齢の子どもたちが遊ぶ姿を見てもらいながら，普段の子育てで困っていることなどの相談に対応していく園庭開放や，地域の保護者に向けて実際に給食で出ている離乳食の試食体験や，どのように離乳食を進めていくかなど，子育てに関する講座を開講する子育て講座，相談教室，一時預かりなどを行い，子どもの成長にふさわしい安全な遊具やおもちゃがある環境を提供しながら，家庭での悩みや相談を受け，保育者の専門性のある助言をしていきます。

② 地域が行う子育て支援

　第 3 節でも紹介しましたが，地域が行う子育て支援としては，地域子育て支援センターやつどいの広場などの取り組みがあります。地域の子育て支援では，未就園児を家庭で育児している親やその子どもを支援することが重要になります。子どもと過ごす時間が長く，子どもを預かってもらう人がいない，自分の時間がない，自分の子育てに自信がない，社会とのつながりがない，話す人がいないという場合があります。その場所に通い続けるのにも時間や気力がいる場合があるのです。産後の体調や精神状態は誰しもが安定しているわけではなく，元気な人だけが通ってくる場所ではないからです。

　「子育て頑張っているわね」と一言声をかけただけで泣き出すママもいます。「よく来てくれたわね」と言われ心の中でとてもうれしく泣きたい気持ちなのに表情や言葉ではうまくあらわせない人もいます。先の Work 1 にもあったように，利用しに来た人がどのような気持ちで，何を抱え，何を求めてやって来たのかということが一人一人違い，ニーズは多様化しており，表面上はそれがとても見

➡11　未就園児を家庭のみで育てている親には，一時預かりでリラックスできる時間を作ることや，子育て講座，また「完璧な親なんていない」という Nobody's Perfect 講座のような機会を作ることで，自分だけで悩むことがないようにしていくことも有効であるとされています。

193

えにくいのです。

　次の Episode 5 は，地域子育て支援拠点に通っていた 2 歳の子どもがなんでも「イヤイヤ」という自己主張するようになった時期に，対応に困っていつも泣きそうになっていた A さんのお話です。

Episode 5　スタッフの言葉にあたたまり，救われた

　子どもが毎回閉館の時間になると大泣きして嫌がるんです。私も「それならずっとここにいな！」と言うことしかできないんですけど，スタッフの方が「早く帰って」という雰囲気を出さずに，「ここが大好きなんだねー」「明日もあそぼうね」って子どもに声をかけてくれるんです。

　そこでそういうプラスの言葉をかけるというか，子どものイヤって言うことを認めてあげるっていうのも大事なんだなあって思うことがたくさんありました。いつも私たちにあたたかくて，スタッフの方の言葉に救われていました。

▶12　子育てひろば全国連絡協議会「地域子育て支援拠点事業における活動の指標『ガイドライン』（改訂版）」2017年には，支援者の役割として子どもを受容し，子どもにとって居心地のよい場所になるように配慮すること，子どもが様々な人や子どもたちと関わる機会や自発的な遊びを大切にすることに努めることなどが書かれています。

▶13　たとえば離乳食の進め方の相談では，①生活リズム，食事のタイミングの見直し，②味や食材の形態の工夫，③楽しく食べられるような対応，④声かけの工夫などを助言することが考えられます。

　この Episode 5 の支援者の対応にあるように地域の子育て支援の場所で行われているのは，気軽に相談してもらえるような「傾聴」や「寄り添い」です。継続的な支援ができる保育の場となれば，細かく助言することもできますが，地域の子育て家庭の場合は継続的な支援ができるかどうかは信頼関係が作られてからとなるため，まずは不安な気持ちを受け入れることが大切なのです。

❸ 関係機関との連携

　ここまで，在園児の保護者への子育て支援と，地域の保護者への子育て支援を見てきました。いずれの場合にも，関係機関との連携が必要とされます。

① 不適切な養育等が疑われる家庭への支援

　現代社会では，不安定雇用やひとり親であることなどによる経済的不安，また第 2 節で見たような親の「孤立化」が進んでいます。それが，虐待や貧困の事例につながってしまう場合もあります。

　そして，そのような事例に遭遇し，不適切な養育が疑われる親子を早期発見できるのは，毎日のように親子と接し，家での様子や親子の関わりを把握できる保育者である可能性が高く，その早期発見と対応は保育者の職務のひとつとなっています。

第11章　現代の子育てと子育て支援

　支援や保護を必要としている親子を発見するのは服装だけでは判断できない場合もあり，①身体的な変化（痣などの外傷の有無，体重の増減，子どもの表情，服の清潔さの有無〔におい〕など）②対人関係の変化（無気力さ，怯え，過剰な甘えや泣き方など），③親の変化（子どもへの関わり方や家庭環境の変化，パートナーによるDVの有無）などSOSとして出ているわずかなサインを見逃さないように察知していきます。

　親子に対する支援が緊急を要する場合は，自分たちの力や場所だけで解決の方法を探ろうとするのではなく，民生委員や児童委員などと連携し，区役所の保健師や心理療法士などの医療機関，児童相談所，要保護児童対策地域協議会などの専門機関につなげていくことが重要です。

　専門機関と連携を取ればそれで終わりというわけではありません。

　次の事例は，保育園と区役所と園医が長期間連携を取り合うことで深刻な虐待を予防した事例です。

Episode 6　保育園はもうひとつのおうち

　Sちゃんは深刻な出産状況によって，区役所の担当部署からフォローを受け，親が仕事はできるが育児の意識が低いという要保護な親子として，保育園が受け入れ先に選ばれ入園してきました。お母さんはひとりで子育てをしており，いわゆるネグレクトでした。朝何も食べていなかったり，深夜まで起きていたり，おしっこが何回も出ても替えてもらわず，ずっしりと重くなって破れそうになっている紙オムツを履いたまま登園してくることもありました。プールの季節には念入りに全身を洗ったり，おやつや給食の時間にお代わりをあげるなどしながら，保育園が親子にとって第2の家のようになるように親に積極的に話しかけ，Sちゃんには愛情をもって接していきました。保育者は毎日丁寧な視診を朝一番初めに行うことを徹底し，園内で情報共有を欠かさないようにしました。保険証もなく職場や区役所との連絡もつかない状況のため，区役所の担当者と保育者と今後の対応について話し合いをしました。Sちゃん親子が保育園に通い続けることを最優先にすることにし，園医の回診の時に様子を診てもらうようにしていきました。そして，保育園と区役所，園医で常に体の異変やSちゃんの情報を共有し，何か問題が発見・発生すればいつでも報告できるような関係をつくり，卒園するまでその関係の中でSちゃん親子を見守り続けました。緊張感をもった見守りの中で人懐っこいSちゃんはたくさんの保育者に可愛がられながら，虐待はエスカレートすることなく育っていったのです。

▶14　2004年に改正された「児童虐待の防止等に関する法律」において，児童虐

　Episode 6のように，「子どもに対してひどい親」「問題のある親子」ではなく，「支援を必要としている親子」という視点をもって，親子の不安や状況を受けとめ，「親子に保育者として何ができるか」，

195

待の定義は「身体的虐待」
「性的虐待」「ネグレクト」
「心理的虐待」の4種類に
分類されています。適切な
食事や清潔な服を与えない
などケアを放置・放棄する
ことや,車や家に子どもを
残したまま外出する,病院
に連れて行かないなどとい
うことが「ネグレクト」に
当たります(厚生労働省
「子ども虐待対応の手引き」
2013年(第1章 子ども虐
待の援助に関する基本事
項))。

「どのような支援があれば親子の状況を食い止めることができるの
か」,共に考え支えていくという役割は保育者だからこそできるも
のといえるでしょう。

② 特別な配慮を必要としている子どもと保護者への支援

　特別な配慮を必要とする親子とは,障害や慢性疾患のある子ども
だけでなく,日本語を話すことができない多国籍の子ども,多胎児
や低体重児など様々います。

　たとえば障害がある子どもの場合には,親の葛藤は一生続きます。
出産前後から母子保健事業や保健師,医師などが関わり支援が行わ
れている場合と,成長につれて保育所等に入園後に支援が必要にな
ることがわかり始める場合があり,後者の場合に関しては保育者・
教諭・支援員などが早期発見することがあります。

　早期発見はその後の子どもへの支援にも大切ですが,受け入れる
気持ちの土台ができていない保護者に安易に「専門機関に行くよう
に」勧めることは保護者を傷付けてしまうことがあります。

Episode 7　認めるのが辛いのです

　なかなか言葉が出ない2歳のGくんのお母さんが保育者に相談にきました。「なんか他の子と違うと
思うんですけど,言っていることはわかるみたいだし,でも障害とかだったら受けとめきれなくて」と
いうお母さんは,我が子の成長に気付きながらも専門機関を勧められることを心配し少しパニック状態
になっている様子でした。保育者はお母さんの不安を受けとめ,専門機関は障害のあるなしにかかわら
ず家でどのように対応していけばよいか具体的なアドバイスをくれること,その子のために何が必要か
教えてくれる所であることを説明しながら,まずは家で具体的にできる場面で,言葉の促し方を伝えて
いきました。その時は,積極的に支援を進める時期ではなかったため,支援を進めようとしていた区役
所にすぐにお母さんの状況を伝えました。区役所では,お母さんの状況を理解し,療育センターや障害
の診断をする医療機関ではなく,お母さんが自分で選択した区役所主催の「言葉の教室」でじっくりと
フォローしてくれたことで,お母さん自身が落ち着き始め,少しずつ言葉が出てきたGくんの現状を
しっかり受けとめ始めたのが手に取るようにわかりました。

▶15　保育園のかかりつけ
の園医さんが事務所などで
月に1度(園によって異な
る)子どもたちの身体測定
や全身を視診するもの。子

　このように,早期発見された場合でも,保護者が我が子の障害を
受け入れることは容易なことではなく,多くの時間と様々な人の支
援が必要となります。

　障害があるために,幼稚園の入園を何件も断られた人もいます。

第11章　現代の子育てと子育て支援

どもの反応や状況や全体の健康状態を診て虐待の早期発見や予防をしていき，保育者も園医に細かく子どもの状況を相談することができます。

ストレスのはけ口がなく，夫婦の仲が悪くなってしまった人や，自分を責めたり，障害がない子どもとの成長と比べ落胆してしまう人もいます。我が子と意思疎通が取れないことによるストレスや将来の不安など悩みは深いため，保護者の動揺や不安や悩みに寄り添う専門的な知識と信頼関係の構築が求められます。

5 ひとりで子育てをさせない受容的な対応

　支援する人は，指導的な助言や一方的な子育ての教えを伝えるのではなく，一人一人自分らしい子育てができるように，受容的な姿勢で悩みに寄り添うことが求められます。そして，利用者の人にほっとできる時間や場所を提供できるか，安心して相談してもらえるようにいかに気持ちに寄り添うことができるか，ということが重要になります。

　育ってきた家庭環境や，「頑張ることがよいこと」「よい結果を出すことが大切」という価値観の中で育った人は，自分の子育ても一生懸命頑張ってしまいがちです。頑張った結果，子どもが言うことを聞いてくれない時や，自分の許容範囲を超えた子どもの行動に出会った時に子育てに息詰まって苦しんでしまうことがあります。支援する人は「ひとりで頑張る子育て」ではなく，「親だって悩んでいい」「ひとりで抱えずに一緒に子育てをしていきましょう」というメッセージを常に言葉や姿勢によって発信しながら，親が子どもを可愛いと思えるように，子育ての自信がついていく過程まで寄り添う「伴走者」でいたいものです。

　子育て家庭を孤立させることなく，親になる過程で不安な時期を地域が子育て家庭をサポートできるような循環の「まち育ち」，親が子育てを学んでいく過程をしっかりと支援する「親育ち」，安全な環境で育つ「子育て」はどれも一方通行ではなく，支え合い，育ち合っていくことが目指されています。

Book Guide

- 大日向雅美『「子育て支援が親をダメにする」なんて言わせない』岩波書店，2005年
  子育て支援が必要とないと言われていた時代に，母親の生の声を通して母親たちが置かれている現状を訴え，子育て支援の必要性を伝えている本です。
- 大豆生田啓友『支え合い，育ち合いの子育て支援——保育所・幼稚園・ひろば型支援施設における子育て支援実践論』関東学院大学出版会，2006年
  子育て支援とは何なのか，親や地域を育てるのではなく自分たちで育つ重要性を多角的に整理し，子育て支援を学ぶ基軸となる本です。
- 新澤誠治『「みずべ」にはじまった子育てひろば——拡大する地域の保育ニーズと江東区「子ども家庭支援センター」』トロル出版部，2014年
  保育園の一角から徹底して保護者や子どもたちのために子育て支援をしてきた，子育て支援の先駆者であり，子育て支援に必要な専門的な視点や姿勢が書かれた本です。

Exercise

1. 生活が豊かになりつつある現代において，母親たちが子育てに追い詰められてしまう原因を整理してみましょう。
2. 出産前に赤ちゃんに触れたことがない人が増えています。どのような場所でどのような経験を出産前にするとよいか，それぞれのグループで考え提案し，話し合ってみましょう。

第 12 章

保育の現状と課題

この子どもたちの笑顔を保障するために現代社会において必要なことは何でしょうか？

少子化や核家族化が進み，地域コミュニティも変容しつつある現代
社会においては，子どもが育っていく上で，家庭や地域の中で，多様
で豊かな経験を保障していくことが難しくなってきているようです。
そのような時代だからこそ，家庭や地域ではできない豊かな経験を保
育の場で保障していくことが期待されているはずなのですが，一方で，
待機児童問題が深刻化している地域では，その解消を目指すために，
急速な量の確保（保育施設の増加等）を図ろうとするあまり，必ずし
も，子どもにとって望ましい保育環境が十分に保障されている園ばか
りとは言い難い実態も生じています。
　乳幼児期の子どもたちにとって，共通して必要とされる経験とはど
のようなものでしょうか。また，それがすべての子どもたちに保障さ
れていくために，私たちは何をどのように検討し，取り組んでいくこ
とが求められるのでしょうか。このような時代だからこそ，子どもた
ちが生き生きと主体的に学び，育っていくために必要とされる保育の
在り方やその意義を丁寧に考えていきたいと思います。

第12章 保育の現状と課題

 すべての子どもに保育を

❶ 待機児童問題

Work 1

自分の住んでいる地域の待機児童数を調べてみましょう。幼稚園・保育所・認定こども園の施設数，園児数も調べてみましょう。次に，全国のデータと比較したり，他地域のデータと比較したりしてみましょう。

　待機児童とは，保育の提供が必要であるにもかかわらず，保育所や認定こども園に通うことができず，待機させられている子どものことを指します。共働き家庭などで，保育所や認定こども園における保育を利用することが必要である場合，手続きとしては，まず，家庭が行政に利用申請をします。そこで保育施設の利用の必要性が認められ，申請が通った場合に保育所や認定こども園に入園することができます。保育の必要性が認められたにもかかわらず，定員超過や園不足のために，子どもたちが保育所や認定こども園に通うことができず，子どもたちが待機させられている状態となってしまう場合があります。このように，保育を必要としているにもかかわらず，園に通うことができず，待機させられている子どもたちのことを，待機児童といいます。

　保護者の立場から待機児童問題を考えてみたら，どうでしょうか。同じ税金を払っていても，住む地域や子どもの産まれた時期（保護者の産前産後休暇の時期や，育児休業をとる時期と期間）によって，保育が提供されないのは，極めて不公平であるといえるでしょう。実際，共働き家庭などにとって，必要性があるにもかかわらず，行政による体制が整備されていないために，保育施設を利用できないということは，おおいに困ったことです。働き方を変えたり，家族の

協力を仰いだり，ベビーシッターを雇ったりなどの対応をせざるを得ない状況になります。待機児童の問題は，保護者に，不安などのストレスをもたらし，実際の労力をも有する事態を招くことでしょう。

　次に子どもの立場から待機児童問題を考えてみたら，どうでしょうか。共働き家庭の子どもや，専業主婦（主夫）家庭の子ども，祖父母と同居している子ども，最近お母さんが妊娠してお仕事を辞めた家庭の子ども，といった言い方は，子どもをひとりの「ヒト」として尊重しているといえるでしょうか。保育所や認定こども園を利用できる条件が，○○の子どもという，他者からみた子ども，あるいは状況からみた子どもであることは，致し方ないことでしょうか。後ほど詳しく説明しますが，定員に空きがないために，きょうだいで別々の園に通っているといった実態があります。近所の親しい友達と同じ園に通うことができないといった実態もあります。子どもにとっても，待機児童問題は，不条理な問題をもたらしているといえるでしょう。

　世界各国に目を向けると，待機児童の問題を速やかに解消することが，行政当局に義務付けられている国もあります。日本のように待機児童の問題がなかなか解消されないといった実態は，世界ではさほど見られないようです。

　そもそも小学校については，待機児童の問題はありません。どの地域に何歳の子どもが住んでいるのかのデータは人口動態統計により明らかになっています。出産したり子育てしたりする時期に当たる年齢層の人がどこに住んでいるかといったデータも明らかになっています。よって本来，待機児童問題は，解決可能な問題であると考えます。しかし，小学校教育と異なり，園における保育は義務教育ではないために，また，少子化のさらなる進行が今後予測されるためにこの時点で園を新設することに消極的になるという理由や，あるいは財政的な理由から，その解決への手立てに着手できない状況が各地にあります。

　全国の待機児童数は，厚生労働省の発表によると，2016（平成28）年4月1日の時点では2万3553人であり，同年10月1日の時点では，4万7738人で著しく増加しています。また，待機児童の多く[1]は3歳未満児です。たとえば，2016（平成28）年10月1日時点のデータのうち待機児童4万7738人中，4万4190人が3歳未満児です。[2]

[1] 厚生労働省「保育所等関連状況取りまとめ（平成28年4月1日）」2016年

[2] 厚生労働省「平成28年4月の保育園等の待機児童数とその後（平成28年10月時点）の状況について」2017年

第12章　保育の現状と課題

また，同データのうち，最も待機児が多い地域は東京都世田谷区で1137人でした。

❷ 保育施設の一元化

現在日本の集団教育・保育施設には，厚生労働省管轄の児童福祉施設である保育所と，内閣府管轄で児童福祉施設でありかつ学校でもある幼保連携型認定こども園，文部科学省管轄の学校である幼稚園の，大きくは，3つの異なる管轄の施設があります。乳幼児がどの施設に通うかは，保護者の就労形態や考えに依拠しています。乳幼児期の教育・保育施設は義務教育施設ではありません。義務教育とは，教育基本法の第4条に規定されているように，保護者に課せられた義務です。保護者は，その子どもに教育を受けさせる義務があります。よって，保護者の判断により，義務教育である小学校に入学するまでの子どもについては，全く園に通っていない子どももいます。

児童福祉施設である保育所や，0～3歳の時期に認定こども園に通うには，保護者が共働きであったり，介護に当たっていたり，といった「保育を必要とする理由」がなければいけません。これは保護者の状態によるもので子ども自身の事由ではありません。

保育施設が多元化しているために，たとえば同い年の幼児が同じマンションのお隣に住んでいたとしても，一方が専業主婦（主夫）家庭であり，他方が共働き家庭であった場合，同じ保育所に通うことができないといったことが，現状では起こっています。また，たとえば第二子の出産にともない，保護者が育児休業を取得した場合，その期間については「保育を必要とする」状態にないと判断され，保育所から幼稚園や認定こども園に転園する必要が生じる場合もあります。

保護者の就労形態により地域の子どもの育つ場が分断されたり，保護者の就労形態の変化により子どもの育つ場の変更が余儀なくされるなど，子どもが翻弄されたりといった問題が指摘され，保育施設の管轄の一元化が世界各国で進められています。日本でも，2015（平成27）年から幼保連携型認定こども園が学校でありかつ児童福祉施設として設置されました。

203

❸ 無償化・義務教育

今世紀に入って，保育学，教育学，心理学研究の発展のみならず，脳科学，社会経済学などの研究成果からも，乳幼児期の教育保障の重要性が指摘されるようになってきました。つまり，保護者支援の観点からだけではなく，子どもの育ちや学びの権利を保障するという観点から，すべての乳幼児期の子どもに，保育専門職による施設保育を提供することの重要性が，今日議論されています。[3]

世界では，4歳から義務教育が始まる国もあります。北欧各国やフランスなどでは，2歳児の9割近くが集団保育施設に通っています。支援を必要とすることが予測されたり，実際，支援を必要としたりする家庭の子どもたちの早期からの保育専門職による保育の提供が，その子どもの愛着形成や育ちに肯定的な影響を与えることも明らかになりつつあります。[4]

我が国でも，大阪市等で4，5歳児の保育の無償化，守口市では年齢を問わず保育の無償化などが実施されています。現在，幼児教育の無償化や義務教育化が政策課題として議論されています。

乳幼児期の子どもに小学校入学前の教育を保障することが，子どもの最善の利益の確保となることが昨今議論されています。小学校以降の教育とは異なる方法による乳幼児期の教育が保障されること，家庭保育とも違う保育が保障されること，つまり，教科ごとに教科書をつかって，45分の授業で一斉に子どもたちが同じ目標をかかげ，学ぶ授業とは異なり，遊びや生活といった経験から，子どもの主体性が尊重され，子どもたちが自分の興味関心，探求心，やってみたいことをそれぞれ描き，実際に経験的に学ぶ乳幼児期に独自な教育が保障されることが大切です。乳幼児期は，個人差が大きく，自己中心性が強く，視野も狭く，なかなか俯瞰してみることが少ないという特徴があります。この乳幼児期の発達に適した教育が，適した時期に提供されることの重要性が明らかにされつつあります。

[3] なお，保育の無償化の各国の動向については，渡邊恵子ほか「諸外国における就学前教育の無償化制度に関する調査研究〈初等中等教育の学校体系に関する研究報告書1〉」国立教育政策研究所，2015年を参照してください。

[4] 渡邊恵子ほか「幼小接続期の育ち・学びと幼児教育の質に関する研究〈報告書〉」国立教育政策研究所，2017年

第 12 章　保育の現状と課題

2　保育の独自性と重要性

❶ 経験主義教育

　乳幼児期の子どもの教育は経験主義教育といわれます。経験主義教育とはそもそも，教授主義的な教育方法をあらため，児童中心主義的な教育を広めようとした，新教育運動の時期にひろがった教育です。特に，乳幼児期の教育については，抽象的な学びではなく具体的な学びに適した時期であることが明らかになっています。乳幼児期の子どもの教育は，バーチャル・リアリティーや，活字からよりも，自明性や，必然性に基づく実体験が大切であることが明らかになっています。

　小学校では，教科があり，教科書があります。これは，児童期の発達の特徴を踏まえたものです。児童期には，「ねらい」や目標を自分で自覚して，その達成に向けて努力し，達成感を味わうことが発達課題として位置付けられています。教科は学習の内容を精査し，類型立てて，絞り込んだものです。教科書は教科ごとの学習について，順序性を考慮して，効率よく学ぶために工夫された資料材料です。小学校教育では，授業のはじめに何を学習するのかについて，「めあて」を教師がクラスの子どもたちに提示し，一緒に自覚し，その目標を達成するために，同じ手順で，同じ教材（教科書等）を使って学びます。こういった教育を教科主義教育といいます。

　一方，乳幼児期の教育は経験主義教育です。保育の現場では「授業」といわず「実践」といいます。保育の現場では教科書は使いません。手順通りに与えられた「教科」ごとの経験ではなく「遊びと生活」の中で自らがつかみとった経験により，乳幼児は育ち学びます。つまり，保育の現場では，一人一人の興味関心が起点となり，気持ちにいざなわれて，遊んだり生活したりする中で，子どもたちが経験を積み重ねて，様々な能力を総合的に自然と身につけていきます。

　乳幼児期の教育は，教科主義教育ではなく，経験主義教育であり，

205

子どもたちは一斉に目的志向型に学ぶというよりも，個々の子どものそれぞれの気付きや，試行錯誤，創意工夫が徐々に友達とつながっていき，協働的な学びへと展開していきます。

　2歳前後の子どもがよく使う言葉には，「いやいや」「ダメダメ」「自分が，自分が」といったものがありますが，この時期は，自己主張が強く，自己中心性が高いといわれています。その時期に近い年齢の子どもの学びは，自らが「おもしろそう！」「どうしてなんだろう？」「やってみたい！」と感じることが起点となり，学びが広がります。こういった子どもの主体性や自発性を大切にし，子どもの好奇心や探求心，あこがれを起点とした，環境を通じた教育が乳幼児期に適した教育であることがわかっています。「保育所保育指針」(2017年) や，「幼保連携型認定こども園教育・保育要領」(2017年)，「幼稚園教育要領」(2017年) (以下，「指針・要領」とする) では，これらを踏まえた教育の在り方を定めています。

　しかし，昨今，幼児教育の無償化や義務教育化が，小学校以降の教科教育の前倒しとなってしまっていることが，危惧されています。「前倒し教育カリキュラム」のことを英語で「プッシュ・ダウン・カリキュラム」といい，世界各国で，その弊害が危惧されています。

　あらかじめ定められた学習内容（教えたい知識や技術）を，教科書や手引書に書かれた手順通りに教えることと比べて，子ども自身の興味関心を洞察し，それに応答しながら育ちや学びを支えることは，その方法をマニュアル化できない点や，また学びの対象が幅広い点などの特徴があります。覚えたか？　できるようになったか？　といった結果ではなく，何に興味をもったのか，どんな疑問をもったのかを洞察し，子どもの姿を「みとり」それに基づき援助することにより，学びの姿勢や，人と関わろうとする意欲をはぐくむ教育においては，保育者には判断や応用力が望まれます。保育者に必要とされる力は，マニュアル化ができず，難しいものであると思います。そのために，より安易な方法，つまり，必然性や実体験をともなわない暗記や技術習得のトレーニング，細切れの「お教室」を提供するといった，指針や要領に準じない内容の保育が提供される場合もみられます。

　保育の専門職による，乳幼児期の発達に適した，子どもの遊びと生活を中心とした，主体性や自発性を尊重した，環境を通じた教育が保証されることが望まれます。

❷ 非認知的能力をはぐくむ

IQなどテストで測ったり，数値化したりすることができる力を認知的能力といいます。一方で，テストで測りにくい，意欲や，好奇心，粘り強さ，意志などの力のことを非認知的能力といいます。協調性や，思いやり，自制心など，社会情動的な能力（Socio Emotional Skills／Social and Emotional Skills）も非認知的能力です。非認知的能力は，認知的能力の育ちにつながるものでもあります。意欲や好奇心の育ちが，ものや人への関心を高め，結果的には多様な知識や技術の習得につながります。

近年，乳幼児期における，IQなどではなく，非認知的能力の育成への関心が高まっています。また，非認知的能力は，好奇心が旺盛で自己中心的な傾向が高い，幼児期にこそはぐくみたい力であることがわかってきています。[5]

日本の乳幼児教育においては，指針・要領において，心情・意欲・態度をはぐくむことが大切にされてきました。これらは非認知的能力に当たるものです。しかし，これらが保護者や社会にわかりやすく伝えられているかどうかには，課題もあるようです。多くの保護者の教育に関わる記憶は小学校以降の教育であり，知識や技術の習得，テストの点数など認知的能力の育ちは，数値化され見えやすいものでもあります。よって，保育の現場では，保護者や社会が，数値化されたり，目に見えたりする力の育成だけに気を取られないように，工夫することが望まれます。そのためには，保育者は，園での子どもたちが，実体験から育ち学ぶ姿を，保護者や社会に可視化し，発信することが必要です。没頭して遊ぶ姿や，試行錯誤したり，創意工夫する姿，友達とのいざこざや，葛藤，感情の共有（一緒に楽しんだり，喜んだり，満足する経験），話し合いなどの経験を園で大切にし，そこでの育ちや学びの姿を保育者が，可視化し発信することが今後ますます望まれます。

❸ 多様性に関する寛容性をはぐくむ

乳幼児期の子どもに集団保育を保証することは，保護者の就労支援の観点からのみならず，子どもの人権の観点から議論されるよう

➡5　お茶の水女子大学「幼児期の非認知的な能力の発達をとらえる研究──感性・表現の視点から」『平成27年度　文部科学省「幼児教育の質向上に係る推進体制等の構築モデル調査研究」いわゆる「非認知的な能力」を育むための効果的な指導法に関する調査研究』2016年や，池迫浩子・宮本晃司，ベネッセ教育総合研究所（訳）『家庭，学校，地域社会における社会情動的スキルの育成──国際的エビデンスのまとめと日本の教育実践・研究に対する示唆』OECD，2015年などを参照してください。

になってきました。それは，親しい先生や友達と一緒に遊び生活する経験を通じて，またその関係性の中で，非認知的能力が育ち合うということがわかってきたからです。

　乳幼児期は，好奇心や探求心が旺盛な時期です。また新しいことにチャレンジしてみようという気持ちも育ちやすい時期です。特に人への関心が高いことは，赤ちゃんの研究などからもわかってきています。人見知りの時期もありますが，その後は，初めて出会った人に対して好奇心をもったり積極的に関わったりする姿がみられます。他者への関心は，児童期や思春期よりもむしろ高いともいわれています。

　乳幼児期は，人権教育の基礎を培う時期であることもわかっています。乳児期の愛着形成に加えて，幼児期の同じ感情をもつ経験，たとえば，一緒に育てた野菜を食べておいしかった，運動会のリレーでお友達と頑張った，クラスで飼っていたハムスターが死んでしまってみんなで涙を流しお墓を作ってあげた，といった経験が，「思いやり」の育ちにつながることが明らかになっています。そして，共感（シンパシー）の育ちが，思いやり（エンパシー）の育ちにつながり，規範意識（モラリティー）の発達に関連していることも指摘されています。[6]

　こういった思いやりの育ちには，園での友達と育つ関係性の保証が不可欠です。家庭では遺伝的にも，また共に生活してきた経験の蓄積からも，行動や嗜好が似る傾向があります。家族でコタツを囲んでそれぞれが新聞や本，絵本を読む習慣のある家庭，休日にはアウトドア派で外に出かける機会が多い家庭，虫が苦手な家族が多い家庭など，類似した行動や嗜好が見られる家庭生活と比較して，園では，多様な行動や嗜好に接します。園では，トマトの苦手な子どもの隣に，トマトが大好きな友達がいることがあります。虫嫌いの子どもの隣の席に，虫の図鑑を真剣に見ながら，友達に見せたり説明したりしている友達がいる場合もあります。乗り物酔いしがちで乗り物が苦手な子どものクラスに，鉄道に詳しい友達がいたりします。幼児は，園で，自分とは異なる友達の趣味，嗜好，感性に触れる貴重な機会を得ています。好奇心や探求心，チャレンジ精神が旺盛である幼児期には，こういった多様性を肯定的に捉えやすい傾向があります。園での集団生活で子どもたちには，お友達とならチャレンジしてみよう（苦手だと思ったものも食べてみよう，触ったことの

→6　幼児の思いやりについては，アイゼンバーグ，N. による一連の研究が詳しいです。邦訳では，N. アイゼンバーグ，二宮克美ほか（訳）『おもいやりのある子どもたち──向社会的行動の発達心理』北大路書房，1995年などがあります。

ない虫を触ってみようなど），といった姿がみられます。こういった経験から，多様性を知ること，そしてそれに対する寛容性がはぐくまれます。これは，人権教育の基礎ともなります。

　加えて，この時期の集団保育における主体的で豊かな経験が，子どもたちの知性の扉を多方面にひらくことにつながります。園では，絵を描くことが好きな子ども，絵本を読むのが好きな子ども，ボール遊びが好きな子ども，砂場遊びが好きな子どもなどがいます。園では，多様な趣味，嗜好，個性の子どもたちが，それぞれの好奇心や探求心をもち，お互いを時に横目で見ながら，時に深く関わりながら，過ごしています。関係性の中で，子どもたちは相互に刺激を与えながら，より広い世界に興味をもち，多方面の知性の関心を深めます。

　多様性に対する寛容性をはぐくみ，知性の扉を多方面に開く，子ども同士の関係性の中で育つ機会の保証は，家庭教育環境や保護者の状態によらず，子どもの教育保障の観点から，子どもこそを中心に考えていかねばならない課題です。

3　保育の質の維持と向上

❶ 保育の質評価

　保育の質の評価は，園舎や，園庭，遊具，自然環境といった物的環境の評価から，クラスサイズ，先生ひとり当たりの子ども数，さらには養成要件や研修体制，労働環境など，幅広い内容について吟味されています。これらの指標と共に評価しやすい構造的な部分に関する評価に加えて，昨今では，保育者が実践においてどのように子どもと関わっているかなどの，保育のプロセスの評価方法の開発も進められています。さらには，構造の質やプロセスの質が高い場合の子どもの育ちや学びの姿（アウトカム）についての評価方法の開発も進められつつあります。

　1980年代からアメリカで開発されてきた「ECERS：Early Childhood Environment Rating Scale（保育環境評価スケール）[7]」は，保育

▶7 2.5歳から5歳を対象とする「ECERS-3」と，誕生から2.5歳を対象とする「ITERS-3」，イギリスに適応させて開発された「ECERS-E」などがあります。

「ECERS-3」は，6つのサブスケール（①空間と家具，②養護，③言葉と文字，④活動，⑤相互作用，⑥保育の構造）と35の下位項目から構成されており，物的環境の在り方や活用の仕方の評価が含まれています。

Thelma Harms, Richard M. Clifford, & Debby Cryor (2014). *Early ChildHood Environment Rating Scale, Third Edition* (*ECERS-3*), Teachers College Press. (テルマハームスほか，埋橋玲子（訳）『新・保育環境評価スケール①（3歳以上）』法律文化社，2016年)

Thelma Harms, Debby Cryer, Richard M. Clifford, & Noreen Yazejian (2017). *Infant/Toddler Environment Rating Scale* (*ITERS-3*), *Third Edition*. Teachers College Press.

▶8 イラム・シラージほか，秋田喜代美・淀川裕美（訳）『「保育プロセスの質」評価スケール──乳幼児期の「ともに考え，深めつづけること」と「情緒的な安定・安心」を捉えるために』明石書店，2016年

の「環境評価」の指標として世界で最も浸透しているものです。その他にも，1994年にベルギーで開発された CIS（Child Involvement Scale）は子どもがいかに安定していて，遊びに没頭しているかを5段階評定で評価するものであり，SiCs（Process-oriented Self-evaluation Instrument for Care Settings；2005）は CIS を保育者の自己評価ツールとして開発したもので，各国で浸透しています。

ピアンタ，R.（Pianta, R.）らによって2007年より開発された CLASS（Classroom Assessment Scoring System）も広く世界で浸透しているプロセスの質評価基準です（乳児用，幼児用，児童用が開発されています）。保育者と子どもの相互作用，子どもたちの相互作用，子どもたちがテーマにどう関わり探求するかといった課題との関わりの在り方についてなど，関係性に注目し，子どもの社会性の基礎や探求心，創造力の育ちを評価の観点としている点が特徴的です。2015年に開発された SSTEW は，保育者と子どもの相互作用の質に注目した評価指標であり，子どもの安心や情緒の安定，信頼や自信といった社会情動的育ちと，子どもの主体的な探求に着目している点が特徴的です。

保育の質の維持・向上には，よいところを維持し，課題のあるところを改善することが必要であり，評価は不可欠であるといえるでしょう。しかし，一方で，保育の質は，単純に定義することが困難なものであり，それゆえに，唯一無二の評価方法があるわけではありません。他方で，子どもへの責任から私たちは，評価をしないわけにはいかないと考えます。評価を放棄するのではなく，ひとつの評価方法に傾倒し過ぎることなく，しかし，多数ある評価の指標を適宜，道具として活用し，多方面から保育の質を問い，その維持・改善を図る必要があると考えます。

❷ カリキュラム・マネジメント

2017年の指針・要領の改定（訂）をめぐる議論で話題となったキーワードのひとつに「カリキュラム・マネジメント」という言葉があります。カリキュラム・マネジメントとは，1998年の要領の改訂の時期から教育の分野ではよく耳にするようになった言葉ですが，このたびの改定（訂）ではさらに，一人一人の先生が，一つ一つのクラスで，さらには，それぞれの園・学校でカリキュラム・マネジ

メントを進めていくことが推奨されています。

　カリキュラム・マネジメントとは，カリキュラム，つまり，教育課程とその実践を運営していくこと，つまりは，教育を計画し，実行し，運営し，展開していく上での適正化を図ろうとすることを指します。

　保育の現場における，カリキュラム・マネジメントは，各園が，保育の質の維持・向上を目指しながら，実践を，子どもたちとの相互作用の中で作っていくプロセスでなされる営みです。目の前にいる子どもたちの興味関心や，発達の姿，生活課題などをしっかりとみとり，その姿を踏まえて，要領や指針と照らし合わせながら，個々の子どもの個性を大切にしつつ，かつ，その時期の発達の特徴を踏まえて，育ってほしい子ども像，つまり保育のねらいを設定し，その具現化を目指して，環境を構成し，教材を開発し，援助の工夫を考え，実践していく営みのことです。

　保育のカリキュラム・マネジメントに当たって大切にしたいことは，それが小学校以降の場合と大きく異なるものであることです。そもそも保育のカリキュラムでは，特定の到達度目標（知識や技術を身につけることなど）を設定し，クラス全員の子どもが目標を達成することを目指すものではありません。保育のカリキュラムでは，何を学ぶのかという内容というよりも，学びに向かう姿勢，つまり，対象が何であれ，ものや人に興味関心をもったり，気付いたりする気持ちや思いをもつこと，考えたり，試行錯誤したり，アレンジしたりといった気持ちを実際に操作することが，学びの芽生えとして大切にされます。

　よって，保育のカリキュラム・マネジメントとしては，計画通りに進んだのか，実際の目標通りに子どもたちが到達したのか，といった観点のみにとらわれないようにしなければなりません。保育の計画においては，子どもの姿をみとり，その姿（興味，発達，課題等）を踏まえて計画を立てることができたのか，が問われます。また保育実践においては，子どもの姿を的確に捉え，状況によっては予定通りではなく，臨機応変に展開できたのか，などが問われます。そして実際，実践後には，「親しむ」「あじわう」「楽しむ」など経験を通じて，子どもの気持ちが育ち，行為に結びつく体験がなされていたのか，そういったことを振り返り，次の計画や次の判断に活かすことが大切にされます。

❸ 保育の質の維持・向上を図る方法

　カリキュラムの適正化の試みは，100年近く前から保育の現場で
はなされてきましたが，昨今では，PDCA サイクルという言葉が
浸透しています。P は Plan，つまり計画，D は Do，つまり実践，
C は Check，つまり評価，A は Act，つまり改善を意味しています。
このサイクルによって，実践の質の維持と向上を図ろうとする試み
が PDCA サイクルです。

　一般に，人と接する実践をともなう専門職の分野の特徴としては，
個別性が強いこと，不確定要素が高いことがあげられます。これは，
あたりまえのことですが，対象となる人がそれぞれ異なるからです。
園においてもひとりとして同じ子どもはおらず，ひとつとして同じ
クラスはありません。よって，人と接する実践をともなう専門職は，
その都度ライブで判断しなければなりません。よって，自らの実践
を振り返り，学び続けることにより，とっさの判断の折の根拠を蓄
積し続けなければなりません。実践をやりっぱなしにせず，振り返
り，その時々の実践での判断が自分の計画や見通しと合致していた
かを問うことや，実践においてよかった点を確認し，次の判断の根
拠として自らの引き出しに蓄えていくこと，課題があった場合は，
その課題を克服するために自らに宿題を課して力量の向上を図るこ
と，ジレンマを感じた時には，もしこうしていたらどうなったであ
ろうか，と仮想現実を含める振り返り（シミュレーション）を行う
ことにより，次の実践において，役立つ，とっさの判断基準，判断
の根拠が身についていくのです。

　省察の重要性については，アメリカのデューイ，J（Dewey, J.,
1859-1952）が子どもの教育に当たっては，教師が実践した後に省察
することが必要である[9]と指摘していました。また事後の省察に加え
て，ショーン，D. A.（Schön, D. A., 1930-1997）は，人と接する様々
な専門職の実践力の向上につながる行為と思考の特徴として，高度
な実践者は，実践しながら省察していることも，明らかにしていま
す[10]。

　保育のカリキュラムは，エマージェント・カリキュラム（創発的
カリキュラム）といわれます。これは，子どもの視点を大切に，子
どもとの相互作用の中で，臨機応変に新たな方向に展開したり，予

[9] Dewey, J. (1933). *How We Think, : A restatement of the relation of reflective thinking to the educative process.* DC. Heath and Company.

[10] Schön, D. A. (1983). *The Reflective Practitioner : How professionals think in action.* London : Temple Smith.（ドナルド・A・ショーン，柳沢昌一・三輪建二（監訳）『省察的実践とは何か——プロフェッショナルの行為と思考』鳳書房，2007年）

第12章　保育の現状と課題

測を超えた気付きや，育ち，学びにつながったりする，子どもとおとなとが共に作るカリキュラムです。ここでは，目的志向型に手順通り展開するカリキュラムではないからこそ，子どもの姿を見ることができていたのか，子どもと作る実践が展開できていたのかを振り返り，改善を図っていくことがなおさら必要とされます。

　これからの時代を生きる子どもたちは，グローバル化，情報化，人工知能化，多元文化社会を生きる子どもたちです。中央教育審議会答申[11]にもあるように，子どもたちがおとなになる頃には，今ある仕事の多くがなくなっていることが予測されています。そういった時代に生きる子どもたちに必要な力とは，与えられた知識や技術を効率よく習得することだけではなく，新しいものを作り出していく力，創意工夫したり，人とつながりながら個々では生まれがたい新しい発想や新しいものを共に創ったりする力であるといえるでしょう。

　小学校以降の「学習指導要領」でもこのたび，何のために，何を学ぶかに加えて，どのようにして学ぶのか，が意識されることとなりました。

　文脈を大切にしながら，主体的に学ぶこと，他者との対話により関係性から学ぶこと，さらには，探求を深め，創意工夫し，創造的に深く学ぶことが，これからの時代の子どもたちには大切であると考えられています。その具現化をはかるためには，カリキュラム・マネジメントによる実践の質の維持・向上が必要とされています。

❹ 保育の同僚性

　保育実践の特徴には，関係性の中で，偶然と偶然が重なりあって展開するという，相互偶発性があげられます。子どもの偶然の気付き，とっさに起きた偶然の出来事，子ども同士の相互作用や，子どもと先生との相互作用，さらには，子ども同士の相互作用に関わる先生の関わりなど，様々な関係性の中で，予測通りではない事態が展開します。先にもあげたように，保育現場では，個別性が高く，不確定要素が多く，ライブで展開するからこそ，省察することにより，よかった点を確認し，自覚し，今後の実践における判断につなげることや，課題を見つけて学んだり改善したりすることが保育実践の質の維持・向上に不可欠なのです。

　保育や教育の分野では，実践の質の維持・向上を図る上で不可欠

[11]　中央教育審議会「幼稚園，小学校，中学校，高等学校及び特別支援学校の学習指導要領等の改善及び必要な方策等について（答申）」2016年

213

なものとして「同僚性」の在り方が注目されてきました。保育者ひとりが自分の実践を省察するだけではなく，同僚と共に省察し，語り合うこと，つまり保育を振り返り語ることにより，保育実践の質の維持・向上が図られます。

今日，急激な社会変化にともない，保育へのニーズと期待が拡大しています。家庭は多様化し，保護者の要望や価値観も多様化しており，保護者の保育者に対する信頼がゆらいでいることなども指摘されています。このような中，保育者は多忙でありかつ，ストレスも多く，離職率も問題となっています。保育者の同僚性が形成されることにより，自らの仕事への誇りや，研鑽を積む努力，職場の仲間と支え合うことにつながります。

現在，園内研修などで，保育を語り合ったり，保育者が一緒にドキュメンテーションなどの保育の記録を創ったりして，同僚と共に振り返り，実践の質の維持・向上を図る試みが各地でなされています。また，園を超えて，地域の園が連携し，公開保育や実践事例を検討し合う地域が一体となって行う研修も，多く展開されつつあります。

□12 舞鶴市，東京都墨田区，横浜市，蒲郡市など各地で公私園種を超えた，地域が連携し，共に省察しながら保育の質の維持・向上を図ろうとする研修が進められています。

保育の質の維持・向上を図る同僚性については，その関係性が，生成していくものであること，つまり可変的であり，創造的であることが，大切であると考えます。よりよい保育がいかにあるべきかといった規範的倫理的側面だけではなく，またどういった知識や技術，実践力が不可欠かという構造的側面だけではなく，これらを確認しつつ，さらに加えて，相互作用の中で関係性を自分たちでいかに作っていくのか，自らが変化していくのか，状況に応じて共同でどのような機能を果たしていくのか，といった動的な在り方が，保育の質の維持・向上に望まれると考えます。

保育現場での同僚性が発揮され，学び合い，育ち合い，支え合う共同体として機能することが望まれます。

Book Guide

・ドナルド・A・ショーン，柳沢昌一・三輪建二（監訳）『省察的実践とは何か──プロフェッショナルの行為と思考』鳳書房，2007年

人と接する仕事は，マニュアル化ができません。保育実践力の維持・向上には，実践を振り返り，手ごたえがあった実践のどこがよかったのかを認識し，課題について代替案を考え，自らに宿題を課すことが大切です。本書から具体的な実践を分析し，いかに実践から学ぶかのヒントが得られます。

・佐伯胖ほか『教師像の再構築』岩波書店，1998年

本書は，教師という仕事を，多角的に論じています。社会における位置付けや，実際の生活，教師の独自性や専門性の特徴などについての論考が展開されています。本書から，より広い視野で教師という仕事を考え，その可能性などに思いをめぐらせるきっかけが得られると思います。

・矢藤誠慈郎『保育の質を高めるチーム作り──園と保育者の成長を支える』わかば社，2017年

現在，園での同僚性の形成が，保育の質を高める鍵であると考えられています。トップダウン型のリーダーシップに牽引されるだけではなく，それぞれがそれぞれの形で成長することにより，チームとしての保育の発展が見られることを，本著は気付かせてくれます。

・テルマ・ハームスほか，埋橋玲子（訳）『新・保育環境評価スケール①（3歳以上）』法律文化社，2016年

保育の分野での環境評価の指標で，世界で最も広く活用されているものです。単に物がある・ないということをチェックするのではなく，保育者の視点や関わり方も大切にされています。指標で評価できない保育のよさもたくさんありますが，評価指標の視点を知り，実践に役立てることもまた大切です。

・イラム・シラージほか，秋田喜代美・淀川裕美（訳）『「保育プロセスの質」評価スケール──乳幼児期の「ともに考え，深めつづけること」と「情緒的な安定・安心」を捉えるために』明石書店，2016年

保育者と子どもの相互作用の質に注目した評価指標です。子どもの安心や情緒の安定，信頼や自信といった社会情動的な育ちと，子どもの主体的な探求に着目しています。評価アレルギーをもたずにいろいろな評価指標を知るきっかけとしてほしいと思います。

Exercise

1. 幼児期によく遊んだ友達について，思い出してみましょう。どのような友達でしたか（趣味，嗜好，特技，特徴など個性を思い出してみましょう）。その友達と，どのような遊びをしたか，思い出してみましょう。一緒だから楽しかったこと，発見したこと，充実感をもてたこと，チャレンジできたこと，予想以上の出来事になったことなどを思い出してみましょう。

2. 保育者としての自分のキャリアプランを考えてみましょう。1年目，3年目，7年目，10年目，15年目の私の保育者像を描いてみましょう。

保育者像を共有してみましょう。個々の子どもの理解と援助，子どもの関係性づくり，クラス

の運営，自分の得意分野の開発，保護者との関係，後輩や実習生への援助，園全体のマネジメントなど，イメージしてみましょう。

3. 保育者の研修について調べてみましょう。公立園・学校の法定研修（初任者研修，10年研修）について調べてみましょう。保育士のキャリアパスについて調べてみましょう。

終　章

「保育原理」の原理を問う

この2人が感じている世界って、どんな世界だと思いますか？　この子たちの感じている世界は、おとなであるあなたが生活している世界より、幼くて未熟だと思いますか？

乳幼児の世界が，子どもは未熟で未発達だからあまりいろいろなことを感じたり，考えたりしていないとあなたは思っていませんか。あらためて写真を見て，次のような問いで，子どもの世界を見てみてください。

　「人間として生きるよろこびを感じていると思えることは，写真に示したような子どもの姿の中にありますか，それともおとなであるあなたの生活の中にありますか？」

　子どもたちは，四季の自然に触れ，友達と出会い，外で遊ぶ楽しさを全身で感じ，自然に触れる楽しさを知っています。自然を全身で感じているといってよいのかもしれません。背中から出てくる，楽しいことや，興味のあることを，もっとやりたいという気持ちや思いを，あなたは感じることができましたか。子どもが主体的に生活をする中では，おとな以上に，様々なことを感じ考えているのです。その気持ちを受けとめる保育者であってほしいと願っています。
　保育という営みは，人を育てる仕事です。では，人が生きていく，人が学ぶとはどのような営みなのでしょうか？　そのことを教えてくれるのが，子どもであり，そのことを考えるのが保育という営みです。
　本章が終章ということもあって，保育者になろうとするあなたに，子どもの世界や，保育という営みが，とても素敵だということを学んでほしいと思います。そのことを理解した上で，保育の難しさや，保育者として成長し続けていくことの大切さなどについても学んでほしいと思います。

終　章　「保育原理」の原理を問う

1 「保育原理」って何？

　本書の表題は「保育原理」です。いいかえると，「保育というこ
との原理」ということでしょう。ところで，「原理」って何ですか。
『広辞苑（第6版）』で「原理」を調べると「①ものの依って立つ根
本法則，②ある領域の物事の根本要素」とありますが，保育原理の
原理は，たぶん②に当たるでしょう。本書の各章は，まさしく，
「保育」という領域にふくまれる物事の根本要素が取りあげられて
論じられています。

　「保育」の根本要素がどういうものかについて学ぶのが「保育原
理を学ぶ」ということだと言われると，私のようなへそ曲がりの人
間は，「保育の根本要素」がどういうものかは，そもそもどこから
言える（導き出される）の，と問いたくなる。自問自答ですが，「そ
れは，保育とは何かという問いから導き出される」と答えたくなる
のです。それなら，本書の第1章のタイトル（「保育」とは何か）そ
のものだから，その章で「保育とは何か」について論じられると読
者は思うかもしれませんが，その第1節は「『保育』とはどのよう
なイメージか」となっており，「保育とは何か」という根本を問う
ということにはなっておりません。さらに，第3節は「『保育』『教
育』『養護』という言葉」となっており，ここでいよいよ「保育と
は」「教育とは」「養護とは」が根源から問われるのだと期待してし
まいますが，これも，それぞれの言葉に対する学生のイメージが示
されているだけでした。

　「保育」の根本要素を論じているそれ以後の章を拝読しても，そ
もそも「保育」とはどういうことか，「保育を学ぶ」とはどういう
ことかについて，根本から問い直しているところは見当たりません
でしたので，この終章で，あえてそのこと，まさに「保育原理の原
理」である「保育とはどういうことか」について根本から問うてみ
ることにします。

219

2 保育とはどういうことか

　そもそも，「保育とは何か」とか「保育とはどういうことか」という問いそのものが，いかにも三人称的な（傍観者的な）高いところから見下ろすような，人ごと（他人事）のような問いですね。ここは，学び手自身の内なる問いとして，「保育を学ぶとはどういうことか」と言いかえたいところです。

　ところで，ここで，ちょっとスゴイコトを言っちゃいます。

保育を学ぶことは「保育」ということを学ぶことではない。

　読者は「えぇ～っ？」，「じゃあ，何なの？」と問いたいでしょう。お答えします。

　保育を学ぶということは，保育を通して，人間の教育を学ぶことです。なぜなら，乳幼児の教育こそが，「教育」そのものの原点だからです。

　つまり，「保育」を学ぶ時は，その「根本要素」を学ぶ以前に，「人間の教育はいかにあるべきか」という問いを底流で問い続けながら，人間教育の原点として位置付けられる「保育」を学ぶという覚悟をもっていただきたいのです。

　ですから，各章をすでにお読みになった読者の方々は，あらためて各章を「人間教育の原点」として読み直す，ということをやっていただきたい。あるいは，私は時々やっていることですが，「最終章」（時には「あとがき」）から先に読む，という方には，「さあこれから，人間の教育の原点について考えよう！」という意気込みで各章にとりかかっていただきたい。

　しかし，残念ながら，そのような「原点を問う」ということを，いつの間にかすっかり忘れさせてしまう傾向が，私たちに備わっているのです。それは「我らの心の内なる勉強主義」です。

終 章 「保育原理」の原理を問う

3 我らの心の内なる勉強主義

　ところで，皆さんは何かを学ぶ時，学んでいるつもりが実は「お勉強」になっているということはありませんか。

　そのことを自己診断するのには，学んでいる時，「とは何だろうか」という問いが底流にあるかどうかを問うてみることです。そうではなく，「どうすればいいの」という問いがいつも底流にあったとしたら，それは「お勉強主義」に陥っている証拠です。

　「とは何だろうか」という問いは，自分自身，「何が本当か」を「知りたい」と思って問うているのです。ところが「どうすればいいの」という問いは，誰かに「こうすべきです」ということを「教えてもらう」ことを期待している問いです。ところが困ったことに，私たち日本人は，「何が本当か」という問いを「どうすべきか」という問いにすり替えてしまう傾向性が備わってしまっているのです。

　以下のエピソードは，そのことを気付かせてくれた経験について語ったものです。[1]

▶1　このエピソードは2005年10月25日に大阪リーガロイヤルホテルで開催された箕面自由学園中学校同窓会での卓話の要約です。

Episode 1　日本人には一人称がない

　私は1966年にフルブライト留学生としてアメリカのワシントン州シアトルにあるワシントン大学大学院の心理学専攻に入学しました。大学院生活は大変厳しいもので，膨大な文献を読んだり，レポートを書いたり，さらに機関銃のようにまくし立てる講義を聴き取ってノートに記したりで，息つく暇もないぐらいでしたが，週末には院生の誰かのアパートなどで缶ビールをもち寄って談笑したりもしていました。そういう時，「今週の○○という授業での△△の話，あれはどうなんだろう？　君はどう思う？」などと話し合うのですが，時には「サエキはどう思う？」と聞かれる。私なりに勉強したことをもとにそれについての最近の研究を紹介したりし始めるのですが，なんとなく「うさんくさい」というような反応。こちらもなんとなく気落ちしてしょんぼりしていると，ある友人がこうはっきり言うのです。「サエキの今の話は，その研究についての "What is supposed to be true"（何が本当とされているか）の話だが，サエキ自身が "What is true"（何が本当か）についてどう考えているかを聞きたいのだ」と言われました。これは非常にショックでした。私は長年，勉強というのは「何が真実とされているか」について調べ，整理し，覚えることと思って一所懸命努力しており，「何が真実なのか」を自ら問うなどということは，どこかエライ人，天才的なアタマのもち主がやることで，我々凡人はそういうエライ人が唱えた「論」を「真実だということにして」覚えるだけだと思い込んでいました。

　そこから脱して，自分自身で「本当だと思えること（納得すること）」を求め，1968年に修士論文，

221

1970年に博士論文を書きあげて1年間のポスドクを終えて帰国したのですが，日本の心理学会誌の論文は，すべて，「何が本当とされているか（"What is supposed to be true"）」で始まり，「何が本当とされているか（"What is supposed to be true"）」で終わるというものばかりで，論文執筆者自身が「本当に何が真実かをこの私が問う」という気迫も意欲も全く感じられないものばかりでした。

　このことは，次の言葉に要約できるでしょう。日本人には，一人称がない。

　確かに，日本語の文章では，一人称なしで十分成り立つのです。ものごとを主張する時は，「そのことが真実だと私は信じる」と主張するのではなく，暗に「みんな，そうなんです（みんな，それを真実だとしている―― "They suppose it to be true"）」という，いわば「三人称だのみ」で語るのです。私たちが学校で「勉強すること」というのは，小学校から大学，否，卒業後の社会でも，すべてと言っていいほど，「三人称だのみ」を身に付けることに専念しているのです。「みんな」がどうであるかで「……すべきである」，「……でなければならない」という「べき・ねば」思考が生まれ，それを身に付けることが発達であり，成長であり，人格形成であるとしてきているのです。

　いかがでしょうか。読者の皆さんも，「何が本当か」という問いを問うているつもりが，実は「何が本当とされているか」という問いに置き換えてしまってはいませんか。

　残念ながら，本書のほとんどの章（第10章と本章以外）で，執筆者の一人称（私，わたし，筆者，など）を主語とする文章は見られません。それが我が国の学術的文書の「慣わし」だからです。ですから執筆者も一所懸命，誠実に「何が本当とされているか」を正確にお伝えしようとして書いておられることが多いのです。

　この「何が本当とされているか」という問いは，読者が「どうすればいいの」という問いを底流にもっているものと想定して，その答えとして「何を"本当"とすべきか」を答えているのです。学術的な本や論文の執筆者は，そういう「お答え」を，誠実に，一所懸命，丁寧に，「お答え」することに精魂を注いでおられることが決して少なくありません。そのことで本書の各章はどうなんだ，などと問い詰めるつもりはありません。ここまで読み進まれた読者の皆さんは，「何が本当なのか」，「そもそも，それってどういうことなのか」，「人間教育の原点として考えていいか」など，根源的問いを自問し続けて読み進んでいただきたい。

　「……すべきだ」という「教訓」めいたことが引き出されていると思われた時は，「あっ，アブナイ！」と感じて，「それって，本当？」，「どこから，何を根拠に，そう言えるの？」と問い直してください。

終 章 「保育原理」の原理を問う

4 倉橋惣三の「育ての心」を読む

　話が脱線していましたので，もともとの問いにもどりましょう。さきに，「保育を学ぶということは『保育』（乳幼児の教育）について学ぶことではない」などとショッキングな発言をしました。ただそのあと，「保育を学ぶということは，保育を通して，人間の教育を学ぶことです」と言い，それは「乳幼児の教育こそが，『教育』そのものの原点だからです」と付け足しました。

　そこで，人間教育の原点として見た「保育」観を探した時，私なりに思い当たったのは，倉橋の「育ての心」です。ただそれを，「ありがたいお言葉」としてではなく，あえて，「それって，本当か」という問いをなげかけながら読み解いていきます。

❶「育ての心」──これって，本当か

　「保育とは何か」について倉橋が語った以下の文はよく知られています。[2]

➡ 2　倉橋惣三『育ての心（上）』フレーベル館，2008年，p. 3.

> 　自ら育つものを育たせようとする心。それが育ての心である。世にこんな楽しい心があろうか。それは明るい世界である。温かい世界である。育つものと育てるものとが，互いの結びつきに於て相楽しんでいる心である。
> 　育ての心。そこには何の強要もない。無理もない。育つものの偉（おお）きな力を信頼し，敬重して，その発達の途に遵（したが）うて発達を遂げしめようとする。役目でもなく，義務でもなく，誰の心にも動く真情である。

　さてここでこの文を丁寧に読み取ってみましょう。

　冒頭で倉橋は子どもが「自ら育つ」としています。

> 　……そこには何の強要もない。無理もない。育つものの偉きな力を信頼し，敬重して，その発達の途に遵うて発達を遂げし

223

➡3 ピアジェの発達心理学の「お勉強的？」解説としては，やや古い本ですが，内田伸子『幼児心理学への招待——子どもの世界づくり』(サイエンス社，1989年) をおすすめします。同書の第7章「世界を知る手段の充実——認知機能の発達」で，ピアジェ理論が生物学的発達観によることの説明と共に，その「発達段階説」の説明とその段階を検出するための実験課題の系列——「(液) 量の保存」，「数の保存」，「物理量 (質量) の保存」，「長さの保存」，そして「客観的空間の保存」——についての実験課題が，非常に簡潔に，わかりやすく紹介されています。「お勉強的解説」ではなく，「それって，本当か」に関心があれば，佐伯胖『幼児教育へのいざない——円熟した保育者になるために (増補改訂版)』(東京大学出版会，2014年) の第2章「子どもが『発達する』ということ」に，「ピアジェ発達課題を子どもの側から見るとどうなのか」という観点から問い直すという，新しい (当時としては) ピアジェ批判の研究が紹介されています。

➡4 ピアジェはフランス人で，ヴィゴツキーがロシア人であったことは，発達心理学の歴史を見る時，重要な鍵となります。フィンランドやデンマークなど東欧諸国は旧ソビエト連邦と近い関係があったため，発

　めようとする……

　ということから解釈すると，倉橋は明らかに「発達」ということに全幅の信頼を置いており，子どもというのは本来，自然に「発達」するものだ，という信念をもっていることがわかります。「本来」と言ったのは，子どもにはもともと「育つものの偉きな力」がはたらいているので，何らかの人為的な無理や強要が働かない限りは，まっすぐに，育つべき方向に向けて「育っていく」としているわけです。

　このような考え方は心理学史で言えば，ピアジェ発達心理学そのものです。[3] フランスのピアジェ (Piaget, P., 1896-1980) にとっての発達心理学は，生物学，特に発生学を基盤にした「発生的認識論 (genetic epistemology)」の一分野に過ぎません。子どもは年齢を重ねて外界とかかわることで「自然に」，言語，世界観，因果関係，数，量の概念などを自ら「獲得」していくとして，そこには外からの意図的働きかけ (「教える」など) は無意味なだけでなくかえって発達をゆがめる阻害要因になりかねないとしていました (ちなみに，「ピアジェ心理学に基づく保育」というのは全くのインチキ。米国の一部の幼稚園では「量の保存」を教えちゃってた——これはもう，絶句！)。

　倉橋の上記の一文は，まさにその「発生的認識論」宣言 (ピアジェ礼賛) のように読み取れますが，「そんなわけ，ないだろう」というのが，正直な感想ではないでしょうか。

　ピアジェの学術的信念はそうだとしても，「人間の発達」は自然界の動植物の「自然な」(生物的な) 発達とは違うだろうと言いたくなるのではないでしょうか。

　もちろん，後に触れますが，倉橋の残した他の言説からは倉橋が「ピアジェ信奉者」ではなかったことは明らかです。

❷ ピアジェからヴィゴツキーへ

　ピアジェの発達心理学は「個人的構成主義 (individual constructionism)」(個人が自ら外界と交渉して自らの認識構造を構成するとする考え方) とされますが，ピアジェ理論を批判していたロシアのヴィゴツキー[4] (Vygotsky, L., 1896-1934) の発達心理学は「社会的構成主義 (social constructionism)」と呼ばれ，ピアジェ没後，欧米でも注

達心理学といえばヴィゴツキー心理学でした。しかし，冷戦時代を通して，ソビエト（現ロシア）と西欧諸国はあまり交流がなかったので，西欧の発達心理学は長い間フランス生まれのピアジェの発達心理学が主流だったのです。

▶5　ヴィゴツキー発達心理学についての初学者（特に「幼児教育」を学ぶ人）にむけた入門書としては，明神もと子（編著）『はじめて学ぶヴィゴツキー心理学──その生き方と子ども研究』（新読書社，2003年）をおすすめします。まず，幼児の「ふり遊び」や「ごっこ遊び」の興味深い事例から入り，次第にヴィゴツキーの「発達の最近接領域」の解説がわかりやすく導入されています。また，ヴィゴツキーの生涯についての親しみと敬愛のこもった解説も読みやすく，ヴィゴツキーという「人」（whole person: 全人格）がみごとに描き出されています。

▶6　M. コール・S. スクリブナー，若井邦夫（訳）『文化と思考──認知心理学的考察』サイエンス社，1982年

▶7　認知的徒弟制（cognitive apprenticeship）というのは，伝統的な徒弟制に見られる，見習いの修行課程をモデルにした学習論で，実践を通しての知識の

目されるようになってきました（ただし北欧諸国では以前からヴィゴツキー派が主流でした）。ヴィゴツキー心理学では，子どもの発達を，個人の外界との自発的かかわりから「自然に」認識を構成していくのではなく，個人は身近で親密な他者，身近なモノ，道具，素材（マテリアル）とのかかわりを通して，次第に見知らぬ他者を含んだ実践共同体の実践に参加し，それを通して，個人を取り巻く社会，文化の構成員（「市民」）になっていくとしています。

　このような考え方は，当然のことですが一朝一夕で生まれたわけではありません。

　欧米でのピアジェ発達心理学への批判は，ピアジェのいわゆる「発達段階」説（何歳で「数の保存」，何歳で「量の保存」，……が獲得されるとする説）が，西洋文明との接触が乏しい異文化では全く成立しないことを文化人類学的調査が示したことに端を発して，ピアジェのような「実験室的条件」による認知研究から，それぞれの文化の中での日常生活における普通の人たちの日常的な行為に現れ出る「知性」（認知特性）を現場研究（フィールドワーク）から研究するようになりました。その後，90年代には「認知的徒弟制」というような概念がもてはやされたりしましたが，それらの知見はレイヴ，J.（Lave, J., 1939- ）とウェンガー，E.（Wenger, E., 1951- ）によって「正統的周辺参加（Legitimate Peripheral Participation：LPP）論」にまとめられました。LPP では学習を次のように定義します。

　　　学習とは，人が実践共同体に参加することによって自らのアイデンティティを確立していくこと。

　この定義で注目していただきたいことは，「学習」の定義でありながら，そこには知識や技能の習得について一切触れていないことです。特定の実践共同体に参加していく過程で，その共同体の実践を通して，その共同体の成員として必要な知識や技能が必然的に身に付くものとしているのです。また，「アイデンティティの確立」というのは，「自分がこの社会で"自分らしく"生きていくことを自ら自覚すると同時に，参加する実践共同体でそれを受け入れられるようになる」ということで，「何ができるか」とか「何を知っているか」という話ではなく，自分という人間全体がどうなる，という話だということです。

獲得に焦点を当てるように
なるきっかけとなった研究
です。以下の論文に詳しい。
ブラウン，J. S.・コリンズ，
A.・デューギッド，P.，杉本
卓（訳）「第 2 章　状況に
埋め込まれた認知と，学習
の文化」安西祐一郎ほか
（編）『認知科学ハンドブッ
ク』共立出版，1992年，pp.
36-51.

■8　レイヴ，J.・ウェン
ガー，E.，佐伯胖（訳）『状
況に埋め込まれた学習——
正統的周辺参加』産業図書，
1993年

ピアジェ発達心理学では，生物としての人間の「発達」を問題に
しながら，「何ができるようになるか」，「何がわかるようになるか」
ということで「発達」の段階を特徴付けていましたが，LPP では，
むしろ「学習」を問題にしながら，「人間全体の変容」に注目して
おり，「何ができるようになるか」，「何がわかるようになるか」に
は焦点が当たっていません。

当然の問いとして，「LPP では"発達"をどう捉えているか」が
問われるでしょう。

実は，LPP はヴィゴツキーの発達心理学がベースになっている
のです。先にも述べましたが，ヴィゴツキーの発達心理学では子ど
もの発達を，個人が身近で親密な他者，身近なモノ，道具，素材
（マテリアル）とのかかわりを通して，次第に見知らぬ他者を含んだ
実践共同体の実践に参加し，それを通して，個人を取り巻く社会，
文化の構成員（「市民」）になっていくこととしていました。

読者は，「えっ？　これってさっき言ってた LPP の話じゃない
の？」と思われるかもしれません。

そうなのです。LPP はヴィゴツキーの発達論（人が生まれてから
死ぬまでのライフスパン全体を通した変容過程）を，人がその時その時
経験を積み重ねていく活動（それを「学習」とみなす）に焦点を当て
て理論化したものであり，ヴィゴツキー発達論と相似形になってい
ると言ってもいいでしょう。本当はこのことをきちんと説明しよう
とすると，ヴィゴツキー心理学の中核になっている「発達の最近接
領域（Zone of Proximal Development：ZPD）」についての説明が不可
欠です。それについて，ここで簡単に言ってしまえば，「子どもはお
となや一歩先を行っている他者と親密にかかわることで，現在の能
力を一歩超えたことがいつのまにかできてしまうもので，それが積
み重なることで発達する」という考え方で，人の発達には周辺の人，
モノ，環境との相互のかかわりが重要な鍵になるという理論です。

❸ 倉橋はヴィゴツキー派？

さきほどは，倉橋の「育ての心」論はピアジェ発達心理学そのも
のだと言いましたが，倉橋の保育論は，「生活を生活で生活へ」と
いう言葉で代表されるように，明らかに「生活主義」です。また，
「環境による保育」を強調して，子どもは人，もの，活動の場など

の環境とのかかわりで育つとして「環境」が保育にとっていかに重要かを説いています。これらのことは，実践共同体への参加を通した学びを説くLPP論に通じた考え方でしょう。また，個々の能力の獲得よりも，子どもをまるごと捉えることを強調している点も，ピアジェ派ではなくヴィゴツキー派の考えに近いと言わねばなりません。また，倉橋の誘導保育論は，さきほど説明したヴィゴツキーの「発達の最近接領域」論に極めて近い考え方です。先に見た通り「発達の最近接領域」論では，「子どもはおとなや一歩先を行っている他者と親密にかかわることで，現在の能力を一歩超えたことがいつのまにかできてしまうもので，それが積み重なることで発達する」としているのですが，これって，倉橋が子どもに対する保育者の「誘導的かかわり」の重要性を説いた「誘導保育論」じゃないですか。

　ただ，私自身は，倉橋がピアジェ派だったかとか，ヴィゴツキー派だったかとか，はたまたデューイ派だったかだとかといったような，倉橋の思想のルーツをさぐることには興味がありません。なぜなら，倉橋の「思想」をなんらかの一貫した原理や仮説から導かれる統一した「理論」として見ること自体，間違っていると思われるからです。

　これは私の勝手な解釈ですが，倉橋は徹底した「実践者」だったのではないでしょうか。保育実践の中に入り込んで，その時々に出会う出来事，目にすること，気付くことから自然に「こみあげてくる」思い，「その時その場で感じる」ことを「保育者にぜひ伝えたい」といった思いから，情感をこめて「語らずにおられなくなって」ことばにしたと思われます。したがって，それらに一貫した論理や理論構成を期待するのは「おかどちがい」かもしれませんね。

　それでは，倉橋の思想には一貫性がなかったのか，といわれれば，私はNO！　と言いたいです。倉橋は一本，まっすぐなスジを通して語っています。それをあえて名付けるなら，「自然派」でしょうね。私にはそれこそが倉橋にとっての「保育原理」の原理ではないかと思われるのです。

5 「自然的保育」論

❶ ノディングズの「自然的ケアリング」論

話が突拍子もないところに飛んでしまうことをお許しください。

ノディングズ，N.（Noddings, N. 1929- ）の「ケアリング」（ケアしケアされることをまとめたノディングズ特有の呼び方）については，我が国でも広く知られていますが，彼女のケアリング論の原点が「自然的ケアリング（natural caring）」論にあるということはあまり知られておりません。

「自然的ケアリング」というのは，人が他者とかかわる際，当人の心の内に自然にわき起こってくる他者（相手）への"よかれ"という思いからのケアリング行為を指します[9]。これは，「かくあるべし」という倫理的原理や決まりごとに基づくケアリング（ノディングズはそれを「倫理的ケアリング（ethical caring）」と名付けます）とははっきり違うとしています。

「自然的ケアリング」は以下 2 つの前提（人間の自然的本性の特長付け）に基づくとしています（主に原著第 2 版の Preface より）[10]。

① 人（ケアする人／ケアされる人）には"よさ"への希求（longing for goodness）が生得的に備わっている。

② さらに，それによる行為（ケア）が"よい"ということは，適切な条件のもとでは誰（ケアする人／ケアされる人）の目にも知覚され（be perceived）得る。

この①については，生後数か月の赤ちゃんにも道徳性（"よさ"判断）がしっかり備わっているという証拠があります。それは，エール大学のハムリン，J. K. らの実験を見れば明らかでしょう[11]。以下で簡単に紹介しておきます。

[9] ネル・ノディングズ，立山善康ほか（訳）『ケアリング――倫理と道徳の教育：女性の観点から』晃洋書房，1997年

[10] Noddings, N. (1984, 2003). *Caring: A Feminine Approach to Ethics & Moral Education, Second Edition with a New Preface.* University of California Press.

[11] Hamlin, J. K., Wynn, K., & Bloom P. (2007). Social evaluation by preverbal infants. *Nature*, 450, pp. 557-559.

終　章　「保育原理」の原理を問う

【実験】

　生後 6 ～10か月の赤ちゃんに，次のような場面を見せました。

　「援助場面」では，目玉を付けた赤くて丸いブロックが急坂を登ろうと何度もトライしている。そこに黄色い三角のブロックが坂の下から現れて，赤いブロックを下から押しあげ，坂を登り切るのを援助するのです。

　それに対し「阻害場面」では，坂を登り切ろうとトライしている赤いブロックに対し，坂の上から青い四角のブロックが現れ，赤いブロックを押し下げて坂の下まで突き落とすのです。

　この 2 つの場面を見た後，赤ちゃんの目の前に黄色い三角（援助者）と青い四角（阻害者）を並べてどちらかを選ばせますと，きっぱりと黄色い三角を選びました。また阻害者ブロックと中立ブロック（援助も阻害もしていない新しいブロック）とを並べると，中立ブロックを選びました。

　生後 6 か月とか10か月の赤ちゃんが，他人が苦労していることを目にして「援助する」方が「邪魔する」より "よい" という判断ができるというのは，それが生得的に備わっている "よさへの希求" によるとしかいいようがないでしょう。

　このような "よさ" 判断が生後まもない赤ちゃんにもあるということは，前述の②でいうように，適切な条件のもとでは，赤ちゃんであろうとおとなであろうと，誰の目にも "よい" ということがわかる（「知覚される」）ということも，おのずから納得できるのではないでしょうか。

　ここで，ノディングズがあえて「知覚される（be perceived）」と言っていることに注目しましょう。このことの意味は，それが何らかの倫理的原理や社会的規則（「きまり」）から導かれる（推論される）ものではなく，適切な条件のもとに「丁寧に見れば，自然にわかる」としているのです。

　ノディングズの「自然的ケアリング」論では，人の「"よさ" への希求」は，当人の "要求"（ニーズの表明）としてあらわれ出るものだとしています。ですが，それはいつでも簡単に「（誰の目にも）知覚され得る」ものではないということも言っています。

　ノディングズによると，人が要求する「ニーズ」には，「表明されるニーズ」の背後（というより，奥底というべきか）に，「ほんとう

229

に"よく"なりたい」という魂の叫びのような「訴え」（ノディングズはそれを「想定されるニーズ」という）が潜んでいるとし，その「訴え」を読み取るのは，時には極めて困難で，時間と労力をかけてのかかわりで，奥の奥から掘り起こされる場合もあるとするのです。そのことを，先の条件②で，「適切な条件のもとに」という制限付きの言明にしているのです。

　たとえば生まれた時から，両親から激しい虐待を受けて育った赤ちゃんの場合，ある年齢に達してから非常に安定した幸せに満ちた家庭に引き取られても，当初はすさまじい憎悪と反抗から次々と理不尽な"要求"を突き付けてくるかもしれないでしょう。そのような時，ケアする側が時にはすさまじい「修羅場」をくぐりぬけながらも「この子は絶対に"よくなろうとしている"」と信じてかかわりつづけた末，時には数年かかって，ケアされてきた当人が「本当になりたかった自分（"よい"自分）」を自ら「発見」する，ということが起こりえます。そこまで来れば，当然それはケアしてきた人にも，はっきり"よきこと"として知覚できるでしょう。

　このように，ノディングズの「自然的ケアリング」は，自然のままに放っておけばよいという「自然」ではありません。「ほんとうの"よさ"が何であるか」は当初は，ケアする側もケアされる側も「全然わからない」場合もあるのです。その中で，探って探って，様々な相互のかかわり合いを通して，最後に「ああ，わかった」という時は，それが「最も自然なことなんだ」として誰もが納得できるはずで，そのことをノディングズは「自然的」と言っているのです。

❷ あらためて，倉橋を読み直す

　さてここで，本論の冒頭でとりあげた倉橋の「育ての心」の一文を読み返してみましょう。

　　自ら育つものを育たせようとする心。それが育ての心である。

　この「育つ」ということばを，「発達」と解釈して，いろいろな知識・技能の獲得だとみなすと，先に述べたようにピアジェ発達心理学になってしまいます。しかし，これをノディングズの「自然的

ケアリング」でいうように，生まれながらに備わっている「"よさ"への希求」によって，本来ならば自然に現れ出てくる"よくなろうという傾向性"だと解釈すると，非常に納得がいくのではないでしょうか。実際にはその"よくなろうという傾向性"は，隠されていたり，ゆがめられていたり，押しつぶされていたり，ということがあるでしょう。しかし，その"よくなろうという傾向性"は，「どの子どもの心の奥にも"たましいの訴え"として潜んでいる」と信じましょう，というのが倉橋の訴え（信仰宣言）だと理解できます。倉橋は，『育ての心』のはしがき（「よい子どものために」）で，はっきり"教育は育つものに対する信仰である"と述べています。子どもは，本来は，自然に"よくなろう"としている（はず）で，それが自然に現れ出るべく"よくしてあげよう"とする心が保育者に自然にこみあがってくる（はずの）ものが「育ての心」だというのです。残念ながらこの「自然に」というのが，現実の「不自然な」状況，「不自然な」制約，「不自然な」管理，などなどのもとに，妨げられ，ゆがめられ，押しつぶされているのが現実なのですが，それだからこそ，この「信仰」を大切にもちつづけましょう，というのが倉橋の「たましいの訴え」なのだと思います。

　そこで，私は倉橋の「保育原理」の原理は，「自然的保育論」だとするのです。

6 「べきである」が介入してくる時

❶「倫理的ケアリング」

　ノディングズはケアリングがすべて「自然的ケアリング」でうまくいくとは言っておりません。しばしば，「自然的ケアリング」が立ち行かなくなる場合もあるとしています。たとえば，こちらがケアすべくかかわろうとしても断固拒絶されることとか，こちらが誠意をもってかかわっても，悪意で受け取られてしまうとか，相手の置かれている状況を考えると「かかわらない方がいい」とか，「どうにもかかわりようがない」とか……といった場合です。保育の場

面だと，子どもが大泣きして暴れ回っている時や，誰かとはげしい
ケンカをしている真っ最中の時などが，そういう状況でしょう。

　そういう場合は，相手に“よかれ”と願っても，「どうかかわっ
てよいかがわからない」でしょう。

　ノディングズは，そういう時は一旦，直接的なかかわり（いわゆ
る「二人称的かかわり」）から目を離し，ものごとを「客観的」に見
渡して（「三人称的まなざし」をもって），「これってどういうことか」，
「こういう場合は，どう“すべき”か」を「事柄として」，事態の意
味を探求すべきだというのです。そのような場合，「どういうこと
が一般的に“よい”とされているか」という倫理的原則や，「信頼
できる他者ならどうするだろうか」を思いめぐらせることから，
「ここはこうすべきだ」という義務感，責任感をもとにふるまうこ
とになるとして，ノディングズはそれを「倫理的ケアリング（ethi-
cal caring）」と呼びました。

　そのような場合，私たちは，「こういう時，どうすべきなの？」
と問う（自問したり，他者にたずねたり，文献を調べたり）はずで，そ
こから「……すべきだ」ということを導き出してそれに従うことに
なります。その場合，当然そこでは自然にわきおこってくる目の前
の相手に“よかれ”という思いは中断する（「二人称的かかわり」か
ら目を離す）ことになります。

❷「べきである」から「べきである」のか

　さてここで，「こういう時，どうすべきなのか」を問う時，当面
の対象から目を離して，ものごとを一般命題（「○○は△△である」）
として捉え，その命題に関する原理原則，倫理規範，法律などを参
照し，文献やエライ人の言説から，「○○は△△であるべきだ」と
されていることを導くとしたら，それはまさに，「何が本当とされ
ているか（"What is supposed to be true"）」から「何が本当とされてい
るか（"What is supposed to be true"）」を導くという話であり，さきに
Episode 1 で紹介した私のアメリカ留学時代の「これではダメなん
だ！」と痛感した落とし穴にはまってしまうことになります。

　ノディングズは，「倫理的ケアリング」が，何らかの規範やルー
ル（約束）を参照することによって，「"べきである"とされている
から，べきである」と導くことを強く批判します。このことの根拠

終章 「保育原理」の原理を問う

をたどるなら，道徳性の発達心理学研究での有名な「コールバーグvs.ギリガン論争」について説明しなければならないのですが，もう紙数も尽きる頃ですし，ますます「お勉強ムード」にはまりそうなのでやめます。[12]

→12 ノディングズの「自然的ケアリング」論の関連としてのコールバーグvs.ギリガン論争は以下で紹介しています。
佐伯胖「随想8——『自然的ケアリング』と道徳」『信濃教育』平成30年3月号，2018年

　ノディングズは，「倫理的ケアリング」は「自然的ケアリング」より上位にあるわけでも下位にあるわけでもなく，対等の位置にあるとしています。つまり，「こういう場合は〇〇すべきである」とう命題があれば，「それは本当か」を確かめるのは，何らかの具体的状況を想定し，その世界に自分を投入し，かかわる他者をいろいろと思い浮かべて，「自然的ケアリング」としてそれは"納得"できるかを問うてみるべきだというのです。つまり，特定の「べきである」命題が「ホントに本当」と実感できるのは，なんらかの状況での「自然的な」（それは確かに"よい"という思いが自然にわきおこる）判断で確かめるべきだというのです。そのために必要なことは，様々な可能的世界に対するイマジネーションなのです。

　"べきである"が「べきである」のは，「べきであるとされているから」ではなく，もしも，そういう世界に我が身を置くとか，あるいは相手がそういう世界に生きていることをイマジネーションで思いめぐらせて実感してみた時，「ああ，それならそうすべきなのは当然（自然）だ」と思えるかどうかを吟味しましょう，というのです。

7 「保育原理」をどう読むか

　本書『保育原理』の各章を読むと，「ああ，そういうことってあるよねぇ」とか「そういう場合も考えられる」とか，「へぇ〜，そういう議論が背後にあるのか」とかの様々な「発見」に出会うでしょう。

　そういう時，「お勉強モード」で，「こういうことは知っておくべきだ」というような「べき論」さがしで読まないでください。決して，「何が本当とされているか」の知識を身に付けようとはしないでください。

　そうではなく，様々な想定される事態を，できる限り具体的に，

自分がその場にいてその場で見たり聞いたり動いたりするという情景を思い浮かべて，「そういう時は，確かにそうするのが自然だ」と納得がいくかを確かめてください。そこに「子ども」が登場したら，できる限り「その子の身になって」感じ取ってください。「保育者」が登場したら，ご自分の経験を総動員して，かつての自分だったらどうだろうかと想像してみてください。そして，「ああ，かくあるは，かくあるべくしてある」，「それは当然，そうあるのが自然であり，当然そうあるべきだ」と納得いくかどうか，それはあなた自身の判断です。「書いてあるからホント」ということは決してありません。それだけは断言します（本章も含めて）。

《執筆者紹介》（執筆順，担当章）

大豆生田啓友（おおまめうだ・ひろとも）第1章
　　編著者紹介参照。

三谷大紀（みたに・だいき）第2章
　　編著者紹介参照。

髙嶋景子（たかしま・けいこ）第3章
　　編著者紹介参照。

松山洋平（まつやま・ようへい）第4章
　　現　在　和泉短期大学教授。
　　主　著　『保育内容　健康　あなたならどうしますか？』（編著）萌文書林，2020年。
　　　　　　『事前・事後学習のポイントを理解！　保育所・福祉・幼稚園実習ステップブック
　　　　　　第2版』（編著）みらい，2020年。

渡邉英則（わたなべ・ひでのり）第5章・第8章
　　編著者紹介参照。

小林紀子（こばやし・としこ）第6章
　　現　在　青山学院大学名誉教授。
　　主　著　『私と私たちの物語を生きる子ども』（編著）フレーベル館，2008年。
　　　　　　『領域研究の現在〈言葉〉（幼児教育　知の探究18）』（共著）萌文書林，2013年。

鈴木美枝子（すずき・みえこ）第7章
　　現　在　玉川大学教授。
　　主　著　『これだけはおさえたい！　保育者のための「子どもの保健」（改訂版）』（編著）創
　　　　　　成社，2024年。
　　　　　　『これだけはおさえたい！　保育者のための「子どもの健康と安全」（改訂2版）』
　　　　　　（編著）創成社，2024年。

田甫綾野（たんぽ・あやの）第9章
　　現　在　玉川大学教授。
　　主　著　『笑って子育て』（共著）北樹出版，2012年。
　　　　　　『保育者を生きる』（共著）東京大学出版会，2016年。

岩田恵子（いわた・けいこ）第10章
　　現　在　玉川大学教授。
　　主　著　『遊びの保育発達学』（共著）川島書店，2014年。
　　　　　　『「子どもがケアする世界」をケアする』（共著）ミネルヴァ書房，2017年。

上田よう子（うえだ・ようこ）第11章
　　現　在　玉川大学講師。

北野幸子（きたの・さちこ）第12章
　　現　在　神戸大学大学院教授。
　　主　著　『子どもと保育者でつくる育ちの記録——あそびの中の育ちを可視化する』（共著）
　　　　　　日本標準，2020年。
　　　　　　『地域発・実践現場から考えるこれからの保育——質の維持・向上を目指して』（単
　　　　　　著）わかば社，2021年。

佐伯　胖（さえき・ゆたか）終　章
　　現　在　東京大学・青山学院大学名誉教授。
　　主　著　『子どもを「人間としてみる」ということ』（共著）ミネルヴァ書房，2013年。
　　　　　　『「子どもがケアする世界」をケアする』（編著）ミネルヴァ書房，2017年。

《編著者紹介》

渡邉英則（わたなべ・ひでのり）
　　現　在　ゆうゆうのもり幼保園園長，港北幼稚園園長。
　　主　著　『子どもを「人間としてみる」ということ』（共著）ミネルヴァ書房，2013年。
　　　　　　『よくわかる保育原理（第4版）』（共著）ミネルヴァ書房，2015年。

髙嶋景子（たかしま・けいこ）
　　現　在　聖心女子大学教授。
　　主　著　『子ども理解と援助』（共編）ミネルヴァ書房，2011年。
　　　　　　『子どもを「人間としてみる」ということ』（共著）ミネルヴァ書房，2013年。

大豆生田啓友（おおまめうだ・ひろとも）
　　現　在　玉川大学教授。
　　主　著　『支え合い，育ち合いの子育て支援』（単著）関東学院大学出版会，2006年。
　　　　　　『よくわかる子育て支援・家庭支援論』（共編）ミネルヴァ書房，2014年。

三谷大紀（みたに・だいき）
　　現　在　関東学院大学准教授。
　　主　著　『共感』（共著）ミネルヴァ書房，2007年。
　　　　　　『よくわかる保育原理（第4版）』（共著）ミネルヴァ書房，2015年。

新しい保育講座①
保育原理

2018年4月30日　初版第1刷発行　　　　　〈検印省略〉
2025年2月10日　初版第8刷発行

定価はカバーに
表示しています

編著者　　渡　邉　英　則
　　　　　髙　嶋　景　子
　　　　　大豆生田啓友
　　　　　三　谷　大　紀
発行者　　杉　田　啓　三
印刷者　　藤　森　英　夫

発行所　株式会社　ミネルヴァ書房
607-8494　京都市山科区日ノ岡堤谷町1
電話代表　(075)581-5191
振替口座　01020-0-8076

© 渡邉・髙嶋・大豆生田・三谷ほか, 2018　　亜細亜印刷

ISBN978-4-623-08027-4
Printed in Japan

新しい保育講座

B5判／美装カバー

① 保育原理
渡邉英則・髙嶋景子・大豆生田啓友・三谷大紀 編著
本体2200円

② 保育者論
汐見稔幸・大豆生田啓友 編著
本体2200円

③ 子ども理解と援助
髙嶋景子・砂上史子 編著
本体2200円

④ 保育内容総論
渡邉英則・大豆生田啓友 編著
本体2200円

⑤ 保育・教育課程論
戸田雅美・渡邉英則・天野珠路 編著

⑥ 保育方法・指導法
大豆生田啓友・渡邉英則 編著
本体2200円

⑦ 保育内容「健康」
河邉貴子・鈴木康弘・渡邉英則 編著
本体2200円

⑧ 保育内容「人間関係」
渡邉英則・小林紀子・髙嶋景子 編著

⑨ 保育内容「環境」
久保健太・髙嶋景子・宮里暁美 編著
本体2200円

⑩ 保育内容「言葉」
戸田雅美・秋田喜代美・岩田恵子 編著

⑪ 保育内容「表現」
小林紀子・砂上史子・刑部育子 編著
本体2200円

⑫ 保育・教育実習
大豆生田啓友・三谷大紀・松山洋平 編著
本体2200円

⑬ 乳児保育
岩田恵子・須永美紀・大豆生田啓友 編著

⑭ 障害児保育
若月芳浩・宇田川久美子 編著
本体2200円

アクティベート保育学

A5判／美装カバー

① 保育原理
汐見稔幸・無藤 隆・大豆生田啓友 編著
本体2000円

② 保育者論
大豆生田啓友・秋田喜代美・汐見稔幸 編著
本体2000円

③ 子ども理解と援助
大豆生田啓友・久保山茂樹・渡邉英則 編著

④ 保育・教育課程論
神長美津子・戸田雅美・三谷大紀 編著

⑤ 保育方法・指導法
北野幸子・那須信樹・大豆生田啓友 編著

⑥ 保育内容総論
大豆生田啓友・北野幸子・砂上史子 編著

⑦ 保育内容「健康」
河邉貴子・中村和彦・三谷大紀 編著

⑧ 保育内容「人間関係」
大豆生田啓友・岩田恵子・久保健太 編著
本体2000円

⑨ 保育内容「環境」
秋田喜代美・佐々木正人・大豆生田啓友 編著

⑩ 保育内容「言葉」
汐見稔幸・松井智子・三谷大紀 編著

⑪ 保育内容「表現」
岡本拡子・花原幹夫・汐見稔幸 編著
本体2000円

⑫ 保育・教育実習
矢藤誠慈郎・髙嶋景子・久保健太 編著
本体2000円

⑬ 乳児保育
遠藤利彦・髙嶋景子・汐見稔幸 編著

⑭ 障害児保育
榊原洋一・市川奈緒子・渡邉英則 編著
本体2000円

━━━━━ ミネルヴァ書房 ━━━━━

https://www.minervashobo.co.jp/